国家社科基金重大项目"中国近代日记文献叙录、整理与研究"

（项目编号：18ZDA259）阶段性成果

日记研究丛书

张剑 徐雁平
主编

过渡之舟

《胡适留学日记》研究

唐娒嘉 著

凤凰出版社

图书在版编目（ＣＩＰ）数据

过渡之舟 ：《胡适留学日记》研究 / 唐姆嘉著. ——
南京 ： 凤凰出版社，2022.8（2024.3重印）
（日记研究丛书 / 张剑，徐雁平主编）
ISBN 978-7-5506-3581-4

Ⅰ．①过… Ⅱ．①唐… Ⅲ．①胡适（1891-1962）—
日记—研究 Ⅳ．①K825.4

中国版本图书馆CIP数据核字(2022)第087766号

书　　　名	过渡之舟 ：《胡适留学日记》研究	
著　　　者	唐姆嘉	
责 任 编 辑	单丽君	
装 帧 设 计	陈贵子	
责 任 监 制	程明娇	
出 版 发 行	凤凰出版社(原江苏古籍出版社)	
	发行部电话025-83223462	
出版社地址	江苏省南京市中央路165号，邮编：210009	
照　　　排	南京凯建文化发展有限公司	
印　　　刷	江苏苏中印刷有限公司	
	江苏省泰州市经济开发区鲍徐镇，邮编：225315	
开　　　本	880毫米×1230毫米　1/32	
印　　　张	8.625	
字　　　数	224千字	
版　　　次	2022年8月第1版	
印　　　次	2024年3月第2次印刷	
标 准 书 号	ISBN 978-7-5506-3581-4	
定　　　价	88.00元	
	(本书凡印装错误可向承印厂调换，电话:0523-82099008)	

任鸿隽、梅光迪、胡适、杨杏佛合影　1916年1月5日日记

重写定前所作词，此草の次稿也

沁园春

更不为春，更不逃此诗债。

好花也好，月圆圆好，陈日尤佳，何必与日为笑嗔。

秋来……何必……

世要鞭笞天地，供我驱驰。

有神思，诗体之……

但求似我，何效人为。

由衷言讯，有物此意，寻常当告谁从。

今后徘徊人间，不是男儿。

十八夜

《沁园春》词修改稿　　1916年4月18日日记

适之大笑　1916年7月5日日记

1914年6月任鸿隽为胡适所摄毕业照

"日记研究丛书"总序

　　日记作为一种文献类型和书写方式，在中国具有悠久的传统。近几十年出土的秦汉文献中，出现了"秦始皇三十四年历谱""王奉世日记""元延二年日记"这样带有逐日记事性质的简牍。命名是考古工作者所拟，反映出学界对此类文书的类型判断还不一致，但不可否认的是，它们已初步具备了日记的基本形态。

　　降及宋代，"日记"作为一种文体之名开始正式使用。当时名公巨卿多有日记，南宋刘昌诗《芦蒲笔记》卷五即收入北宋赵抃的《赵清献御试日记》，惜宋人日记存世数量不夥。明清以来，日记蔚成大观。据我们不完全的统计，仅 1840—1911 年间有日记存世的近代人物，就超过了 1100 位。时至今日，日记更成为中小学语文课外写作指导的重要内容，其数量之多，已难以具体统计。

　　在今人观念和多数工具书的定义中，日记一般指对每天所遇到的和所做的事情的记录，有的兼记对这些事情的感受。这其实道出了日记作为一种独特而又重要的文献，内容无所不包，具有百科全书性质的特点。从古人对日记丰富多彩的别称：日历、日录、日钞、日札、日注、日笺、日纂、日谱、日识、日志、小乘、小钞、小录、游录、密记、笔记、游记、客记、征记、琐记、载笔、笔略、纪略、纪程、纪事、纪闻、路程、云烟……也不难领略日记的基本特点。可以说，无论就知人还是论世而言，日记都是难得的第一手史料。日记是一人之史，尽管存在视角受限、立场局限和日常琐碎等诸多问题，但它所呈现的私人化、细节化、现场感等构成了一种独特的历史表现方式，具有其他史料所不能及的特殊价值。日记这些方面的特点，恰好能弥补正史叙事带来的缝隙,与宏大历史叙述之间的有效互动,使历史变得更加情意流转、血肉丰满。近人籍忠寅认为,"求古人之迹,高文典册不如友朋书札,友朋书札不如日夕记录"(《桐城吴先生日记序》),也道出了日记的特别之处。

尽管中国日记有着悠久的传统,但现存的大量日记主要产生于清代。尤其是最近二百年,堪称日记的集大成时期,中国日记的典范也在此期形成群体规模。人们耳熟能详的重要日记,如《曾国藩日记》《越缦堂日记》《湘绮楼日记》《翁同龢日记》等,都出现在这一时期。从各方面来说,这一时期的日记内容最为丰富、体式最为完备、数量最为庞大,可以视作中国日记的辉煌典范。这一时期的中国"历三千年未有之大变局",古今之变与中西之争成为时代主潮。鸦片战争、太平天国运动、洋务运动、甲午战争、戊戌变法、义和团运动、清末新政、新文化运动、抗日战争……一系列令人瞩目的事件映射出政治、经济、文化、军事、思想等各个领域的新动向。此期,中西文明在"体""用"诸层面形成有意味的冲击与反应,而内生的中国本位的文化也迎来新的征程。从1840年到1949年,古老的中华文明经受了历史的淘洗、西方的冲击、时代的检验,最终以全新的姿态迎来新的发展阶段。波澜壮阔的大时代变迁,不仅见诸煌煌正史,而且在诸多私人文献里也有真切具体的传达。日记就是其中极具价值的一种。作为"准传记"和时代备忘录,日记包涵自我叙写,承载集体记忆,对于理解当代中国的"近传统"具有特殊意义。可以说,这一时期的日记是中国日记最重要的样本,可以作为分析中国日记传统、探究中国日记文化的范本。

有鉴于此,整理和研究这一时段的日记也成为当前中国日记研究的热点。例如,张剑、徐雁平、彭国忠等人主编的以日记为主要内容的"中国近现代稀见史料丛刊",自2014年起,每年一辑,陆续在凤凰出版社推出,目前已经出版八辑,其中整理的日记超过百种。在相关典范日记出版物的引领下,最近十年,日记的影印、整理以及阅读需求不断升温,仅以近百万字和百万字以上的近现代名人日记整理成果而论,就有《翁心存日记》(2011)、《翁同龢日记》(2012,中西书局新版)、《徐兆玮日记》(2013)、《管庭芬日记》(2013)、《钱玄同日记》(2014)、《徐世昌日记》(2015)、《荆花馆日记》(2015)、《张謇日记》(2017)、《袁昶日记》(2018)、《张棡日记》(2019)、《皮锡瑞日记》(2020)、《王伯祥日记》(2020)、《徐乃昌日记》(2020)、《赵烈文日记》(2020)、《蒋维乔日记》(2021)等。此外,据闻《何绍基日记》《李慈铭日记》《叶昌炽日记》《袁昶稿本日记》《谭献稿本日记》《萧穆日记》《杨树达日记》《潘重规日记》等整理本也即将推出,成果可谓丰硕。

　　如上这些成果在为学界提供丰富文献的同时,也对日记研究提出了更高要求。早在二十世纪上半叶,日记就不仅是文人案头的读物、交流的谈资,而且成为文史研究的重要资料。由此催生的日记体文学,还在新文学运动中,作为文学生力军冲锋陷阵,为新文学的开拓立下汗马功劳。胡适、鲁迅、周作人、郁达夫、丁玲、阿英、赵景深等人都为日记研究和日记文学的繁荣做出过突出贡献。他们不仅将日记作为静态文献加以研究,也将其视作呈现个人生命历程的"人的文学"大加提倡,试图以此突破"载道"传统,为文学开辟抒情和个人化的新路。但总体而言,此期人们能够利用和乐意利用的日记数量还较有限,日记研究尚处于起步阶段。进入二十一世纪,日记研究特别是近现代日记研究有了长足进步,涉及政治史、环境气候、地域文化、阅读史和书籍文化、传记学和个体意识、经济史和生活史、灾难史和疾病史、易代之际的科举和教育、日记与文学、域外游记和出使日记、日记作者和版本形态、日记研究的理论和方法等诸多方面。然而,与丰富的影印和整理成果相比,日记研究仍显薄弱,还存在诸多尚待深入和丰富的空间。比如,近现代日记"有什么",这是从前日记研究关注的重心,相关研究也多从各个学科和研究目的出发,挖掘带有倾向性的材料。这固然有助于推动各领域的研究,却不免将每一部日记肢解,使得日记成为纯粹的研究客体。今后的日记研究,应当致力于恢复日记的主体性,在重视史料发掘的基础上超越史料学,即不仅将日记视作材料库,还要更加注重日记"是什么",充分认识到日记对于中国历史人物的生命世界和文字世界的重要意义;充分认识到从琐碎的衣食住行和个人的纷杂经验中,整体展现中国文人士大夫的家国记忆与生活图景的必要性和特殊价值;进而在更高层次上揭示日记等的特质与表达方式,探讨新的研究方法,提出新的问题,总结具有中国气派的日记研究理论。这些无疑需要文学、史学、社会学等多学科学者的共同努力。

日记作为中国文化宝库中的重要文献,已经走过了两千多年的历程,今人理应充分挖掘日记的价值,使其在当前的学术研究和文化建设中发挥更为重要的作用。因此,我们特推出这套"日记研究丛书",希望丛书的出版,能为方兴未艾的日记整理与研究提供切实有用的借鉴,同时衷心期待广大读者对我们的工作予以批评、指正和帮助。

目　录

绪　言

唐德刚在《胡适口述自传·写在书前的译后感》中提出的一个观点很值得读者留意："胡适晚年期的思想,与他中少年期的思想简直没有甚么出入——说胡适的思想前后一致也好;说胡适没有进步也好。"①笔者认为唐德刚先生的这一体会中其实包孕着一个有趣的问题,即胡适思想具有较强的一致性与稳定性,前后期差别并不大。因此对胡适"中少年期的思想"的把握与分析无疑可成为理解胡适思想的重要关窍,而追溯胡适早期思想的形成,特别是对其留美七年的人生经历展开考察则无疑更是重中之重。留美时期的胡适对其作为青年留学生的使命与国家前途的命运都有过非常深入的思考,发表于1914年1月《留美学生年报》上的《非留学篇》一文即是胡适思考与观察的集中反映,《非留学篇》不仅为中国近代留学教育研究提供了一定的史料支撑,对于了解胡适留美时期的思想形成更是意义重大。

胡适在《非留学篇》开首即对"留学"做出过这样的反思:

> 留学者,吾国之大耻也。
> 留学者,过渡之舟楫而非敲门之砖也。
> 留学者,废时伤财事倍而功半者也。
> 留学者,救急之计而非久远之图也。②

---

① ［美］唐德刚译注:《胡适口述自传·写在书前的译后感》,华东师范大学出版社,1993年,第1页。

② 胡适:《非留学篇》,《留美学生年报》1914年。

　　"过渡之舟"这一极为精当的比喻恰是对留美时期胡适思想主张的极佳赋形。在胡适看来,中国当时正处于新旧文明的过渡时代,中国的传统文明并非价值不足,而是不适于时代发展的需要,而当务之急则是向旧邦输入新文明的火种,因此胡适认为留学生的使命即"当以输入新思想为己国造新文明为目的"①,留学生正应发挥"过渡之舟楫"的作用,因之胡适称"留学生者,篙师也,舵工也"②。从胡适对留学的意义与留学生的使命定位不难看出其所秉持的国家本位立场。尽管胡适日后因在文学革命中的诸番表现常被目为全盘西化者,加之其自身出于倡导思想革命与为了应对相关复杂政治社会情势的需要与策略性考量也常以"全盘西化者"自居。但事实上胡适对中国文化始终未曾通盘否定,"整理国故"作为其推行新文化运动的重要纲领之一③,即可见其对于中国文化的复杂态度。而留美时期的胡适更是对中国文化多有维护,他是在充分感知中西文化差异的思想前提下,想要通过"充分借鉴吸收西方文化,重新整理中国的旧文化,在中西结合的基础上,再造中国的新文化"④。这也是胡适将留学视为"过渡之舟"的深层内蕴所在。通过分析留学的真正目的,探索救国之根本方案,胡适"再造文明"的思想革命愿景已可见雏形。胡适在《非留学篇》中致力于消解"留学"(学习西方的新文明)之于留学生个人的世俗功利意义,而努力将其建构为"再造文明"的愿景之一环,也即胡适日后所述的"输入学理"之准备。因为在胡适看来,"留学"的最终目的是实现"不留学","留学"的最大意义在于输入外来文明以改造和重估旧有文明,而使得中华文明获一新生,重新恢复其光辉灿烂。这其中所包孕的思想内涵也正闪现出胡适"整理国故"

---

　　①②　胡适:《非留学篇》,《留美学生年报》1914 年。

　　③　胡适在《新思潮的意义》(《新青年》1919 年第 7 卷第 1 期)中提出新文化运动的四项纲领:"研究问题、输入学理、整理国故、再造文明。"

　　④　耿云志:《胡适新论》,中国人民大学出版社,2010 年,第 36—37 页。

计划的雏形。

因此对胡适留美时期的思想展开考察是十分必要也十分重要的，诚如学者宋广波所言："胡适的重要思想形成于留学时代。七年留美，逐步形成了他完整的、影响一生的人生观、世界观、宗教观、道德观。研究其形成之前因后果，是胡适研究不容忽视的重要课题。"[1]而胡适爱记日记的习惯无疑为研究者提供了可以深入理解和探究其生命史与思想发展的门径与可能。除了 1910 年 8 月至年底、1911 年 11 月至 1912 年 8 月的日记遗失外，现存的十七册《藏晖室劄记》对了解留美时期胡适的生命历程、思想发展、政治意识乃至情感交际无疑有重大意义。正如胡适所言："这十七卷写的是一个中国青年学生五七年的私人生活，内心生活，思想演变的赤裸裸的历史。……记他主张文学革命的详细经过，记他的信仰思想的途径和演变的痕迹。"[2]日记作为胡适有意识、有目的且坚持了毕生的写作方式，"其中有他的读书治学、朋友交往的札记，有他对社会时事的观察和分析、个人和家庭生活的记录，有他的诗文和往来书信的存稿和摘要"[3]。尽管作为一种私人史料，日记的私人性、个性化较强，但私人叙事，并非意味着不与时代历史发生联动，而很可能恰好可以对主流历史叙述起到补充作用甚至形成某种有趣的张力，从而使得历史叙述更具立体感与生动性，并提供给研究者更好的触摸历史与感受历史温度的方式。

正是在这一意义上笔者认为对于胡适留学日记的考察不应该局限于个体的生命史考察，因为《胡适留学日记》"并不属于一般定义下

---

① 宋广波：《胡适许怡荪通信集·序》，梁勤峰、杨永平、梁正坤整理：《胡适许怡荪通信集》，上海人民出版社，2017 年，第 5 页。

② 胡适：《胡适留学日记·自序》，商务印书馆，1947 年，第 5 页。

③ 胡适著，曹伯言整理：《胡适日记全编（1）·前言》，安徽教育出版社，2001 年，第 2 页。

的私的领域,而是他的公众领域的一部分"①,蔓延和勾连着其文化价值观、思想主张等多个命题。《胡适留学日记》很大程度上可以说是文学革命领袖、新文化运动主将以及学者胡适的生成"前史"。20世纪30年代胡适在《逼上梁山——文学革命的开始》及《中国新文学大系·建设理论集导言》诸文中,以个人生命史为中心逻辑着意建构出的文学革命发生论述,即有意将文学革命"前史"之延长线拉伸至其留美时期。因而作为集中记录胡适留美生活经历与思想痕迹的《胡适留学日记》,一定程度上即具备了"思想草稿"的意义,对于我们了解胡适其人其学,以及对其所置身的社会历史情境和文学革命发生史等重要研究议题的探察均颇具提示意义。而日记的主人——扮演着"过渡之舟"角色的弱国青年留学生胡适,同时还怀揣着异日要为国人导师之志,其丰富且复杂的心路历程、思想发展、情感互动在日记中闪烁与定格,在自我勾勒与自我总结间无疑颇具知识分子精神心灵史内涵。

2015年上海人民出版社影印出版的《胡适留学日记手稿本》,最大限度地还原了胡适留学日记手稿的原貌,为研究者提供了很大的便利。影印版《胡适留学日记手稿本》在《藏晖室劄记》之外,亦同时披露了胡适归国之初所记的两册日记:《北京杂记(一)》和《归娶记》。而这一发掘对于胡适研究而言无疑意义重大,诚如陈子善先生所言:"现存胡适日记,在《归国记》1917年7月10日结束之后,一下子就跳到了1919年7月10日,其间有整整两年的空白。而这两年于胡适而言,正是他酝酿和倡导新文学及新文化运动的极为重要的两年。因此,于胡适研究而言,这两年的日记空白也是极为遗憾的。而《北京杂记(一)》和《归娶记》的重见天日,正好部分地填补了这一空白,

---

① 江勇振:《男性与自我的扮相:胡适的爱情、躯体与隐私观》,引自熊秉真主编:《欲掩弥彰:中国历史文化中的"私"与"情"—— 公义篇》,台北汉学研究中心,2003年,第203页。

其不可替代的学术价值也就不言而喻。"①

手稿作为原始文献,其所蕴藏的文献价值往往要比刻本或者排印本丰富,因为整理版和排印本有时会做一些删减,在形式上没有办法完整保存手稿本丰富的信息。20世纪30年代亚东图书馆在出版《藏晖室劄记》时可能受到具体排印条件等因素所限,实际上并没有原汁原味地保存《胡适留学日记》手稿中的完整信息。比如胡适其实非常爱在日记中贴剪报,但比较遗憾的是,这些剪报信息大部分都没能在排印本中得以呈现。原始文献的手稿本更利于完整地呈现胡适的思想、视野和兴趣,其珍贵性与重要性可见一斑。

本书即希望通过对《胡适留学日记》的考察,在对《胡适留学日记》排印本②和《胡适留学日记手稿本》对勘与对照式阅读的基础上,对胡适留美时期的思想发展与生命历程展开研究。

第一章"手稿本·誊清本·排印本:改动、衍生与胡适的自我建构"是在对手稿本的改动痕迹、手稿本与誊清稿本之间的内容差别、手稿本与排印本之间的综合差异对照式研究下展开,尤其希望通过对留学日记手稿本和排印本的对勘,比较两者之间的改动与差异,以期立体生动地展现20世纪30年代整理重排《胡适留学日记》过程中胡适的自我干预以及与编者之间的互动。

第二章"日记·札记·自传:体例之变与自言自语的'思想草稿'"通过对《胡适留学日记》中的两幅笔墨问题以及形成于留学时期的"自传"写作意识的探究,重点考察胡适的文体意识与思想训练之

① 陈子善:《胡适留学日记手稿本·序二》,胡适:《胡适留学日记手稿本》,上海人民出版社,2015年,第12页。
② 《胡适留学日记》最初于1939年以《藏晖室劄记》之名由亚东图书馆刊行,后由胡适出面,亚东图书馆将纸型转卖给商务印书馆,商务印书馆在亚东版基础上加以重印,并更名为《胡适留学日记》,因此本书对《胡适留学日记》排印本的考察主要以1947年商务印书馆版为据。

间的关系。

第三章"'过渡之舟'与'再造文明':胡适留学观及教育理想考论"立足于被前研究所忽视的《非留学篇》的命意与写作的讨论,对胡适留学时期即已渐趋形成的"再造文明"的愿景进行考察,并对其大学教育理想展开深入探索,探讨所涉时间段为其留美至归国任教于北大的前几年。

第四章"演说——胡适思想训练的一种方式"立足于演说的角度,考察作为思想训练和日后发展为胡适重要述学文体之一的演说实践。留美时期胡适有目的且有计划地将演说纳入其思想训练和社会实践的规划中,他主要通过听取他人演说、自己进行广泛的演说实践和将演说稿作为"活文学"文本这三种方式进行演说训练。

第五章"'剪贴'出来的胡适——留美时期胡适自我意识的几个侧面"充分利用《胡适留学日记》手稿本中丰富的剪贴信息,通过对胡适热衷的剪贴报、摄影作品和书信粘贴这三种剪贴材料和形式的考察,细窥胡适兴趣之博杂、视野之开阔。

第六章"阅读史视域下胡适留学时期的观念视野与问题意识"立足于阅读史视域,考察胡适留学期间的观念视野与学术兴趣。留学时期胡适对中国传统思想文化资源与西方经典名著的批判式阅读,已颇具比较文学视野与世界主义眼光。并且也是从留学时期始,胡适对戏剧的关注就更侧重于对其社会价值的肯定,流露出对问题戏剧的极大热情,而其痴迷一生的"传记"兴趣也正萌生于此一时期,他阅读了不少名人传记,并对中西方传记文学有了初步的认识、了解与对照分析。作为胡适事业重要准备期的留学阶段,其阅读实践与文学革命事业之间亦形成了某种互动与关照,而胡适的有意"误读"和"为我所用"的借鉴吸收亦为日后的文学革命实践提供了必要的观念视野。

第七章"嘤其鸣矣,求其友声:个人生命史视角下的文学革命发生考论"以《胡适留学日记》为中心,通过对胡适个人生命史及与友人互动辩驳的考察,从日常事件入手,从胡适及留美诸君各自文学立场的隐形影响入手,探索胡适文学革命主张的形成和不同视野下不同文学革命的设想方案,以期丰富多元地呈现"文学革命"发生的动态历史过程。

第八章"胡适的婚礼与婚恋观兼及与江东秀关系再考——以《归娶记》为中心"以新发现的日记史料《归娶记》为中心,考辨胡适回乡完婚见闻、婚礼改革、与江冬秀的相处细节和返京途中的思想情感以及《新婚杂诗》的创作等诸多内容,并在对胡适婚礼及其与江冬秀关系的考证基础上重新考察胡适的婚恋观及其对自己婚姻的真实态度,兼及考察其对妇女问题的相关看法。

特别值得一提的是,笔者正在写作本书时,阅读到了商金林老师发表于《中国现代文学研究丛刊》2020 年第 6 期的长文《〈宋云彬日记〉的心态辨析——兼论史料研究必须"顾及全篇"与"顾及全人"》。商老师通过对鲁迅在"题未定"草之七中提出的"倘要论文,最好是顾及全篇,并且顾及作者的全人,以及他所处的社会状态,这才较为确凿"[1]的观点的发挥,提出史料研究也必须"顾及全篇"与"顾及全人",不然很容易误入迷途。限于学力与史识,本人研究的深度与诸多观点必然存在可资商榷之处,面对《胡适留学日记》这一庞杂丰富的史料群,对材料的取舍与对问题的关注必然存在偏差,无法凸显曾作为"国人导师"大放异彩的青年胡适思想发展的全貌,也必须承认未曾建立足够深入的整体性观察。对于商老师所提示的方法论指引,在感到"于我心有戚戚焉"的同时,也有"虽不能至,心向往之"的努力愿望。这本小书,也许只称得上是对留美时期胡适生命历程与思想发展的几个侧面的呈现与挖掘,其着意的乃是材料选择背后的问题意识,希图通过对手稿本与排印本的对勘、通过对史料的爬梳与

①　鲁迅:《"题未定"草(续)》,《海燕》1936 年第 1 期。

考辨,勾勒出胡适留学时期的"思想草稿"。笔者衷心希望通过《胡适留学日记》的个案研究,深细扫描,呈现出新旧文明时代充当"过渡之舟"的一代知识分子的精神史印痕,描摹出他们的思想草图与心灵轨迹。

第一章 手稿本·誊清本·排印本：
改动、衍生与胡适的自我建构

　　2015 年上海人民出版社出版发行了《胡适留学日记手稿本》影印版，这批珍贵的日记手稿由收藏家梁勤峰先生提供，出版社精选纸张，以高仿精印的形式最大限度地还原了胡适留学日记手稿的原貌。胡适留学日记手稿的出版，对于胡适研究界而言无疑是意义重大的。

　　胡适留学日记在胡适生前即已刊发，且经历过友人节选摘录与出版社整理编印等不同阶段。胡适的部分留学日记，曾以"藏晖室劄记"之名在《新青年》1916—1918 年数期①中先后连载，编选者是胡适青年时代的挚友许怡荪。在留学日记中，有不少胡适与许怡荪通信内容的记载，足见二人关系之亲密，感情之深厚。《新青年》1916 年第 2 卷第 4 期第一次刊载《藏晖室劄记》，附有许怡荪写作的一则识记，简述了胡适从海外邮寄十数册札记供其观览的厚意，并极力阐发了胡适札记的价值。许怡荪认为胡适的这些札记"于殊俗之民风政教学术思想，纪述特详，……令人读之，莫不怳如神游海外"，并着意指出尽管"吾国改革以来，已十余载。而昏聩者仍笃守东方旧习，与世界趋势，动辄背道而驰"，因此许怡荪格外寄望于"国内之士大夫，常往来欧美，览观大势。庶执著之心，久而自悟"。因而他十分看重胡适留学日记的社会价值与思想价值，专门将其重新整理抄录。但

────────────

　　①　《新青年》1916 年第 2 卷第 4 期，1917 年第 2 卷第 5、6 期，1917 年第 3 卷第 1、2、4、5、6 期，1918 年第 4 卷第 2 期，1918 年第 5 卷第 1、3 期，分别以"藏晖室劄记"或者"藏晖室札记"之名刊载过部分《胡适留学日记》的节录。

是许怡荪的编选并非完整版的胡适留学日记,他在抄录时将日记中"关于私人交际,与附图画记载,芟去什五,都成十余万言"①。再加上在《新青年》连载时许怡荪又做了摘录节选,因此读者事实上也只能得见胡适留学日记的几个片断而已,排印本迟至 20 世纪 30 年代才最终出版刊行。

(一) 从《藏晖室劄记》到《胡适留学日记》

1939 年 4 月亚东图书馆以"藏晖室劄记"之名出版发行了胡适的留学日记,共计十七卷,分四册印行。书名即许怡荪最初整理摘编胡适留学日记连载于《新青年》时所用的"藏晖室劄记"之旧名,许怡荪在第一次刊载所附识记中,未提胡适之名,而称"吾友藏晖"。藏晖是胡适"四十年前戒约自己的一个室名"②,也即胡适留美时期的书房名。

据胡适称,亚东版《藏晖室劄记》的出版发行恰逢战时,中国沿海沿江的大都会都已沦陷,在沦陷的地域里他的书都成了绝对禁卖的书③,而"珍珠港事件之后,内地的交通完全断绝了,这部日记更无法流通了"④。1947 年由胡适出面,亚东图书馆又将《胡适留学日记》的纸版和发行权让渡给商务印书馆,商务印书馆出版时将书名由《藏晖室劄记》改为《胡适留学日记》。胡适在《重印自序》中对日记更名作出了解释:"我向来反对中国文人用某某堂,某某室,某某斋做书名的旧习惯。"⑤胡适所言不虚,从他 1915 年 8 月 9 日起将《藏晖劄记》更名为《胡适劄记》就不难看出,他的这一主张早在留学时期即已付诸实践。其在 1915 年 8 月 9 日的日记中就曾自我剖白:"此册以后,吾劄记皆名'胡适劄记',不复仍旧名矣。盖今日科学时代,万事贵精确

① 　胡适、怡庵:《藏晖室札记》,《新青年》1916 年第 2 卷第 4 期。
② 　胡适:《胡适留学日记·重印自序》,商务印书馆,1947 年,第 2 页。
③④⑤ 　胡适:《胡适留学日记·重印自序》,第 1 页。

画一。吾国文人喜用别号,其数至不可胜记,实为恶习;无裨实际,又无意义,今当革除之。凡作文著书,当用真姓名,以负责任而归画一。"①不过由于许怡荪将其日记整理摘编在《新青年》上连载时使用了"藏晖室劄记"之名,为纪念亡友之故,亚东图书馆出排印本时胡适遂保留和沿用了"藏晖室劄记"的旧名。许怡荪不幸于 1919 年 3 月病逝,胡适深以为痛,特意撰写了《许怡荪传》以示纪念。但在胡适看来,使用室、号作为书籍名称是属于传统文人的迂腐做派,是向旧习惯的妥协:"现在回想起来,我颇懊悔这件太牵就旧习惯的举动,所以我现在决定改用'胡适留学日记'的标题。"②但因为商务印书馆是从亚东图书馆获取的旧纸版,所以尽管书名改了,"书页边上的页次,仍旧是'藏晖室劄记'"③。

　　而自 1947 年商务印书馆重印后,"胡适留学日记"之名得以确立,商务印书馆(1959 年)、台湾"商务印书馆"(1980 年)、上海书店(1990 年)、海南出版社(1990 年)、安徽教育出版社(1999 年、2006年)、岳麓书社(2000 年)等又依据亚东或者商务的排印本多次再版重印,所使用的都是"胡适留学日记"之名。

（二）《胡适留学日记》手稿本的真实性问题

　　尽管亚东本和商务本留学日记的印行是为胡适本人所认可的,但多年来因为不见日记手稿披露,故《胡适留学日记》的完整性与真实性一直难以考证。上海人民出版社 2015 年影印出版的《胡适留学日记手稿本》是依据收藏家梁勤峰先生提供的日记手稿的纸张、书册的尺寸进行的仿真还原,因此尽可能完整地展现了《胡适留学日记》

---

　　①　胡适:《胡适留学日记手稿本·胡适劄记第九册》,1915 年 8 月 9 日;商务印书馆 1947 年版《胡适留学日记》第三册,第 735 页。

　　②　胡适:《胡适留学日记·重印自序》,第 2 页。

　　③　石榴:《胡适留学日记》,《南京中央日报周刊》1948 年第 3 卷第 7 期。

的手稿原貌,日记中的 400 多件中英文剪报、照片和残存的草稿夹页也原模原样得到了保存。

但必须追问的是,收藏家提供的《胡适留学日记》手稿的真实性是否经得起检验。梁勤峰先生出于谨慎,也曾质疑过日记手稿是否存在伪造的可能,以近现代文学史料研究著称的知名学者陈子善先生在"《胡适留学日记》的前世后身:《大道·亚东遗珍》"专题座谈会上曾就此问题给出过令人信服的回答:"如果是一幅字、一封信还可能伪造,他哪有这个本事能伪造那么多日记?那么大的量!根本不可能。这完全是真迹!"通过对 20 世纪三四十年代《藏晖室劄记》(《胡适留学日记》)的读者接受史的研究,笔者查找到一位 30 年代读者的印象记,确证了《胡适留学日记》手稿的真实性。

尽管胡适称受到战争影响,《藏晖室劄记》流通不广,但从当时的书评与读者反馈来看,《藏晖室劄记》绝非寂然无声。从守一的《书评:藏晖室劄记》①、曹聚仁的《一个学者的生活实录 胡适著:藏晖室劄记》、谦的《记胡适藏晖室劄记原稿及其他》②、愚的《图书介绍:藏晖室札记(十七卷)》③等多篇书评与图书介绍可见一斑。而商务印书馆在重印《胡适留学日记》后,更是收获了不俗的社会反响,一批书评也应运而生,如石榴的《胡适留学日记》④、姚子介的《我爱读的一部书——胡适留学日记读后感》⑤、毛子水的《藏晖室劄记四册》⑥等,多方位介绍和探讨了《胡适留学日记》的教育意义与社会价值。

---

① 守一:《书评:藏晖室劄记》,《中流》(上海)1939 年第 1 卷第 2 期。

② 谦:《记胡适藏晖室劄记原稿及其他》,《金声》(上海)1939 年第 5、6 期。

③ 愚:《图书介绍:藏晖室札记(十七卷)》,《图书季刊》1939 年第 1 卷第 2 期。

④ 石榴:《胡适留学日记》,《南京中央日报周刊》1948 年第 3 卷第 7 期。

⑤ 姚子介:《我爱读的一部书——胡适留学日记读后感》,《工商知识月刊》1948 年第 4 卷第 4、5 期。

⑥ 毛子水:《藏晖室劄记四册》,《治史杂志》1939 年第 2 期。

署名"谦"的《记胡适藏晖室劄记原稿及其他》一文较为具体、细致地披露了《胡适留学日记》手稿的原貌。谦指出:"胡适之氏著藏晖室劄记,顷已行世矣,犹记三年前,以余昌之君约,曾赴西藏亚东图书馆之编辑行,检视原稿,约为十余本西式横格厚册,大抵胡适留美时,一切杂著均属之,有函稿、诗稿、随笔、书评,及剪报、摄影,文字有仅数十字一章者,有长至数千言刺刺不休者。"谦的回忆正与梁勤峰先生提供的《胡适留学日记》手稿的内容范畴、稿本样式完全贴合,更进一步证实了《胡适留学日记》手稿本的准确性与真实性。

胡适曾自言:"我在美国住了七年,其间大约有两年没有日记,或日记遗失了。这里印出的劄记只是五年的记录。"[①]1910 年 8 月至年底、1911 年 11 月至 1912 年 8 月的日记均遗失,因此《藏晖室劄记》并非胡适留美七年的完整日记,所存合计共五年。至于是真的遗失还是有意掩藏,倒是不易估定的,但从 1911 年 11 月至 1912 年 8 月日记恰好遗失来看,时间有些过于凑巧了,因为这段时间正是胡适从康奈尔农学院转系至文学院之时,其中或有内情和隐衷,也许值得探究。

较为遗憾的是,这批重现于世的日记手稿中尚缺札记的第一卷,即 1911 年 1 月 30 日—10 月 30 日所记内容。此外笔者通过对校发现上海人民出版社重复影印了《胡适留学日记》手稿中的《胡适劄记 第十一册》。胡适的《藏晖室劄记》手稿总共有十七册,而梁勤峰先生购得的日记手稿第一册缺失,因此只剩十六册《藏晖室劄记》,但是这批手稿还包括了胡适归国之初所记的《北京杂记(一)》和《归娶记》两册日记,因此事实上这份日记手稿总共应有十八册,但是因为第十一册重复影印,所以现在的《胡适留学日记》手稿影印版依然有十九册。

尽管存在遗憾和疏失,但毋庸置疑的是,《胡适留学日记》手稿本

---

① 　胡适:《胡适留学日记・自序》,第 1 页。

的问世必然会给胡适研究带来新的史料与新的动力,因为如胡适所言:"这十七卷写的是一个中国青年学生五七年的私人生活,内心生活,思想演变的赤裸裸的历史。……记他主张文学革命的详细经过,记他的信仰思想的途径和演变的痕迹。"①日记作为胡适有意识、有目的且坚持了毕生的写作方式,"其中有他的读书治学、朋友交往的札记,有他对社会时事的观察和分析、个人和家庭生活的记录,有他的诗文和往来书信的存稿和摘要"②。这就为我们提供了丰富的自传性文献材料,对了解胡适其人其学,以及对其所置身的社会历史情境的探察均颇具提示意义。

（三）《胡适留学日记》中札记标题的拟定

通过对手稿本与排印本的研究,笔者发现札记标题的改动是两个版本之间最大不同之处。排印本从《藏晖室劄记》卷三起,每一则札记都有一个标题,而手稿本中除了少量诗歌外,几乎每一则札记都没有标题,只是按时间进行了标识。因此从手稿本到排印本,札记标题经历了从无到有、从"有"到"改"的过程。

留学时期,胡适多次从海外向许怡荪邮寄札记,而许怡荪不愧是胡适的知己益友,对胡适的意图动机心领神会,加之他本身也十分看重胡适留学日记的社会意义与思想价值,于是费心将其重新整理抄录成编。因此当胡适还在国外忙于博士论文写作之时,他的留学日记就在《新青年》上开始断续连载了。

通过对《新青年》1916—1918年前后11期连载版《藏晖室劄记》的考察,笔者发现《新青年》连载版的札记中并没有小标题,因此标题不太可能是许怡荪拟定的。根据耿云志先生的考证,为了抄录整理《藏晖室劄记》,亚东图书馆的编辑、胡适的同乡章希吕于"1933年11

---

① 胡适:《胡适留学日记·自序》,第5页。

② 胡适著,曹伯言整理:《胡适日记全编(1)·前言》,第2页。

月到北平,住到胡适的家里,从 12 月起,着手整理、抄录和编辑胡适的留学日记,至 1934 年 7 月整理、抄录、编辑完成。这中间,他每整理、抄录、编辑一卷,就寄到上海亚东图书馆,交由担任责任编辑的余昌之做最后编辑加工。在这个过程中,章希吕经常写信给余昌之,谈编辑出版胡适留学日记的有关事项"①。章希吕为《胡适留学日记》的编印付出甚多,查章希吕日记可知,他从 1933 年 12 月开始抄写日记手稿,直至 1934 年 7 月才抄录整理完毕,在 1934 年 7 月 4 日的日记中章希吕明确记述了其完成日记整理抄录的相关情况:"《藏晖室札记》十七卷今天抄毕。此书约四十万字,足足弄了半年以上的工夫。把这个艰难工作做好,心稍放宽。"②而章希吕另一则日记则证实了胡适在写作札记时并未拟写题目,题目乃是他编写抄录时所加,章希吕在 1934 年 1 月 5 日所记日记中即言:"看《藏晖室札记》卷三,以前两卷是日记,三卷起是札记,须编标题,较费事。"③

依据韩进《胡适〈藏晖室劄记〉誊清稿本述略》中提供的誊清稿本材料,基本可以判定亚东图书馆、商务印书馆(使用的是亚东的版式)排印本中所采用的札记标题是胡适依据章希吕的誊清稿本改动后的结果。鉴于对誊清稿本文献材料掌握不足的局限性,笔者通过对手稿本和排印本的对勘,兼及对韩进所提供的亚东誊清稿本札记标题的改动与处理情况进行了整理爬梳,发现胡适的改动主要集中于以下六个方面:一、章希吕拟好标题,胡适进行了内容修改;二、章希吕对标题作留白处理,由胡适进行填充;三、章希吕拟好标题,胡适进行了有意删除;四、胡适记日记时已拟好标题,誊清稿本中删除;

① 耿云志:《胡适留学日记手稿本·序一》。

② 章希吕:《章希吕日记》(摘录),引自颜振吾编:《胡适研究丛录》,生活·读书·新知三联书店,1989 年,第 258 页。

③ 章希吕:《章希吕日记》(摘录),引自颜振吾编:《胡适研究丛录》,第 251 页。

五、章希吕对标题作留白处理,但因日记材料遗失无从补缺而删除;
六、胡适补拟札记标题,并补叙内容。因韩进《胡适〈藏晖室劄记〉誊
清稿本述略》也只是择要将誊清稿本的改动情况进行了整理,更为完
整的改动信息依然有待汇校本的出版。笔者希图根据韩文所提供
的文献材料对胡适就札记标题的接受和改动情况进行爬梳整理,
主要目的是考察胡适对章希吕所拟标题的具体改动情况并对改动
原因作出分析,以便进一步考察胡适在日记整理重排过程中的参
与和介入。

一、"章希吕拟好标题,胡适进行了内容修改"举隅

《藏晖室劄记》卷次①	亚东誊清稿本册次②、则次	章希吕拟定内容	胡适修改后内容
卷六	第二册第二十八则	雅各训子名言	亚北特之自叙
卷七	第三册第十九则	汉蒙先生演说"李鸿章"	《李鸿章自传》
卷七	第三册第二十六则	节录韦女士来函	法人刚多塞与英人毛莱之名言
卷八	第四册第八则	好施财之富翁	善于施财之富翁
卷八	第四册第十九则	不一致	矛盾
卷八	第四册第二十三则	拜伦诗	裴伦论文字之力量
卷八	第四册第二十六则	□儿司不饰非	西方学者勇于改过
卷八	第四册第二十八则	元结中兴颂	三句转韵体诗
卷九	第五册第一则	我之进德修业	自课
卷九	第五册第四十二则	邓胥功之日本观	留日学界之日本观
卷九	第五册第四十六则	韦女士解释水能胜物之理	五月六日辰□感想

---

①　卷为《藏晖室劄记》卷次,共计十七卷。

②　册为亚东誊清稿本册次,共计十三册。

续表

《藏晖室劄记》卷次	亚东誊清稿本册次、则次	章希吕拟定内容	胡适修改后内容
卷九	第五册第五十二则	蔼而梅腊城青年会电邀演说	又作冯妇
卷九	第五册第六十九则	西人好学之精神	两个最可敬的同学
卷十一	第七册第一则	我之笔名	吾之别号
卷十四	第十册第十三则	壁上诗句	宋人白话诗
卷十四	第十册第三十二则	罗素与□□	英国反对强迫兵役之人
卷十五	第十一册第二十四则	元老院	参议院
卷十三	第九册第十四则	吾之希望	论戊戌维新之失败于中国不为无利
卷十三	第九册第十六则	对于君武先生之失望	马君武先生
卷十三	第九册第十八则	杜威先生与胡天濬之合影	与胡天濬之合影
卷十三	第九册第二十五则	得国际睦谊会征文赏金	得国际睦谊会征文奖金
卷十三	第九册第二十九则	呜呼爱国	罗素被逐出康桥大学(七月十四)
卷十三	第九册第三十二则	今日谋国者之要务	政治要有计画
卷十五	第十一册第十七则	法书略论	论训诂之学
卷十五	第十一册第十八则	校书略论	论校勘之学

二、"章希吕对标题作留白处理,由胡适进行填充"举隅

《藏晖室劄记》卷次	亚东誊清稿本册次、则次	章希吕留白处理	胡适填充内容
卷七	第三册第四十四则		大同主义之先哲名言
卷八	第四册第二十九则		罗素论战争

续表

《藏晖室劄记》卷次	亚东誊清稿本册次、则次	章希吕留白处理	胡适填充内容
卷九	第五册第九则		为祖国辩护之两封信
卷九	第五册第十则		投书的影响
卷九	第五册第七十则		英国哲学家鲍生葵之言
卷九	第五册第七十一则		日本议会中在野党攻击政府
卷十	第六册第十九则		妇女参政运动
卷十一	第七册第二十六则		韦儿
卷十二	第八册第十则		Adler 先生语录
卷十三	第九册第十二则		美国诗人 Lowell 之名句（一失足成千古恨！）
卷十四	第十册第十一则		萧伯纳之愤世语
卷十五	第十一册第四十二则		寄郑莱书

三、"章希吕拟好标题，胡适进行了有意删除"举隅

《藏晖室劄记》卷次	亚东誊清稿本册次、则次	删除内容
卷七	第三册原第七则	删去"刘季焯游波士顿摄影"
卷八	第四册原第十六则	删去"诗人范戴客小影"
卷九	第五册第二十九则	删去标题《署名"深信英国非图私利者"之真姓名》，正文亦删去
卷十	第六册第六则	删去标题《杏佛叔永效〈老树行〉体断句》，正文亦删去
卷十	第六册第九则	删去标题《盖贝尔女士赠影（七月八日）》，正文亦删去
卷十二	第八册第十二则	删去标题《瘦琴女士小影（一月十九日）》，正文亦删去
卷十三	第九册原第五则	删去《绮色佳风景片五幅》标题并图片五张

续表

《藏晖室劄记》卷次	亚东誊清稿本册次、则次	删除内容
卷十五	第十一册原第二十八则	删去《诙谐诗三章》标题,正文"此诙谐诗三章,皆论此邦之教育情形,皆有深意可供省览,故记之。John Erskine 为哥校英文教员,James Harvey Robinson 为哥校历史教员,二人皆负重望。其第三诗之作者不知为谁也"亦删去
卷十五	第十一册原第二十九则	删去标题《〈寒江〉(一月廿五日)》。正文"江上还飞雪,西山雾未开。浮冰三百亩,载雪下江来。(注)'亩'字原作'丈',杏佛所改,极好。丈尺皆长度,亩乃面积之度也"亦删去

四、"胡适记日记时已拟好标题,誊清稿本中删除"举隅

《藏晖室劄记》卷次	亚东誊清稿本册数、则次	删除内容
卷十五	第十一册第二十二则	查手稿本知,胡适为此则札记拟写了标题《"'他'五章",得冬秀书作此》,亚东誊清稿本中胡适删去了此标题,正文"得冬秀书作此:病中得他书,不满八行纸。全无要紧话,颇使我欢喜。我不认得他,他不认得我。我却常念他,这是为什么? 岂不因我们,分定长相亲。由分生情意,所以非路人。天边一游子,生不识故里。终有故乡情,其理亦如此。岂不爱自由? 此意无人晓。情愿不自由,也是自由了"亦删去
卷十六	第十二册第一则	查手稿本知,胡适为此则札记拟写了标题《怀君武先生》,亚东誊清稿本中胡适删去了此标题,正文"八年不见马君武,见时蓄须犹未黑。自言归去作工人,今在京城当政客。看报作此"亦删去

五、"章希吕对标题作留白处理,但因日记材料遗失无从补缺而删除"举隅

《藏晖室劄记》卷次	亚东誊清稿本册次、则次	删除内容	删除原因
卷十六	第十二册第二十二则		日记材料遗失无从补缺

六、"胡适补拟札记标题,并补叙内容"举隅

《藏晖室劄记》卷次	亚东誊清稿本册次、则次	胡适补拟标题、补叙内容	手稿本中原貌
卷十五	第十一册第六则	补拟标题《编辑人与作家》,并补叙内容"英国《世纪》杂志编辑人吉尔得"一段。	手稿本中仅有英文剪报一张
卷十五	第十一册第八则	补拟标题《发表与吸收》;补叙内容"此吾自作格言,如作笔记,作论文,演说,讨论,皆是表现,平日所吸收之印象皆模糊不分明;一经记述,自清楚分明了"。	手稿本中只有一段自书英文格言

　　笔者认为誊清稿本是日记主人胡适和编写誊抄的编辑章希吕合力作用的结果,而章希吕最大的贡献或者说最重要的工作,是为《藏晖室劄记》初步草拟了上千条札记标题,这是誊清稿本相较于手稿本最大的变动。然而必须注意的是,胡适对章希吕草拟的这些札记标题绝非照单全收,而是做了一定程度(可以说不小)的改动,因此不管是被接受而保留下来的章希吕所拟写的标题,还是经过胡适修改最终在出版中确立的标题,都是胡适意志的体现。无论是手稿本、誊清稿本,还是最终呈现的出版本,胡适的个人选择与考量都发挥着最为重要的作用。排印本中的最终呈现很大程度上是胡适在综合考量下进行的有意的自我建构。

（四）手稿本・誊清本・排印本之衍生与排印本相较手稿本的主要改动

胡适作为文学革命的发起者、五四新文化运动的重要导师,在新文化运动初期"借助了青年学生的力量,通过《新青年》之于青年的影响力辐射以及对《新潮》杂志和新潮诸君的支持和扶助等,胡适获得了青年学生的大力拥戴,使其思想观念得以显扬,在学界与社会上收获了颇高声誉"①。仅以初版于 1921 年的《胡适文存》为例,据统计,《胡适文存》"八年之中印行十二版,四万七千部,1930 年又重排第十三版"②。从《胡适文存》的畅销度即可看出胡适的文名之大、声誉之高。章士钊在《评新文化运动》一文中历数胡适提倡新文化之弊病,却亦从侧面反映了胡适主张的社会影响力之大,尤其是在青年中之影响:"以适之为大帝,绩溪为上京,遂乃一味于《胡适文存》中求文章义法,于《尝试集》中求诗歌律令,目无旁骛,笔不暂停。"③虽不免有夸大其词之嫌,却也渲染出新文化运动时期作为思想界、文化界头号偶像的胡适之备受追捧。但在五四落潮期,由于不支持学生运动、主张学生应专心学问、抱持"好人政府"的政治设想,特别是在"经历了问题与主义之争以及五四运动后丛生迭起的社会意识形态之争,面对社会矛盾日趋尖锐的复杂情势,曾被奉为'青年偶像'的导师胡适经历了偶像地位的失落"④。20 世纪 30 年代随着左翼文学的兴起,文坛格局发生了很大调整,大革命失败后,社会政治形势急遽变化,

---

①④　唐姆嘉:《胡适形象的自我建构与他者叙述——以〈中国新文学大系导言集〉为中心》,《滨州学院学报》2019 年第 1 期。

②　李泽厚:《中国现代思想史论》,生活・读书・新知三联书店,2008 年,第 93 页。

③　章士钊:《评新文化运动》,《新闻报》1923 年 8 月 21、22 日。署名"行严"。

新文学迅速被历史化,革命文学合法性的获得很大程度建立在对五四新文学的批判上,作为五四新文化运动的代表人物,胡适面临着价值受挫的危机;而与此同时为反抗国民党党治对教育、司法等的干涉与控制,1929年胡适先后写作了《人权与约法》《知难,行亦不易》等政论文章,陷入"人权与约法"论争中,遭到国民党党部的围剿。但从20世纪30年代起胡适逐渐与蒋介石政权握手言和,在政治立场上与蒋基本一致,"甚至不惜与蔡元培、宋庆龄等人的民权保障同盟相决裂,而这一切又仍然是在强调'法律'等自由主义口号下进行的。所以,如瞿秋白所嘲讽:'文化班头博士衔,人权抛却说王权,朝廷自古多屠戮,此理今从实验传。'"①胡适在青年中的地位开始动摇,处于被批判的尴尬境地,借用其好友陈衡哲女士之言,也许亦大有"一挤被挤成三代以上古人"之感。

胡适以自身的留美经历为中心,着意勾勒出另一幅文学革命发生草图,通过《四十自述》《逼上梁山》和《中国新文学大系·建设理论集导言》等不断强化建构自己早期生活思想之于日后所参与的重大历史进程之间的影响和关联。胡适采取这种带有极强自我建构性的"追忆"方式进行自我经典化,一方面为了在新文学历史化过程中为自己争取文学革命的历史功绩与荣誉分配的主动权,另一方面也带有通过肯定五四价值观化解自身认同危机的用心。进入中年的胡适,在左翼文学兴起、自由主义阵营饱受批评等诸种压力下,通过写作自传、写作回忆文章等一系列"自述"体的创作实践,着意于对自我形象的经典化建构。这一系列自述是人到中年早已成为学界领袖(基本实现了其留学时期为自己规划的欲为"国人导师"的目标)的胡适对于留美时期青年胡适的回眸与反刍,相隔二十年的时间跨度却不仅仅只是记忆的回溯,亦联动着时代历史情境与社会意识形态的诸多变化,而《藏晖室劄记》的出版重排正应置于这一逻辑线索下进

---

① 　李泽厚:《中国现代思想史论》,第101页。

行考察。尽管通过对手稿本和排印本的对勘可察见二者之间存在较大的差异与改动,却无法做到完整准确地还原修改的全过程,因此华东师范大学图书馆馆藏的《藏晖室劄记》誊清稿本的重要性是不应当被忽视的。"誊清稿本一般是著者的定稿,也是交付印刷出版的底本,所以是与印本最为接近的稿本形态"①,也就是说,一般情况下誊清稿本与排印本之间的差别不会太大。但《藏晖室劄记》誊清稿本的特殊性在于,胡适在誊清稿本的基础上亦做了不小的改动,因此誊清稿本的存在一定程度上有利于还原胡适介入与参与整理编排《藏晖室劄记》的后期修改过程,这对于探究 20 世纪 30 年代胡适的思想观念与立场心态都具有较大的提示意义。

　　誊清稿本主要是由章希吕誊抄、胡适审定的,其上有不少胡适增添删改的痕迹。"《藏晖室札记》誊清稿本共十三册,每册一卷。毛装,封面用棕色厚牛皮纸,上墨书'藏晖室札记'。各册版式不一。第一册是日记,其馀各册均为札记形式。"②通过对手稿本与排印本的对勘,并结合韩进在《胡适〈藏晖室劄记〉誊清稿本述略》一文中所提供的材料可知,胡适在誊清稿本中有诸多删改,比如他有意隐去了对马君武的差评诗③,删去了与陈衡哲、任鸿隽的三人合影④等。因为《藏晖室劄记》的出版首先是一个由私人叙述转向公众读物的过程,因此对于作为公开出版物的日记的改动,胡适必然有诸多考量。而比较排印本与手稿本的改动对于理解胡适思绪心态的发展变化,无疑是颇为有效的。因为"稿本在内容上,最接近著者的本意,从著作

---

　　①　薛冰:《书事:近现代版本杂谈》,天津人民出版社,2020 年,第 5 页。

　　②　韩进:《胡适〈藏晖室劄记〉誊清稿本述略》,《文献》2018 年第 6 期。

　　③　誊清稿本第十二册第一则,《藏晖室劄记》卷十六。

　　④　誊清稿本第十二册第二十三则,《藏晖室劄记》卷十六原第一则,记于1917 年 3 月 21 日。

修改的过程,亦可以见出其立意的变化"①。

马君武与胡适在上海公学时期有师生之谊,20世纪30年代马君武作为政治人物具有一定的社会影响力,考虑到差评诗影响二人交谊且不利于马君武之社会声誉,胡适在出版时将其删去。据章希吕日记知,他在1934年7月完成了《胡适留学日记》的抄写工作,而1934年4月由于《十日谈·文坛画虎录》捕风捉影地将胡适、陈衡哲与任鸿隽三个朋友之间的关系敷演为三角恋情,应任、陈夫妇之请,胡适为此还专门刊发了澄清文章《胡适之来函抗议》,因此也许是出于避嫌的考量,日记手稿本中胡适与任、陈的合影在出版时也做了删除处理。

誊清稿本作为沟通手稿本与排印本之间的中介,无疑为观察日记的动态修改过程提供了极佳的视角,然而亦同时存在着对手稿本内容有所遮蔽的可能。需要注意的是,章希吕在抄写和整理《藏晖室劄记》时是住在胡适家中的,因此《藏晖室劄记》的出版情形较为特殊。不同于许多名人日记的出版都发生在身后,日记当事人很难参与到日记编排过程中来,胡适留学日记的编辑居然就住在胡适家中。因此尽管如章希吕所言,胡适人忙事多,很难有空闲对日记抄录提供太多意见,但从章希吕日记的零星记载中也不难看出胡适与章希吕曾就日记内容有过讨论。因此事实上在章希吕抄写和整理日记的过程中,胡适即已参与其中,而其对于誊清稿本的改动则属于二次修改或者多次修改了。查《藏晖室劄记》卷四记于1914年7月7日的最末一条札记可知,胡适直接以蓝紫色记号笔在手稿本上做出了删文处理,这一改动是直接在手稿本上进行的。胡适删去的这则札记原文如下:"余之网球拍坏,持往修之。偶与店主'Dick'Lorch 闲谈。其人告我曰,吾于去年中,凡修治球拍四百余。余曰,此可见君最得此间学生之欢心也。其人曰,吾亦无他术,但能和气待人耳,吾之和

①　薛冰:《书事:近现代版本杂谈》,第7页。

气待人,不费我一文大钱,又何乐而不为哉,'It doesn't cost you a damn cent to be agreeable.'此言是也,以其为经商要诀,故记之。七日。"不难看出,待人和气、讲求和气生财的网球店店主的经商之道与世故且善于经营的胡适家族环境熏染下的徽商气质颇相契合,因而胡适当时着意在札记中详细记之。而 20 世纪 30 年代作为学界领袖的胡适,担心照此出版后可能招致善于经营、处世圆滑的批评,因而在手稿本中直接将此则札记尽行删去,足可见他对自我声名之在意与爱惜羽毛之顾虑。而因为在抄写过程中胡适即已直接在手稿本上做了"删除"标记,所以誊清稿本中无法得见此一删改信息。

除此之外,还有更为复杂的直接在手稿本上加以改动的情况。查《藏晖室劄记》手稿可知,胡适对其 1917 年 1 月 16 日的札记进行了修改处理。但这一改动过程的丰富信息在誊清稿本中无法得见,因此韩进《胡适〈藏晖室劄记〉誊清稿本述略》一文中只可见胡适在誊清稿本中删去了他因收到江冬秀手书而题写《"他"五章》诗的相关信息①。但誊清稿本中的《"他"五章》诗其实并非胡适原诗,而是胡适在章希吕抄写过程中即以朱笔修改过后的"改诗"。更为复杂的是,胡适最初在写作该诗时,就已经对原诗进行过修改(为黑色字迹)(见图 1-1)。辨识手稿可见,胡适的《"他"五章》原诗应为:

　　　　昨日他书来,不满八行纸。(此句改为"几句话而已"。)虽只几句话,使我心欢喜。我不认得他,他不认得我。我却能爱他,(此句改为"我却思念他"。)到底为什么。岂不因我们,分定长相亲。由分生情意,所以非路人。天边一游子,生不识故里。终有故乡情,其理亦如此。岂不爱自由?此非不自由。情愿不自由,即是真自由。

————————

　　①　誊清稿本第十一册第二十二则,《藏晖室劄记》卷十五,此为胡适 1917 年 1 月 16 日所记。

20 世纪 30 年代胡适直接在手稿本中对原诗进行了改动:

> 病中得他书,不满八行纸。全无要紧话,颇使我欢喜。我不认得他,他不认得我。我却常念他,这是为什么? 岂不因我们,分定长相亲。由分生情意,所以非路人。天边一游子,生不识故里。终有故乡情,其理亦如此。岂不爱自由? 此意无人晓。情

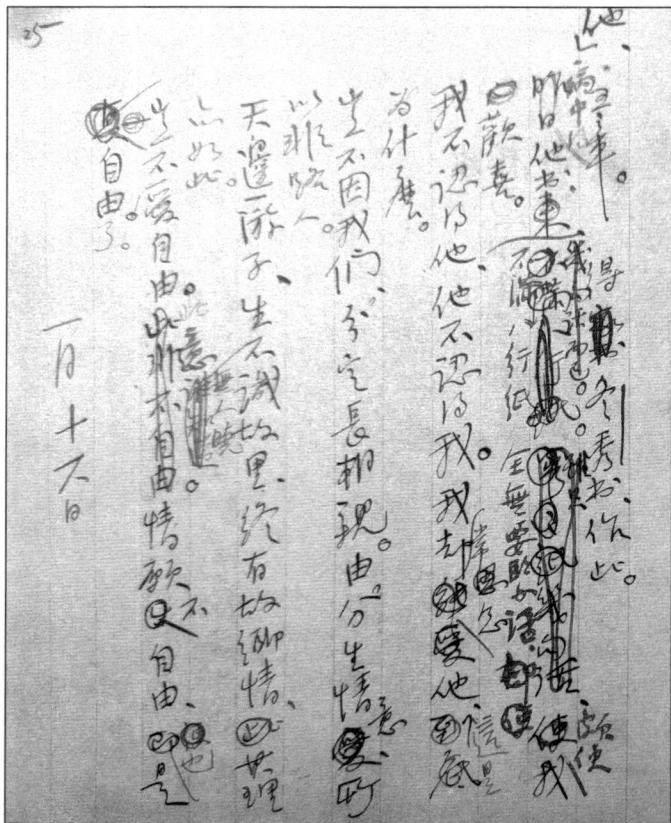

图　1-1

愿不自由,也是自由了。

而据韩进对誊清稿本的文献整理可知,第十一册"原第二十二则删去。原标题作'"他"五章',正文如下:得冬秀书作此:病中得他书,不满八行纸。全无要紧话,颇使我欢喜。我不认得他,他不认得我。我却常念他,这是为什么? 岂不因我们,分定长相亲。由分生情意,所以非路人。天边一游子,生不识故里。终有故乡情,其理亦如此。岂不爱自由? 此意无人晓。情愿不自由,也是自由了(第 30 页)"。誊清稿本无法展现胡适在章希吕抄写过程中对手稿本中的原诗做出的修改。通过对照手稿本和誊清稿本述略不难看出《胡适留学日记》成书过程的复杂性与曲折性,胡适不止一次参与到修改过程中。首先,从手稿本上的朱笔改动痕迹看,胡适确实参与过章希吕的初步整理过程,但是这一时期只是对原诗进行了改动,应是做改动后留存的打算;其次,从誊清稿本中的删改痕迹看,胡适在对誊清稿本进行改动处理时,已经放弃了留存出版的打算,而将其尽行删去了。

因此在这个意义上,笔者认为考察胡适对其留学日记的改动情形不能仅仅局限和依赖于誊清稿本,而应该在对手稿本的充分核对和对手稿本的改动痕迹、手稿本与誊清稿本之间的内容差别、手稿本与排印本综合差异的对照式研究下展开。尤其是要通过对留学日记手稿本和排印本的对勘,比较两者之间的改动与差异,这对于我们理解胡适思想和探索胡适早期生命经验和思想状况等都具有很大的提示作用。而在这一过程中,手稿本事实上发挥着双重作用,扮演着双重角色:一方面,手稿本完整和真实地展现了日记的原貌;另一方面,手稿本也发挥了改动的中介作用,立体生动地展现了 20 世纪 30 年代整理重排留学日记过程中胡适的干预作用以及他本人与编者之间的互动。

排印本相较于手稿本,呈现出不小的改动,在著者方面,既有细节的微小改动,也有部分内容的整体删除(主要为剪贴报和照片部分),也有因时而动的顾虑与修改,还有为了读者阅读之便,编辑所增补的提示性信息等。因为改动较多,而本文又并不致力于汇刊集校,只是希望将改动的主要方面加以爬梳与整理,较为明晰地将《胡适留学日记》的改动方向加以揭示。根据笔者的研究,排印本相较于手稿本,主要的改动集中于以下几个方面:

1. 为方便读者阅读将英文处理为中英文对照

排印本相较于手稿本的一大改动,即是将原手稿中的英文信息处理为中英文对照格式。如 1912 年 10 月 14 日的日记中,胡适记录了其为拟想中的专著《中国社会风俗真诠》所拟的章目,除(1)绪论外,其他 9 条章目俱是英文表达,但排印本中则将其译为中文,并将英文附于其后,改为中英双语并置的形式:

手稿本:

(一)绪论

(二)Ancestral Worship

(三)Family System

(四)Marriage

(五)Conservatism

(六)Position of Woman

(七)Social Ethics

(八)The confucian Ethical Philosophy

(九)The Chinese Language and Literature

(十)The New China

排印本:

(一)绪论

(二)祖先崇拜(Ancestral Worship)

(三)家族制度(Family System)

（四）婚姻（Marriage）

（五）守旧主义（Conservatism）

（六）妇女之地位（Position of Woman）

（七）社会伦理（Social Ethics）

（八）孔子之伦理哲学（The confucian Ethical Philosophy）

（九）中国之语言文字（The Chinese Language and Literature）

（十）新中国（The New China）[①]

1912 年 10 月 17 日的日记中胡适追记罗斯福演讲途中遇刺事,并在日记的末尾附记了曾遭到刺客暗杀的三位美国总统的名姓。手稿本中的总统姓名为英文表达,排印本中则皆翻译为中文,并将英文附于其后:

手稿本:

Abraham Lincoln（1865）

James A. Garfield（1881）

William McKinley（1901）

排印本:

林肯（Abraham Lincoln 1865）

加非尔（James A. Garfield 1881）

麦荆尼（William McKinley 1901）[②]

[①]　胡适:《胡适留学日记手稿本・藏晖日记》,1912 年 10 月 14 日;《胡适留学日记》第一册,第 103—104 页。

[②]　胡适:《胡适留学日记手稿本・藏晖日记》,1912 年 10 月 17 日;《胡适留学日记》第一册,第 106 页。

同样的情况还出现在 1912 年 11 月 6 日的日记中,胡适记录下了美国大选各候选人的得票数,手稿中的候选人姓名为英文,排印本则统一译为中文名,并附英文[①],同类情况不再赘述。笔者发现,排印本在对日记手稿中的英文信息进行处理时,通常人名、演说题目、英文著述名、地名都留存了英文原始信息或者中英文并置保存。但日记手稿中的英文表格,则常常翻译成中文,如胡适将 1914 年 1 月 8 日康奈尔校刊上的剪报贴于其日记中,但排印本中却将英文表格悉数翻译成中文,详细展现了康奈尔大学 1912—1913 年全校收支的相关信息等[②]。

2. 专有名词处理的"因时而动"

细察手稿本与排印本不难发现,排印本中出现了不少人名改动的情况,主要包括译名的因时而动和日记所录之人改名的情况。

据不完全统计,《胡适留学日记》在整理重排时根据当时的语用习惯,对日记中的人名进行了修改。如胡适在留学日记手稿中将 Shakespeare 译为"萧思璧",整理重排时统一修改为"莎士比亚";将 Ibsen 译为"伊伯生",整理重排时调整为"伊卜生";将 Bernard Shaw 翻译为"夏氏"(或"萧氏"),整理重排时调整为"萧伯纳";留学日记手稿中所记的"泰郭累",出版时则改译为"泰戈尔";留学日记手稿中所记为"陶斯太",排印本改为"托尔斯泰"。

1912 年 11 月 16 日的日记记载了"政治研究会第一次组织会……第一次会题为'美国议会',予与过君宪先分任之",排印本中

---

① 胡适:《胡适留学日记手稿本·藏晖日记》,1912 年 11 月 6 日;《胡适留学日记》第一册,第 119 页。

② 胡适:《胡适留学日记手稿本·藏晖劄记一》,1914 年 1 月 23 日;《胡适留学日记》第一册,第 160—162 页。

修改为"予与过君探先分任之"①。过宪先与胡适同为第二批庚子留
美学生,胡适考取第 55 名,过宪先考取第 53 名。过宪先早年就学于
上海中等商业学堂、南洋公学、苏州英文专修馆。1910 年考取庚款
留学美国,先入威斯康星大学,后入康奈尔大学。参与创建中国科学
社,编辑《科学》月刊。1915 年获农学硕士学位。同年回国,任江苏
省立第一农业学校校长,发起组织中华农学会,创办《中华农学会
报》,并先后在东南大学、金陵大学农科任教授。在整理出版《藏晖室
劄记》时之所以作出此一修改,是因为过宪先早已改名为过探先,并
已于 1929 年亡故,"时移世易",人名上的细节变动处理,体现了编者
的小心。笔者以为此处变动恐是胡适授意。胡适 1934 年 7 月曾在
竺可桢所抄录的第二批庚款留美榜单后手写作跋,跋中称:"此中已
改名者,陈延寿即陈伯庄、马仙峤即马名海、过宪先即过探先、胡达即
胡明复,余人不知尚有改名者否。"②胡适对于故友更名是有清晰的
意识的,细节上的小小改动,足见日记整理重排过程的严谨,亦足可
见胡适对亡友之尊重。

　　还有一些关于学科的专有名词的改动,如日记手稿中的"计学"
在整理重排时修改为"经济学"、"地文学"修改为"地质学"等。从学
术术语的改动上可见胡适对于现代学术规范之建立的着意与谨严。
据胡适 1915 年 1 月 27 日追记的《再游波士顿记》知,波士顿卜朗吟
会执行部书记施保定夫人邀请哈佛大学吴康至会中演说"Confu-
cianism and The Philosophy of Browning",吴康婉谢并转请胡适前
来演讲,演说后当夜,胡适与竺可桢、郑莱等用餐聊天,与郑莱相谈甚
欢,并将与郑之对谈摘录于日记中。在谈及"舆论家"之质素时,胡适
与郑讨论出六条意见,其中第三点手稿本为"须知世界史事时事。至

---

　　①　胡适:《胡适留学日记手稿本·藏晖日记》,1912 年 11 月 16 日;《胡适
留学日记》第一册,第 124 页。
　　②　李敖:《胡适研究》,时代文艺出版社,2012 年,第 391 页。

少须知何处可以得此知识,须能读'类书'之类",排印本则改为"须深知世界史事时势,至少须知何处可以得此种知识,须能用参考书"①。相较于更为偏向传统读书治学之法的"类书"表述,"参考书"的修改更符合世界通行的学术规范表达。

　　3. 在保存原貌与使论题集中之间

　　胡适于 1914 年 1 月 27 日将报上所载自己演说中国旧婚制的演说稿粘贴于日记中,在剪贴报旁还加了说明文字:"数日前余演说吾国婚制之得失,余为吾国旧俗辩护甚至,上所录乃报端撷录予之演稿也。"交代了信息源和事件缘由。而在排印本中,我们发现这一说明语改动为:"数日前余演说吾国婚制之得失,余为吾国旧俗辩护,略云……"②由这一微小改动不难发现,手稿本是胡适从报刊中所剪取的演说稿的摘录,章希吕整理重排时将其译为中文,而由"略云"可知在译介为中文的过程中,进行了一定程度的删节改动。

　　比照排印本的中文翻译版与英文剪报,乍看很容易误解章希吕添加和改动了胡适的演说稿内容,因为演说稿开头"吾国旧婚制实能尊重女子之人格。女子不必自己向择偶市场求炫卖,亦不必求工媚人悦人之术。其有天然缺陷不能取悦于人,或不甘媚人者,皆可有相当配偶。人或疑此种婚姻必无爱情可言,此殊不然"③,与英文讲稿的开篇内容确实不相对应,然而这是章希吕在编辑过程中,出于追求文意通畅、论题集中的目的,而将剪报中的后半部分,即报刊所录胡适对于中国旧婚制利于女子人格之部分(也即"Our custom preserves the integrity of womanhood in a way... You American often say to yourselves ,'Can there be any love in such a marriage ?'We reply,

---

　　① 　胡适:《胡适留学日记手稿本·藏晖劄记六》,1915 年 1 月 27 日;《胡适留学日记》第二册,第 517 页。

　　②③ 　胡适:《胡适留学日记手稿本·藏晖劄记一》,1914 年 1 月 27 日;《胡适留学日记》第一册,第 168 页。

'Most certainly there can'"三段)置顶于前了,内容提前,导致了视觉对照效果上的错置,仔细比对可以发现,章希吕除了尽力用精简语言进行翻译,调整了简报上的内容顺序外,并没有对胡适的演说稿进行内容上的删节,而是尽可能保留了胡适演说稿的原意。

　　1914 年 5 月 9 日的《胡适留学日记》中记载了胡适获得"卜朗吟征文奖金"的得意之事,久处困顿[①]的胡适因之获得了五十美元奖金,并且颇因作为首位获得此文艺奖金的外国学生而感到自豪。但不同于手稿本中的沾沾自喜,排印本的处理显得轻描淡写许多,并未展现胡适对此事的热切关注。《胡适留学日记》手稿本这一天的札记实际上相当丰富,胡适粘贴了三份有关自己获得"卜朗吟征文奖金"的新闻剪报。分别是 Cornell Daily Sun(《康奈尔星期日报》)1914 年 5 月 7 日的报道:*SUH HU,' 14, IS AWARDED CORSON BROWNING PRIZE*;Ithace Daily News(《绮色佳日报》)1914 年 5 月 5 日的新闻:*Chinese Wins English Honors——Head of English Department discusses Remarkable Achievement of Foreigner in Taking Award in Browning Essay Competition*;New York Herald(《纽约先驱报》)1914 年 5 月 5 日的新闻:*Chinese Wins Literature Prize*。

　　时移则事异,昔日求学异国的少年引以为殊荣之事,在整理重排《胡适留学日记》,早已为学界领袖,社会影响力波及海外的胡适看来,自然无须过分渲染自喜了。在一详一略的删除改动间,时代感与个人生命史的浮沉变动也蕴蓄其中了。

　　为了使札记内容的主题更为明确凸显,章希吕在编排时常将记录于同一天的札记按照内容之不同拆分成数条。以胡适 1914 年 7 月 18 日的日记为例,胡适这一天的札记内容甚为丰富,他首先记述

---

　　①　胡适在 1914 年 3 月 12 日的日记中即曾记载过因自己太忙以及因《大共和》报与自己主张相悖而不再寄文,无以赚钱养家之事,并自陈为解家中困顿向人借贷和向大学申请毕业生助学金事。

了自己与任鸿隽、梅光迪、张耘等人发起成立读书会之事,为准备读书会,胡适阅读了霍普特曼的戏剧《东方未明》(*Before Dawn*),他认为此剧为社会问题剧之佳作,并由此谈及了他对社会问题剧的关注,指出霍普特曼、易卜生、百里而、萧伯纳都是社会问题剧之巨子。在记述霍普特曼时,胡适提及他1912年获得了诺贝尔文学奖,于是随文敷衍,详细介绍了诺贝尔奖金的由来、评选分类和前数年获奖之杰出人物,接着又详述自己阅读霍普特曼的另一代表作《织工》(*The Weavers*)的感受与评论,并叙及霍普特曼对其个人生活的影响。胡适以霍普特曼《东方未明》中语"I am absolutely determined to transmit undiminished to my posterity this heritage which is mine"作为其下定决心戒绝吸纸烟的座右铭。此外还大谈霍普特曼所言遗传种性问题与中国古代哲学中"全受全归"之说的关联。因为札记内容极为丰富与复杂,章希吕在编辑时将此一天之札记按照内容拆分为"读书会""读《东方未明》""欧洲几个'问题剧'巨子""诺贝尔奖金""读《织工》""戒纸烟""遗传说"七条札记。将手稿中冗杂的内容拆分为具体的、主题明确的条目,如此处理有利于读者的阅读理解与接受,但亦存在技术操作上的繁复问题,主要表现为编者在日记正文中添加提示语、在日记原文基础上增补指代性内容等。

　　因为胡适在写札记时并未有分条目、拟标题的意识,往往是兴之所至,随文敷衍,但在整理出版时为了便于读者阅读以免其不知所云、一头雾水,章希吕常常对日记内容进行人为截断,不过他在加标题和分条目时,亦做了必要的补充说明。如在"读《东方未明》"一条札记中,提到霍普特曼曾获诺贝尔奖金时,章希吕即在其后补充:"诺贝尔奖金详见下记。"①胡适在日记中以霍普特曼之言"I am absolutely determined to transmit undiminished to my posterity this

---

① 　胡适:《胡适留学日记手稿本·藏晖劄记三》,1914年7月18日;《胡适留学日记》第二册,第306页。

heritage which is mine"作为其座右铭,痛下戒烟之决心。而紧随其后,胡适在手稿中言及:"今人所持'种性遗传'(Heredity)之说其实即'身体发肤受之父母,不敢毁伤'一语加之以科学的根据而已耳。"因为日记手稿中胡适是在引霍普特曼之语后就论及"种性遗传"说,因此"今人所持见"显然就是指霍普特曼之语,因为胡适正是由霍普特曼剧中语联想到了今人的"种性遗传"说。而章希吕在整理重排时因为人为截断了这一内容,将其拆分为"戒纸烟"和"遗传说"两条不同的札记,因此若不加说明,便直言今人所持见,对于读者阅读而言就不免显得突兀了。因此"遗传说"这一条目,编辑的修改痕迹较多,章希吕在开首即追加了以下指代性提示语:"上所引赫氏之言,可译为:'吾今誓欲将吾所受于先人者,丝毫无亏损,留与吾之子孙。'此说今人谓之'种性遗传'(Heredity)。"①札记按照内容进行条目分类,主题突出、便于阅读,但是一定程度上,编辑痕迹的时而出现亦造成了对日记原貌的破坏以及对还原沉浸式阅读体验的消解。

4. 整理重排过程中的"腾闪挪移"与编辑的现身

排印本《胡适留学日记·藏晖室劄记卷三》1914 年 2 月有一条札记题为《杂俎三则》,手稿本原题为《杂俎之一则》。日记手稿中此一则札记为剪贴报之聚合,包括一位音乐神童、买酒者与禁酒者广告、一位名为 Ernest Gordon 新近出版的有关喝酒之危害及教育对于戒酒之作用的新书书评等剪报内容,除此之外,还附有 GEOGRE L. BURR. 致 Cornell Daily Sun 记者的免责声明。排印本中删除掉了后两则剪报的内容,而将《藏晖室劄记》卷三倒数第二页上的离婚案剪报与音乐神童、酒广告合并为"杂俎三则"。亦可见排印本整理重排过程中编辑的"腾闪挪移"之法以及内容上的拼凑、删除与重组。

除此之外,编者也常以提示语的形式现身。1915 年 1 月 23 日

---

① 胡适:《胡适留学日记手稿本·藏晖劄记三》,1914 年 7 月 18 日;《胡适留学日记》第二册,第 311 页。

的日记手稿中有这样的记录:"二十三日下午往访韦莲司,余告女士以近来已决心主张不争主义(Non-resistance)。"胡适在这则札记之后做了一则补注:"(参见十二月十二日记)。"因为 1914 年 12 月 12 日日记中胡适曾记录过有关不抵抗主义的相关思想,故有这一补充说明。而在排印本中,胡适的这一则补注被编者改为"(参见本卷第一则)",编者此处的改动添加,显然是出于方便读者对相关议题集中阅读的考量。因为章希吕为《胡适留学日记》添加了百余则标题,内容丰富繁杂,怕读者读了后面忘了前面,故做了编注提示的处理。

胡适在 1915 年 5 月 21 日的日记中记录了其友俄国女学生狄泊特女士的言论,狄泊特认为"此邦之大学学生多浮浅,无高尚思想"。胡适对此深有同感,并言及自己在之前的日记中亦持此说,手稿本中还专门注明深有同感之内容在"(八卷六十九页)",也即"美国大学学生之大多数皆不读书,不能文,谈吐鄙陋,而思想固隘"。而在排印本中,则修改为"参看卷八第三十一则"①。

在 1915 年 5 月 21 日同日所记札记中,胡适论及美国男女社交不自由时,亦在日记中标明"参看八卷四十一至四十四页",排印本则改为"参看八卷第一四则"②。此种提示语的添加,都可见编者之现身。

尤其值得注意的是,排印本在编排过程中存在标示日期有误的问题。排印本 1916 年 1 月 4 日的日记标题为《西人对句读之重视》,但经笔者考证此当为 1915 年 11 月 25 日所记。因为 1915 年 11 月 25 日的日记手稿中《杨杏佛遣兴诗》《晚邮报论"将来之世界"》都为蓝色笔迹,而被排印本划定为 1916 年 1 月 4 日的日记《西人对句读之重视》也为蓝色笔迹,但紧随其后的《郑莱论领袖》《国事坏在姑息苟安》则换用黑

---

① 胡适:《胡适留学日记手稿本·藏晖劄记七》,1915 年 5 月 21 日;《胡适留学日记》第三册,第 649 页。

② 胡适:《胡适留学日记手稿本·藏晖劄记七》,1915 年 5 月 21 日;《胡适留学日记》第三册,第 650 页。

笔,显然大概率并非为同一天所记;更重要的一则证据是,蓝笔所记
《西人对句读之重视》后,胡适以蓝笔写"偶检旧稿,得二诗,一完一不
完,均录之于此"。手稿中原本打算要抄录的,但旋又改变主意,放弃
删除了。但1916年1月4日以黑笔补记的日记中却重新出现了"偶检
旧稿,得二诗,一完一不完,均录之于此"。胡适记录了两首旧诗,一完
诗《生日》,乃胡适二十三岁生日所作;一未完诗,题为《秋》。

　　而且从编辑章希吕在手稿内页所粘贴条"廿五日第二段英文缺
原底"的标注可看出,其所指是胡适粘贴的《西人对句读之重视》的两
则剪报节录,因此可以判定,此则札记当作于1915年11月25日,而
非1916年1月4日。(详见图1-2、图1-3)

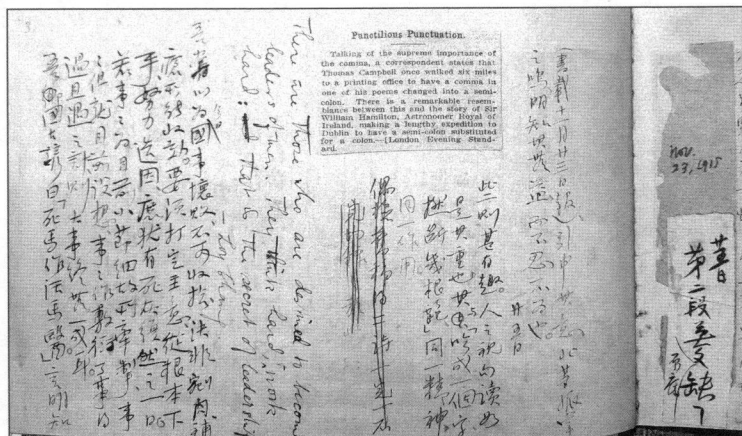

图　1-2

　　章希吕还有一大整理之功,即是将《胡适留学日记》手稿本中的
英文手抄稿加以识读誊抄,在排印本中加以呈现。如胡适在1915年
6月15日的日记中抄录了其于6月14日所见纽约晚邮报上登载的
一东京访员来函(见图1-4),述及"日本与德国开战之近因"事,手
稿本中所抄英文在排印本中悉数得以呈现。

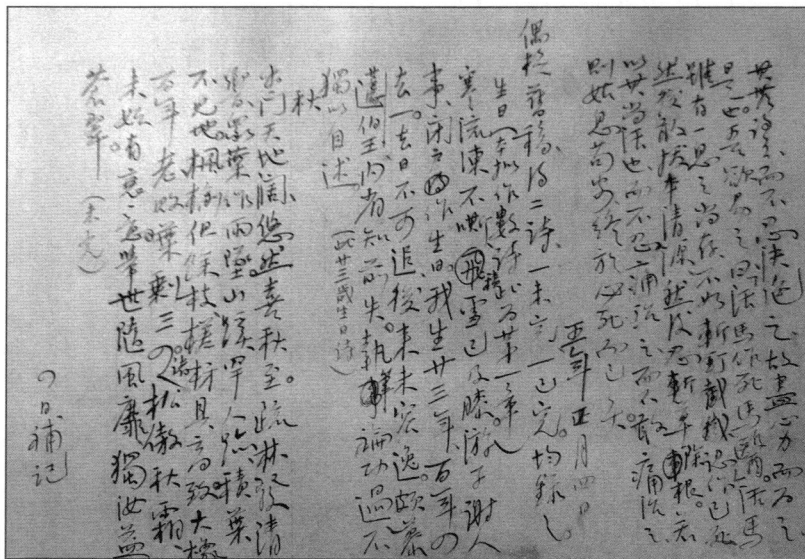

图　1－3

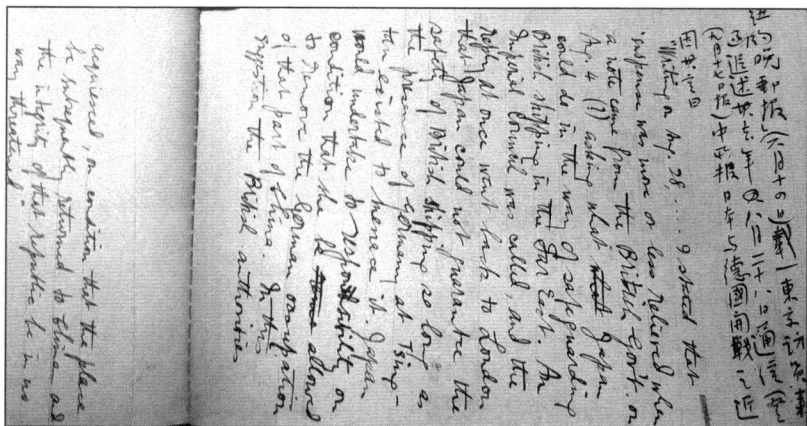

图　1－4

　　胡适亦有在日记中抄录友人驳斥自己主张的信札的习惯,如他在 1916 年 7 月 17 日收到梅光迪信札,几天之后以黑笔将友人信札摘录在日记中,并以朱笔小字随文进行辩驳(见图 1－5)。排印本中编者将胡适朱笔小字的辩驳之词标示为"适按",并以括号隔之。

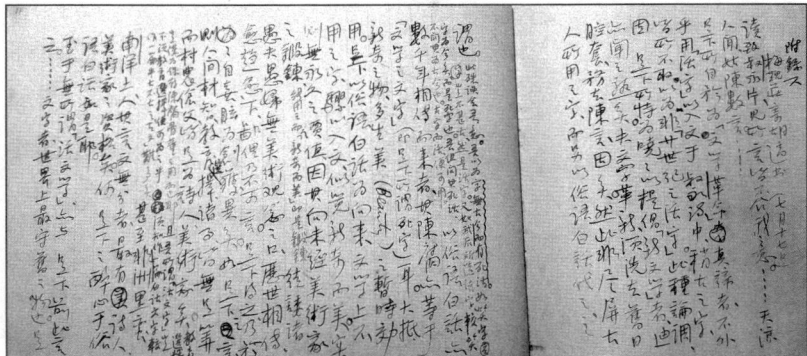

图　1－5

5. 照片、剪贴报被大量删除

　　《胡适留学日记》排印本相较于手稿本,有一殊为可惜之处,即胡适爱贴照片、图片于日记中的这一习惯未能得到很好的展现。如 1914 年 7 月 28 日所记《游活铿谷记》,排印本中有言:"廿五日往游活铿谷(Watkins Glen N. Y.),此地真天地之奇境也。吾笔劣,不足以形容之,因附图数幅以见一斑而已。"然而排印本中却并未"附图",只保留了胡适的文字介绍,手稿本中所贴图片未得到展示(仅略以图 1－6、图 1－7 示之)。

　　留学日记手稿本中胡适着墨颇多的《波士顿游记》,在出版时亦遭删除,删去了哈佛大学校舍、美术馆等建筑照片以及康桥一街上的老榆树等风景画片、景物照数张(多为风景明信片)。而胡适自己此行也拍摄了不少照片,手稿本中对此即有记录:"余游波士顿及康可摄影甚多,惟康可所摄为佳,余皆以天阴暗或他故不可得印本。今附

图 1-6

图 1-7

此六图于是。"因为排印本中删去了这六张胡适摄影,所以介绍说明性文字也都一并没有了(具体见图1-8、图1-9)。

尤为可惜的是,排印本中将一些摄影照片删除,读者无缘得见,更无从得知照片上的题诗。胡适在即将离开绮色佳前往哥伦比亚大学时,杨杏佛曾拿出照相机,拍下了胡适与任鸿隽、杨杏佛、梅光迪四人的珍贵合影。杨杏佛还将照片寄赠给胡适,胡适在1916年1月5日日记中记录此事,并粘贴合照于日记中。可惜排印本中将此一合影删除。从日记手稿中可见,照片的右侧边沿题有任鸿隽对四人的评价诗:"适之淹博杏佛逸,中有老梅挺奇姿。我似长庚随日月,告人光曙欲来时。"而这一题诗对于了解四位重量级的学者、政治家的性格与资质以及留美时期友人对胡适的印象、品评无疑颇为重要。《胡适留学日记》出版之时,胡、梅早因新文化运动时期意见、立场多有相左而渐行渐远,杨杏佛也早已不在人世。这一删除,不知是否与照片

图　1-8

图　1-9

引起了胡适的"往事如烟"之感有关。

相较于不作说明的内容删除,排印本中也有标明"图删"的提示语出现。胡适在1915年8月3日的日记中粘贴了其邻居植物育种学教师巴尔克拍摄的两张鼢鼠图,但在排印本中图片作删除处理,不过文中有注明"图删"[①]。1915年9月8日的日记中,胡适记载了同学桑福路遇胡适,为胡适抓拍了一张照片,排印本中删去此图,亦有注明"图删"。

《胡适留学日记》排印本中亦有对删图原因的交代,如1915年1月4日胡适在追记的《世界学生总会年会杂记》中记述自己被选为世界学生会代表赴哥仑布城参加第八次总会年会,乘车至"尼格拉飞瀑城"(Niagara Falls)访卜郎博士夫妇,与卜君同游尼格拉飞瀑,"瀑飞成雾,漫天蔽日(此四字乃真境),气象奇绝,此余第一次过加拿大境,又在冬日,所见瀑景,迥异三年前夏日在桥南所见矣。余携有摄影器,因摄六影,后皆不可印,以雾太深,日光太淡故也"[②]。胡适自摄的六张照片因光线原因曝光不够不能印出,但自哥仑布城归时,胡适在火车中偶遇一君名为C. E. Butcher,谈及其摄影失败事:"其人慨然出其所自摄之飞瀑影片相示,择其佳者相赠……第一图为加拿大境,所见之屋为Cliffton Hotel,去年美墨交涉事起,南美A. B. C. 三国出而调和,三国代表会于此屋磋商和议条件。第二图为飞瀑正影。第三图为飞瀑上流之急湍。"[③]C. E. Butcher所赠三张照片,胡适都粘贴于日记中,手稿本中也得以保存,但排印本中未能呈现出来,编

---

① 胡适:《胡适留学日记手稿本·藏晖劄记第八册》,1915年8月3日;《胡适留学日记》第三册,第715页。

② 胡适:《胡适留学日记手稿本·藏晖劄记六》,1915年1月4日;《胡适留学日记》第二册,第506—507页。

③ 胡适:《胡适留学日记手稿本·藏晖劄记六》,1915年1月4日;《胡适留学日记》第二册,第507页。

辑在此条札记之后附以说明,称"(图模糊不能制版,今删)"①,交代了删图的原因。

　　排印本除了删除日记手稿中的部分剪报和照片外,还存在为了制版的需要,将图片从日记手稿本中直接撕下,导致原手稿本中图片缺漏的情况。如1915年3月8日的日记,胡适谈欧洲人的长处在敢于理想,提到了诗人邓耐生的英文诗。排印本中也配有邓耐生的英文诗,可见编辑出版时必有所本,手稿中最初应是完整保存的,但是查影印的手稿本此处却是空白,只留下粘贴余痕。因此笔者推测可能是为了制版的需要,从日记中揭取,致使手稿中空缺留白,所以最终导致排印本中保存了英文原诗,手稿本中反而空缺了。

　　同样的情况还出现在1915年7月11日题为《题欧战讽刺画》的札记中。排印本中呈现出八张讽刺画、八首题诗,而手稿中却因制版所需揭去贴图而留白了(见图1-10)。

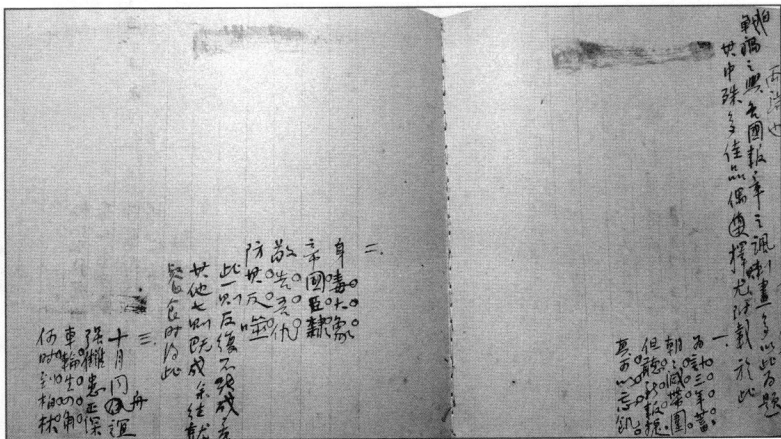

图　1-10

　　①　胡适:《胡适留学日记手稿本·藏晖劄记第六册》,1915年1月4日;《胡适留学日记》第二册,第507页。

　　与此同时,在整理重排过程中,胡适还有意删除了不少女性朋友的照片以及自己与女性朋友的合影。1916 年 1 月 19 日的日记中瘦琴女士的照片(见图 1－11)被删除、1916 年 7 月 13 日的日记中克鸾女士的照片被删除(见图 1－12),并在 1917 年 4 月 11 日追记的日记中删除了自己与陈衡哲的合影(见图 1－13)。

図　　1－11　　　　　　　　　　図　　1－12

6. 留美时期胡适对札记的改动

　　笔者在爬梳整理的过程中发现,日记手稿中存在着不少改动痕迹,有的是 20 世纪 30 年代整理重排时的手笔,也有在留美时期即已修改过的情形。

　　胡适在 1913 年 10 月 8 日的日记中大谈对道德观念变迁的看

图 1-13

法,受到苏格拉底"Knowledge is Virtue"一语的启发,得出了"人之知识不齐,吾人但求知识之进,而道德观念亦与之俱进,是故教育为重也"的思考。查手稿本知,胡适以红色字体进行了补充说明:"此说亦有可取之处。然吾今日所持,已与此稍异矣。民国六年一月记。""民国六年一月记"透露出的信息是,胡适曾于1917年1月重新阅读了此条札记并进行了补充说明。因为胡适有将札记寄送给友人传阅的习惯(如许怡荪、朱经农等人),因此在寄送前重读札记,特别是在思想发生变动,与先前所想存在出入的情况下,偶尔会对自己的札记进行修改。而胡适的处理原则是尽量不以今日之我非昨日之我,尽可能保留了思想变迁的痕迹,并未全盘推翻或者抹除先前识见。此条札记作于1913年10月,胡适在三四年后重审时进行了补充说明,这一变动痕迹亦清楚地展现了《藏晖室劄记》作为思想草稿的能量与意义。而红色字体的补充说明,至少为我们提供了证据,即胡适留学日记中的改动并不仅仅发生在 20 世纪 30 年代重排阶段,其留学时期已有重新翻阅和修改过往日记的习惯,这则 1917 年 1 月的补注说明看似微小,却蕴藏着丰富的提示与信息。

在 1914 年 1 月 29 日的日记中,胡适抄录了自作的一首诗《久雪后大风寒甚作歌》,其上有改动的痕迹:胡适将原句的"玄冰遮道可寸许"改为"玄冰遮道厚寸许",将"旋看落帽作蝶舞"改为"旋看落帽凌空舞",并在"落帽"与"帽落"间有所犹豫,最后还是保留原貌定为"落帽"。日记中有"五年三月改"的小字批注,也即表明 1916 年 3 月胡适对日记中的此诗进行了再次修改,又一次证明胡适在留美时期对其札记即已有过修改。

在 1914 年 8 月 14 日的日记中,胡适抄录了自作《送许肇南归国》诗,原诗后几句有改动的痕迹:胡适将"诸公肉食等狐鼠"置顶于"又言吾曹国之主"句之前,并将"又言吾曹国之主"句改为"吾曹少年国之主",又将原"诸公肉食等狐鼠"句后的"责人无已乌何取"改为"责人无已亦无取"①。胡适以朱笔在日记册页上沿标注了修改日期"五年三月改",也证实了他曾于 1916 年 3 月对 1914 年的札记重新做过修改补正。

在 1915 年 9 月 2 日的日记中,胡适抄录了《沁园春·别杏佛》一词。原词中有一句为"正相看一笑,使君与我,扬州梦醒",被胡适以朱笔修改为"正相看一笑,使君与我,春申江上"②。而在当日札记页面上沿,胡适标明"五年三月改",也昭示了在此词写作半年左右,胡

---

① 胡适:《胡适留学日记手稿本·藏晖劄记四》,1914 年 8 月 14 日;《胡适留学日记》第二册,第 341 页。

② 胡适:《胡适留学日记手稿本·胡适劄记第九册》,1915 年 9 月 2 日;《胡适留学日记》第三册,第 770 页。

适又对其进行了修改订正。

　　留美时期,正是胡适思想形成与变动发展最为急剧的时期,因此以今日之我难昨日之我,甚至是自觉地以今日之我清算昨日之我的情形也时有发生。在 1914 年 5 月 15 日的日记中,胡适有感于美墨交衅以来本城"Ithaca Journal"中有关"My country-may it ever be right,but right or wrong,my country"(即但论国界,不论是非之言论)的讨论,曾作一文以寄该报,表达自己对国家主义的警惕与不满。但排印本中删除了一段胡适对国家主义之说的激烈批判。手稿本和排印本都保留了"Ithaca Journal"上胡适的这一文章,但手稿本中胡适曾用朱笔在该文章第二段末尾增添补注符号,并在文章旁补充了一小段发表时被删去的原文。从胡适清楚记得删除的原文来看,此处增补不太可能是 20 世纪 30 年代重排时所改,当与胡适记札记之期不远。而胡适所删除的批判国家主义的言论,或许是认为言辞过于激烈,有失于理性、意气用事之嫌,故将其尽数删去了。

　　7. 20 世纪 30 年代胡适对札记的改动

　　从誊清稿本中可知,胡适在誊清稿本的基础上亦做了不少改动,而从日记手稿到誊清稿本的修改过程,胡适具体参与了多少,却很难判定。胡适直接在日记手稿中明确标明删除的情况并不多见。在 1917 年 2 月的札记中,胡适以朱笔做了"删"的标记,并将所需删除内容用朱笔圈出(见图 1 - 14)。删除的是有关印第安人参与议员选举的新闻剪报,内容是一位名叫 Herlinda Galindo

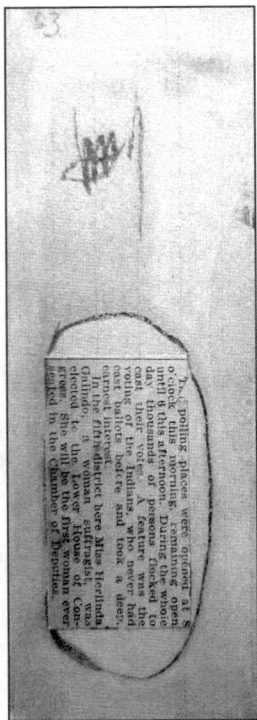

图　1 - 14

的女士成为众议院首位女性议员。

胡适的美术品鉴力似不太高,与韦莲司在艺术品鉴上的交谈多有吃力。韦莲司自纽约归,赠送胡适纽约美术院藏中国名画目录一册,胡适将目录中自以为佳者剪贴置于日记中。其中包括唐代裴宽的《秋郊散牧图》、五代顾洪忠的《醉归图》、宋代夏珪的《山水》(疑是仿本)、元代赵子昂的《相马图》等(见图1-15)。

图　1-15

而胡适日记中对其中两幅画的鉴定品评显然存在着修改的痕迹。胡适曾于1930年2月25日对其日记中所附韦莲司所赠的目录画册中《宋神宗赐范文正写真》一画的断语进行过修正。胡适本在剪贴画旁有过批注:"此吾国写真画之佳作也。"1930年2月25日胡适以朱笔将"此吾国写真画之佳作也"断语划掉,并细陈其判伪之据。胡适从画上端所书熙宁元年的敕发现其为伪作,指出"范仲淹死于仁宗皇祐四年(1052),熙宁元年(1068)在十六年后了",并在日记中此画下方备注"Feb. 25 1930 适之记"。由此给我们传达了一个重要信息,胡适曾多次订正日记之谬,并早有整理和出版其日记之打算。1930 年,距胡适记录此条札记已远隔 16 年,而当此之时亚东还尚未着手启动《藏晖室劄记》的整理工作。

而在同一日的札记中,胡适记录下了对另一幅画,即目录中所收东晋顾虎头(长康)的《山水》一画的真伪存疑。日记中原先记载的乃是"不知是真是赝"。1930 年 2 月 25 日胡适重审此日记时,也未进行过任何修改,但是排印本中却修订为"当是伪作",却并未给出具体依据。笔者认为这一判定修改或应发生在 20 世纪 30 年代亚东图书馆整理重排时期,胡适进行过再度辨伪,似较为合理。

在 1930 年代整理重排日记时,胡适还着意删去了对相关人物的臧否之词。如出版时即删去了 1914 年 10 月 30 日的日记中对清华学堂校长周诒春的苛评。1914 年周诒春访美,康奈尔大学中国同学开会欢迎,周诒春作演讲。胡适在日记中批评"周君演说之词乃大令我失望",究其原因乃在于周诒春主张"诸君毕业,可归即亟归,勿久留此"与胡适所主张的"毋欲速"之见正相反。(关于胡适的留学主张和《非留学篇》等内容本书第三章将会有详细阐述,故此处从略。)对周诒春演说中言及中国留学生"不切实用"之大病所举例"不知运动场规则,不知踢球场广袤"等的批评也尽数删去了。日记手稿中可见胡适用朱笔涂抹的痕迹,删去"皆孩提之见解耳,周君为留美归国之佼佼者,其见解之鄙陋乃若此,可叹也",而将其替代为"似近于细碎",批判程度显然顿时下降数个层级。考虑到日记中所涉人数众多,要顾及所评对象的社会地位与声誉,在整理重排时删掉像对马君武、周诒春等的苛评处确是整理重排本的特色之一。

胡适学术规范与治学态度的更新变化在日记排印本与手稿本的对照之间亦得以显现。在 1915 年 2 月 4 日的札记中,胡适有这样的记载:"前记余疑此邦出版之《李鸿章自传》("Memoirs of Li Hung

Chang",Edited by Wm. Francis Mannix. Boston and New York,Houghton Mifflin,1913.)为出于伪托,后久不能得此书,遂亦置之。今得读此书,得铁据无数,一一记之,为作一文揭其奸伪,送一杂志登之,自以为生平一大快事。"而在排印本中胡适将"铁据"改为"铁证",虽一字之易,却足以照见胡适坚持以考证的科学方法治学的主张与态度。胡适于 1915 年 8 月 21 日的日记中具体讨论了"据"与"证"之区别。在胡适看来"据也,据经典之言以明其说也",而"证者,根据事实,根据法理,或由前提而得结论(演绎),或由果溯因,由因推果(归纳),是证也。吾国旧论理,但有据而无证。证者,乃科学的方法,虽在欧美,亦为近代新产儿"①。由此足见,与留学时期胡适更多地立身和注目于清儒之传统考据不同,"铁证"之改动,体现了胡适立足于"科学方法"重视考证的治学路径与对学术研究科学性的追求。

　　还有一种改动情况是编排时本欲删除,但最后又决定保留,胡适还为解释此事添加按语。《归国记》中胡适记载了其 1917 年 6 月 27日与朝河贯一先生交谈,答应为英国书商丹特主持的《人人丛书》编辑两册中国典籍名著之事,胡适认为此举"乃大好事业,可收教育的功效"②(见图 1 - 16),但此事后来未能进行。胡适本来欲删去此条,在日记手稿中已用朱笔标注删除,但最终出版时却将其保留了。胡适还在日记末尾添加了按语:"此事后来竟无所成,我甚愧对朝河先生。——廿三年九月胡适记。"③

　　①　胡适:《胡适留学日记手稿本·胡适劄记第九册》,1915 年 8 月 21 日;《胡适留学日记》第二册,第 752 页。

　　②　胡适:《胡适留学日记手稿本·胡适劄记第十五册》,即《归国记》,1917 年 6 月 27 日;《胡适留学日记》第四册,第 1160 页。

　　③　胡适:《胡适留学日记手稿本·胡适劄记第十五册》,1917 年 6 月 27日;《胡适留学日记》第四册,第 1161 页。

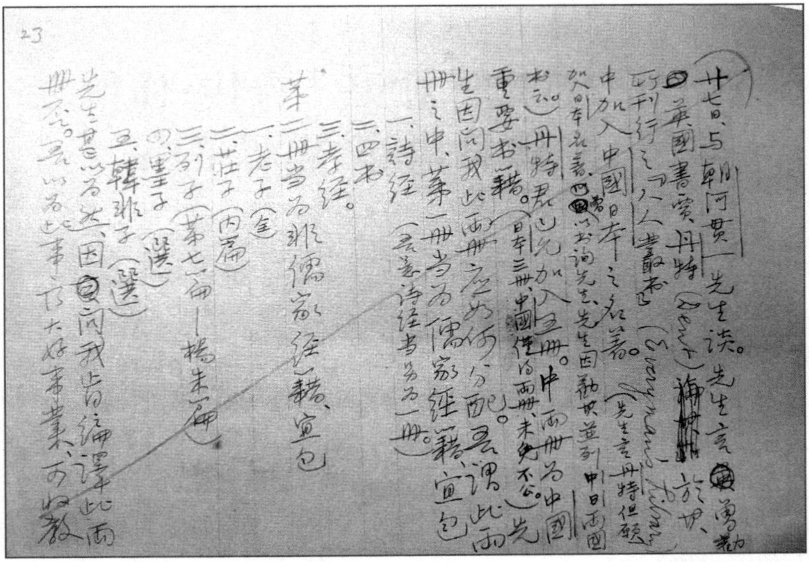

图　1－16

附记:

　　本章第 13 页首印时曾指出"上海人民出版社重复影印了《胡适留学日记》手稿中的《胡适劄记 第十一册》",经中国社会科学院近代史研究所宋广波老师提醒与孙绪谦同学帮忙查证,发现中国历史研究院图书馆藏《胡适留学日记》手稿并未出现重复影印《胡适劄记 第十一册》的情况,因此或可推断笔者使用的这套《胡适留学日记》手稿在封装过程意外多装了一册。借本书重印之机,特意指出这个"美丽的错误",也期待更多藏者方家检视影印手稿册数以教我。

第二章 日记·札记·自传:体例之变与自言自语的"思想草稿"

　　梁实秋在回忆胡适的文章《怀念胡适先生》中曾专门提到过其阅读《胡适留学日记》的感受:"胡先生早年有一部《留学日记》,后来改名为《藏晖室日记》,内容很大一部分是他的读书札记,以及他的评论。小部分是他私人生活,以及友朋交游的记载。我读过他的日记之后,深感自愧弗如,我在他的那个年龄,还不知道读书的重要,而且思想也尚未成熟。如果我当年也写过一部留学日记,其内容的贫乏与幼稚是可以想见的。"①从中不难见出《胡适留学日记》的思想容量与研究价值。

(一)《胡适留学日记》的"两副笔墨"

　　胡适在《藏晖室劄记·自序》中言及:"这十七卷劄记是我在美国留学时期(一九一〇——一九一七)的日记和杂记。"明确指出了其留学日记包含"日记"和"杂记"两类不同文体,彰显了清醒且自觉的文体意识。对"日记"和不同于普通日记的"杂记"的文体意识早在胡适记日记的过程中即已形成,只是胡适变换了多个不同的提法,或用"劄记",或用"札记",或用"杂记",尽管多处变换能指,却共同分享着同一所指,也彰显了《胡适留学日记》中存在着的"两副笔墨"问题。

---

① 梁实秋:《怀念胡适先生》,引自欧阳哲生选编:《怀念胡适》,中国社会科学出版社,2000年,第138页。

《胡适留学日记》中明显存在着前后期记述重点与书写风格上的两种差异。胡适 1911—1912 年底的日记所记范围甚广,既包括上课、读书心得,又不乏对日常见闻、书信往来的记述,更兼及美国社会风情等诸多方面的内容窥览;而 1914—1917 年的日记,则多是读书札记、思考片段,虽然每篇俱明确标示了所记时间,但多是思想碎片、文学主张、观剧心得、论文、讲演要旨的梗概记录,时间性并不强,内容上即符合其所自称的,近乎"自言自语的思想草稿"①。

胡适这种笔墨的调转和体例、记述重点的转换始于 1912 年底,笔者在其 1912 年 12 月 16 日的日记中发现胡适对此有过这样的记述:"自此以后,有事值得一记则记之,否则略之。自今日为始,凡日记中所载须具下列各种性质之一:(一)凡关于吾一生行实者。(二)论事之文。(三)记事之有重要关系者。(四)纪游历所见。(五)论学之文。"②1913 年 2 月 6 日胡适在写给挚友许怡荪的信中亦提及此事:"前四五十日为生平最忙之时,公私交迫,日记亦废。现拟废日记为札记,有事则记之,无事则不着一字云。"③表达了自己废"日记"而改"札记"之计划,这也为我们理解胡适由记日记转向记札记的体例选择提供了一重解释,即胡适因公私交迫无暇每日写日记,于是转而选择了更为便宜的"有事则记"的札记书写方式。

在《藏晖劄记》第一册的开首胡适即着意注明:"吾作日记数年,今不幸中辍,已无可复补;今以劄记代之。"④自此开始,胡适就由记录身边琐事、日常经历为主的日记转为了"有事则记,有所感则记,有

---

① 胡适:《胡适留学日记·自序》,第 2 页。

② 胡适:《胡适留学日记手稿本·藏晖日记》,1912 年 12 月 16 日;《胡适留学日记》第一册,第 133 页。

③ 梁勤峰、杨永平、梁正坤整理:《胡适许怡荪通信集》,第 31 页。

④ 胡适:《胡适留学日记手稿本·藏晖劄记一》,1913 年 4 月;《胡适留学日记》第一册,第 139 页。

所著述亦记之,读书有所得亦记之,有所游观亦略述之"①的札记写作。而且胡适对于"日记"与"札记"的文体差异有着非常清醒的认知,不仅限于中国传统文体的体式差异,胡适也注意到在英文中亦存在着日记与札记之别,"逐日记曰 Diary,或曰 Journal。劄记曰Memoir。述往事曰 Reminiscences。自传曰 Autobiography"②。周质平认为《胡适留学日记》"从日常生活,到所思,所感,所学,真是无所不包。除此以外,文稿,书牍,剪报也都保留在日记中。胡适将'留学日记'初名'劄记',其实是更符合其内容的"③。

(二)从"私下观摩"到"面向公众":体例之变与胡适的目的动机

显然在胡适看来,"日记"和"札记"各自担承着不同的文体功用。《藏晖室劄记》的前两卷(胡适将其命名为《藏晖日记》)主要是日记形式,胡适自陈其记日记"最初只是为自己记忆的帮助"④,主要侧重于记录自身生命体验和生活经历。罗志田先生在《日记中的民初思想、学术与政治——20世纪20年代一位学人的观察》中曾有过这样的观察:"在近代西潮冲击之前,日记在中国本是一种带'创作'意味的思绪和学术表述形式,不少人的日记其实是作为'著述'在撰写。因此,多数传统中国读书人的日记往往是有意写给人看的,其记载的内容和表述的观念,都不免有故意为之的痕迹;越是'人生得意'之人,

---

① 胡适:《胡适留学日记手稿本·藏晖劄记一》,1913年12月16日;《胡适留学日记》第一册,第139页。

② 胡适:《留学日记手稿本·藏晖劄记二》,1914年7月;《胡适留学日记》第一册,第282页。

③ 周质平:《光焰不熄——胡适思想与现代中国》,九州出版社,2012年,第231页。

④ 胡适:《胡适留学日记·自序》,第2页。

这类味道越重。"①但与传统士大夫记日记主要是面向后世读者、以求传世的目的不同,胡适的日记尚在记录过程中,就常在留美诸君与其挚友许怡荪之间传观,这事实上较为类似士大夫之间私下观摩、交流创作的传统酬唱模式,胡适记日记这一行为本身包含着"为己"与"为人"的双重目的。

而需要注意的是,胡适的札记写作则带有明确的"发表"欲望与诉求,与最初的止于自我记忆与友朋传观的初衷不同,因此记录日常琐事和私人交际的日记文体显然必须退隐,因为目标读者发生了转换,不再局限于二三知己好友,胡适追求的是面向更广大的公众读者群。胡适不仅节录了《藏晖室劄记》数则分别在《留美学生季报》1916年第3卷第1期和第3期上发表,也多次从海外向许怡荪邮寄札记,并在致许怡荪信中多次言及:"有二物欲以寄呈左右:一为年来札记二册(日记久废),一为新译裴伦(Byron)《哀希腊歌》。"②1914年7月23日在写给许怡荪的信中胡适又提及:"一年来作札记已成三册,日记久废矣。俟足下行踪稍定,后当将札记寄呈。"③1915年3月9日致许怡荪信中再度提及札记寄送和观览之事,言及因海外邮递不便,且归期不远,相约见面之际再细看札记,言语之间,不乏自得:"去年以来,日记已不复作,惟作札记,一年之中乃成六册,今年第七册又尽四之一矣,足下得不笑其不惮烦乎? 本欲寄与足下,惟闻政府于海外邮便须一一拆看,适之家书无不遭此苛待,故且不即寄。相见之期不远,想吾二人执手话旧时,吾札记可达第十五册或二十册矣。足下能

---

① 罗志田:《日记中的民初思想、学术与政治——20世纪20年代一位学人的观察》,《近代中国史学十论》,复旦大学出版社,2003年,第130页。

② 梁勤峰、杨永平、梁正坤整理:《胡适许怡荪通信集》,第40—41页。信函落款无具体日期。

③ 梁勤峰、杨永平、梁正坤整理:《胡适许怡荪通信集》,第48页。

相待乎?"①而胡适由于博士论文写作诸事宜推迟了一年归期,1916年1月25日在写给许怡荪的信中再次强调自己日记久废,专作札记,并颇有所得,想要封存好三年以来的札记寄给许怡荪:"三年以来,日记久废,颇作札记,略记闻见所及,与思想变迁之迹而已。三年以来乃盈十册(惟不记哲学),暇日当检阅一过,然后封寄足下以代书而已。"②由此足可见胡适记札记之癖,以及其对自身札记思想价值的看重。而许怡荪不愧是胡适的知己益友,对于胡适的意图动机颇为心领神会,十分看重胡适留学日记社会价值与思想价值的许怡荪于是费心将其重新整理抄录成编。因此当胡适还在国外忙于博士论文写作时,其留学日记就在《新青年》上开始了断续连载。经过许怡荪的整理重抄与节录摘编,自《新青年》1916年第2卷第4期始,1917年第2卷第5、6期,1917年第3卷第1、2、4、5、6期,1918年第4卷第2期,1918年第5卷第1、3期先后11期以"藏晖室劄记"或"藏晖室札记"之名刊载了胡适的部分留学日记。

　　胡适十分看重其留学日记,友人许怡荪将其留学日记整理抄录在《新青年》上刊载,亦得到了胡适的极大肯定。在1917年4月11日致许怡荪信中胡适即表示:"札记蒙兄代编,已见前三批,均极满意,感谢感谢。"③但《新青年》同人对于胡适留学日记价值的看法似很难与胡适达成共识,胡适在1918年3月22日信中曾向许怡荪抱怨《新青年》同人不愿意他以札记作为代笔,蕴含着对《新青年》同人不能理解自己札记价值的无奈:"此间《新青年》编辑部中人都不愿我用札记来抵文债,故第四期不得不做一篇长文章。其实我自己以为我的札记中颇有些可读的材料,比近人向着旧丛书里东抄西摘的《丛谈》《杂俎》总好几分。这是'戏台里喝采'的腔调,因来信亦同此意,

①　梁勤峰、杨永平、梁正坤整理:《胡适许怡荪通信集》,第51页。
②　梁勤峰、杨永平、梁正坤整理:《胡适许怡荪通信集》,第55页。
③　梁勤峰、杨永平、梁正坤整理:《胡适许怡荪通信集》,第70页。

故亦及之。"①从中亦不难窥见胡适对其留学札记价值的看重以及并不将其日记划归为私人领域的性质界定。《胡适留学日记》和鲁迅日记无论内容风格还是书写体例上都存在很大不同。鲁迅日记甚为简要,主要是记账式的,朋友往来、赠予、银钱出入记载甚详,而绝少涉及内心所思所想,而胡适却赋予了写札记很重的思想史与心灵史价值,认为其留学日记"写出一个不受成见拘缚而肯随时长进的青年人的内心生活的历史"②,"不独可以示他日之我,又可助此诸见解令真成我所自有之理想也"③。这也就使得胡适留学日记所录内容"并不属于一般定义下的私的领域,而是他的公众领域的一部分"④,蔓延和勾连着其文化价值观、思想主张等多个命题。胡适有意将留学札记在《新青年》上登载,为自己代言,其实是十分看重其札记的思想价值的。《胡适留学日记》很大程度上可说是新文学主将、文学革命领袖以及学者胡适的生成"前史",正是在这一意涵上,其日记可看作"他的来往书信和学术著作的延伸"⑤,且颇具知识分子精神心灵史意义。20世纪30年代胡适通过撰写《逼上梁山——文学革命的开始》及《中国新文学大系·建设理论集导言》诸文,着意建构和勾勒出以个人生命史为中心逻辑的文学革命发生论述,有意将文学革命"前史"之延长线推伸至其留美时期。因而作为集中记录胡适留美生活经历与思想痕迹的《胡适留学日记》,一定程度上即具备了"思想草稿"的意义,对于我们了解胡适其人其学,以及对其所置身

---

① 梁勤峰、杨永平、梁正坤整理:《胡适许怡荪通信集》,第84页。

② 胡适:《胡适留学日记·自序》,第6页。

③ 胡适:《留学日记手稿本·藏晖劄记五》,1914年11月4日;《胡适留学日记》第二册,第445页。

④ 江勇振:《男性与自我的扮相:胡适的爱情、躯体与隐私观》,引自熊秉真编:《欲掩弥彰:中国历史文化中的"私"与"情"》,第203页。

⑤ 江勇振:《男性与自我的扮相:胡适的爱情、躯体与隐私观》,引自熊秉真编:《欲掩弥彰:中国历史文化中的"私"与"情"》,第200页。

的社会历史情境和文学革命发生史等重要研究议题的探察均颇具提示意义。

（三）"自言自语的思想草稿"：述学文体与作为思想训练的札记写作

而"到了最后的三年（一九一四——一九一七），我自己的文学主张，思想演变，都写成劄记，用作一种'自言自语的思想草稿'（thinking aloud）"①。在胡适看来写札记正给他提供了一种思想草稿的便利，记札记对于他而言成为"求知识学问的一种帮助，也是思想的一种帮助"②。更重要的是，"札记"的内容与形式所涉甚广，作为一种自言自语的思想草稿，札记的"方式有多种：读书作提要，劄记，写信，谈话，演说，作文"③等等都可写进札记中，因此胡适坦言"所以我常用劄记做自己思想的草稿"④。胡适正是通过记录札记来整理自己繁杂的思想，以期理出头绪、分析辩难，从而达到形成有统系的思想的目的。正如其所言："吾近来所以不惮烦而琐琐记吾所持见解者，盖有故焉。吾人平日读书虽多，思想虽杂，而不能有有统系的理想，不能有明白了当之理想。夫理想无统系，又不能透澈，则此理想未可谓为我所有也。"⑤于是内容驳杂、形式多样的"札记"就成了胡适最为得心应手地展现其思想痕迹和作文做事轨迹的述学文体。

胡适认为通过与人谈话、发表演说、著作可帮助自己整理和形成有统系的思想。"友朋问答辩论，可使吾向所模糊了解者，今皆成明

---

① 胡适：《胡适留学日记·自序》，第2页。

②④ 胡适：《胡适留学日记·自序》，第3—4页。

③ 胡适：《胡适留学日记·自序》，第3页。

⑤ 胡适：《留学日记手稿本·藏晖劄记五》，1914年11月4日；《胡适留学日记》第二册，第444—445页。

澈之言论"①,演讲能促使演讲者搜求材料、形成自我逻辑和命意,而著作最是作者思想体系的呈现和凝结。但胡适同时指出,谈话存在"非明白透澈不为功也"②的问题,演说更是耽误了胡适不少工夫甚至令其失掉奖学金,故而在日记中他多次流露出要杜绝过多杂务、静心读书的意愿。胡适有意识地辞去了世界学生会主席的职位,减少外出活动,因此"今演说之日渐少,故有所触,辄记之此册(上所记甚零星细碎,然胜不记远矣)"③。于是相较而言写札记成了胡适整理思路、进行思想训练的最佳途径与方式,更重要的是,"谈话""演说""著作"这三种方式与功能,胡适都通过写札记的方式得以实现了。《胡适留学日记》中即记载了不少其与友朋论辩的信札往来,如胡适与梅光迪、任鸿隽、杨杏佛、朱经农等就文学改良问题的辩难书信的记载。胡适在札记中对友朋辩论信札中所提出的不少疑点和反对之处进行了摘录,并通过反复辩难和梳理,不断深化了自己的认知,写札记给胡适提供了一个清理思路和自我审思的重要通道。

胡适 1916 年 4 月 19 日在致许怡荪信中称:"今寄上札记八册(第三至第十),至乞检收。其第一二册因有裴伦诗译稿及他稿未及写副本,故不以相寄耳。此诸册足下读完之后,如有所见,乞质直相告。此诸册但记吾二年来思想变迁之大致:有时前后矛盾(所谓'今日之我与昨日之我开战'),亦不复更改,以存其真;有时记个人私事,本不当示人,则又思司马温公'事无不可对人言者'之训,亦姑存之。此诸册于适所专治之学(哲学)言之甚略,盖以其非一鳞一爪之札记所能尽也;然有时亦颇记一二则'人生哲学',但不可以为定论耳。"④这则信札信息颇丰,彰显了胡适写作札记的态度与准则,胡适并不介怀以"今日之我"非"昨日之我",而且对"昨日之我"的思想痕迹亦不

---

① ② ③ 胡适:《留学日记手稿本·藏晖劄记五》,1914 年 11 月 4 日;《胡适留学日记》第二册,第 445 页。

④ 梁勤峰、杨永平、梁正坤整理:《胡适许怡荪通信集》,第 61 页。

欲抹去,留之以存其真,他这种写作态度凸显了对日记历史价值与真实性价值的追求与看重。他在《胡适留学日记·自序》中即曾表达过对日记真实性的看重:"除了极少数(约有十条)的删削之外,完全保存了原来的真面目……这样赤裸裸的记载。"①而胡适寄送给许怡荪观览,并非有意自夸,而是带有互相切磋、讨论的用意,"足下读完之后,如有所见,乞质直相告"②。即可见胡适征求友人意见、看重往来探讨与对话互动的意识,而留学日记恰发挥了有统系的思想"谈话"之功能。胡适在《自序》中言及:"有时我和朋友谈论一个问题,或通信,或面谈,我往往把谈论的大概写在劄记里,或把通信的大要摘抄在劄记里。"③朱经农 1916 年 7 月 28 日在复胡适信函中即称:"晨起得手书并诗词劄记数页,展转翻阅,几忘早餐。"由此足见,除了许怡荪,胡适也曾将自己的留学日记寄给包括朱经农在内的其他友人传看。朱经农这封回函,主要申说了他的持见,他认为进化论"不足以为白话诗之护符也。凡理论必须与事实相符,然后足以服人,若以进化之空谈抹杀古文之好处,弟终期之以为不可……弟谓白话诗无甚好处,兄其毋以进化之说相难也"④。并且朱经农还深谙胡适有将友人信札中所见摘录进札记中的习惯,故而在信函末尾强调:"拉杂言之,不成文理,切不可采入劄记,至嘱至嘱!"⑤

　　而胡适留学日记中确实记录了相当多与友人的对谈和往来信件的摘录与驳斥,尤其集中在 1915—1916 这两年之间。胡适 1915 年 9 月 17 日夜所记的一条札记《送梅觐庄往哈佛大学诗》,正是他与留

　　①　胡适:《胡适留学日记·自序》,第 6 页。

　　②　梁勤峰、杨永平、梁正坤整理:《胡适许怡荪通信集》,第 61 页。

　　③　胡适:《胡适留学日记·自序》,第 4 页。

　　④　杜春和、韩荣芳、耿来金编:《胡适论学往来书信选》(上册),河北人民出版社,1998 年,第 398—399 页。

　　⑤　杜春和、韩荣芳、耿来金编:《胡适论学往来书信选》(上册),第 399 页。

美诸君关于文学革命论争的触媒,引发了之后的往返讨论与互辩。
1916 年 2 月 3 日的《与梅觐庄论文学改良》《论译诗寄陈独秀君》、
1916 年 2 月 10 日的《叔永答余论改良文学书》、1916 年 7 月 13 日补
记的《觐庄对余新文学主张之非难》、1916 年 7 月 22 日的《答梅觐
庄——白话诗》[①],以及 1916 年 7 月 29 日的《答觐庄白话诗之起因》、
1916 年 8 月 4 日的《再答叔永》和《答朱经农来书》、1916 年 9 月 5 日
的《答经农》等数条札记都是与友朋信札往来或当面对谈的辩论与探
讨。胡适借助与友人的对谈辩论,通过在札记中驳斥友人观点与自
我质疑,不断清理出自己的文学革命主张和方向。因本书第七章将
立足于胡适留美时期个人生命史的角度,通过与友人的论辩互动和
最初的文学革命讨论等内容详细论述此一问题,故此处不加深论。

《胡适留学日记》中也有多处对自己演讲的记载,往往是演讲提
纲的梗概和演讲取材由来的记述。其日记也正承担了梳理演说思
路、形成论说提纲与逻辑的思维草图与思想草稿的作用。而胡适留
学日记更是为其著作发挥了至关重要的积累与辩难之功。胡适自陈
"有时候,我自己想一个问题,我也把思想的材料,步骤,结论,都写出
来,记在劄记里……随笔记出研究的结果,后来就用劄记的材料"[②]
写成文章著述。如其 1915 年 8 月 26 日的札记《如何可使吾国文言
易于教授》,即粗陈梗概,后来发展成其在东美学生年会上的讨论议
题。胡适 1916 年 4 月 5 日夜所作的《吾国历史上的文学革命》、1916
年 4 月 17 日所作的《吾国文学有三大病》、1916 年 5 月 8 日所记的
《谈活文学》、1916 年 7 月 6 日所追记的《白话文言之优劣比较》以及
1916 年 8 月 21 日所记的《文学革命八条件》等皆展现了他文学革命
思想的形成过程与理论深化,对此第七章亦会进行深入地阐释与分
析,故此处不再赘言。

---

① 日记手稿原题《答梅觐庄驳吾论"活文学"书》,排印本有删改。
② 胡适:《胡适留学日记·自序》,第 4 页。

（四）胡适与"自传热"

1939 年亚东版的《藏晖室劄记》出版后不久,毛子水即在《治史杂志》上发表了推荐书评。毛子水有意将胡适的自传《四十自述》与《藏晖室劄记》进行价值比较:"我们若以为著者后来的学问事功和他留学美国的时候所闻见所思虑的有关系,则我们正可名现在这部时为'留学美国时的胡适'。这种'当'时的记载,文学上或历史上的价值,都应当比过后追记的《四十自述》高得多。"①在毛子水看来,同样属于自传性文献的《藏晖室劄记》相较于胡适的《四十自述》具有更高的真实性,而正如胡适在《自序》中所言:"除了极少数(约有十条)的删削之外,完全保存了原来的真面目。"②

但是胡适日记的真实性问题其实是很值得商榷的,尤其"幻灭之来,多不在假中见真,而在真中见假。日记体,书简体,写起来也许便当得多罢,但也极容易起幻灭之感"③。鲁迅在《怎么写》一文中即对胡适日记的真实性提出了委婉的批评:"听说后来胡适之先生也在做日记,并且给人传观了。照文学进化的理论讲起来,一定该好得多……做作的写信和日记,恐怕也还不免有破绽,而一有破绽,便破灭到不可收拾了。"④

胡适在留学日记《自序》中也曾敏感地提出:"我开始写劄记的时候,曾说'自传则吾岂敢'(卷三首页)。但我现在回看这些劄记,才明白这几十万字是绝好的自传。这十七卷写的是一个中国青年学生五七年的私人生活,内心生活,思想演变的赤裸裸的历史。"⑤确认了《胡适留学日记》的自传属性,并将他的《藏晖室劄记》称为

---

① 　毛子水:《藏晖室劄记四册》,《治史杂志》1939 年第 2 期。

② 　胡适:《胡适留学日记·自序》,商务印书馆,1947 年,第 6 页。

③④　鲁迅:《怎么写》,《莽原》半月刊,1927 年第 18、19 合刊。

⑤ 　胡适:《胡适留学日记·自序》,第 4—5 页。

"留学时代的自传"①。

1947 年商务印书馆重印《胡适留学日记》后,《新书月刊》1948 年创刊号的"新书提要"专栏即对《胡适留学日记》做出过如下推荐:"这十七卷劄记是胡适之先生在美留学时期日记和杂记的汇刻,也可视作胡先生的自传的一部分。其中所写的是他的私人生活,内心生活,和思想演变的赤裸裸的历史。"②

值得一提的是,胡适对传记文学的兴趣极为浓厚,早在留美之前即已显露。胡适 1906 年在上海中国公学读书时就曾用白话创作了多篇传记作品发表在《竞业旬刊》上,其中包括《姚烈士传略》《中国第一伟人杨斯盛传》《世界第一女杰贞德传》,以及《中国爱国女杰王昭君传》,此外胡适还发表了传记书评《读〈爱国二童子传〉》。

而胡适对于传记的关注和提倡在留美时期更甚,由于对西方现代传记的广泛接触,胡适也加深了对传记的理论认识和创作兴趣。查《胡适留学日记》可知,胡适在 1910 年 4 月阅读过康奈尔大学前校长 Andrew White 的自传,1911 年先后阅读了莎士比亚传记、爱迪生传记等,这一系列有关传记文学的阅读活动与他当时正担负着《康奈尔传》的撰写任务不无相关。而在之后的 1912、1913 年,胡适又先后阅读了《嘉富尔传》、*Andrew D. White's Seven Great Statesmen* 中之《石台传》等,阅读传记的兴致一直不减。而且胡适不仅自己对传记文学满怀兴趣,他还推荐友人阅读自传。1910 年胡适初到美国时就在 1910 年 10 月 29 日写给许怡荪的信中大力推荐他阅读《富兰克林自传》:"有一书(Benjamin Franklin's *Autobiography*)不可不读,此为美国第一人物。其文亦极高古,中自叙其一身所经历及其用功之方。"③更在 1912 年 2 月寄赠《富兰克林自传》给许怡荪,勉励他阅

---

① 　胡适:《胡适留学日记·自序》,第 6 页。

② 　编者:《胡适留学日记》,《新书月刊》1948 年创刊号。

③ 　梁勤峰、杨永平、梁正坤整理:《胡适许怡荪通信集》,第 12 页。

读:"今寄上 *Benjamin Franklin* 自传一册,兄试读之,当有大效力。"①胡适十分看重传记文学的社会价值和精神功用,认为"此书可作为英雄传记读,可作为理学书读,可作为座右铭读,可作为美国立国精神史读"②。

同时胡适还较为深入地比较了中国传统传记与西方现代传记的优劣得失,《藏晖室劄记》卷七开首的札记条目即为"传记文学",胡适较为详细地比较了东西方传记文学的文体差异,他指出:

> 昨与人谈东西文体之异。至传记一门,而其差异益不可掩。余以为吾国之传记,惟以传其人之人格(Character)。而西方之传记,则不独传此人格已也,又传此人格进化之历史(The development of a character)。东方传记之体例(大概):
>
> (一)其人生平事略。
>
> (二)一二小节(Incidents),以写其人品。(如《项羽传》"垓下之围"项王悲歌起舞一节。)
>
> 西方传记之体例:
>
> (一)家世。
>
> (二)时势。
>
> (三)教育(少时阅历)。
>
> (四)朋友。
>
> (五)一生之变迁。
>
> (六)著述(文人),事业(政治家,大将,……)。
>
> (七)琐事(无数,以详为贵)。
>
> (八)其人之影响。
>
> ……
>
> 东方无长篇自传。余所知之自传惟司马迁之《自叙》,王充之《自

①②　梁勤峰、杨永平、梁正坤整理:《胡适许怡荪通信集》,第15页。

纪篇》，江淹之《自叙》。中惟王充《自纪篇》最长，凡四千五百字，而议论居十之八，以视弗兰克林之《自传》尚不可得，无论三巨册之斯宾塞矣。东方短传之佳处：

（一）只此已足见其人人格之一斑。

（二）节省读者目力。

西方长传之佳处：

（一）可见其人格进退之次第，及其进退之动力。

（二）琐事多而详，读之者如亲见其人，亲聆其谈论。

西方长传之短处：

（一）太繁；只可供专家之研究，而不可为恒人之观览。人生能读得几部《约翰生传》耶？

（二）于生平琐事取裁无节，或失之滥。

东方短传之短处：

（一）太略。所择之小节数事或不足见其真。

（二）作传太易。作者大抵率尔操觚，不深知所传之人。史官一人须作传数百，安得有佳传？

（三）所据多本官书，不足征信。

（四）传记大抵静而不动。何谓静而不动？（静 Static，动 Dynamic。）但写其人为谁某，而不写其人之何以得成谁某是也。

吾国人自作年谱日记者颇多。年谱尤近西人之自传矣。[①]

尽管日记中所述不过只言片语，但胡适并未囿于简单的相似性判断，而对中西传记文学的长短之处把握极准。在胡适看来，东方无长篇自传，中国传记普遍篇幅短小，叙述太过简略，作传多本官书，不足征

---

① 胡适：《留学日记手稿本·藏晖劄记五》，1914 年 9 月 23 日；《胡适留学日记》第二册，第 415—418 页。

信,并且传主性格大抵静而不动,看不到性格发展,难见人格之进化与思想之变迁,而优点在于可节省读者目力,便于管中窥豹;西方自传则普遍是长篇,优于细节丰富、可见人格之进退,且善叙身边琐事,更具真实性,但缺点是失之繁琐。据此可知胡适已初步具备了比较文学眼光与研究意识,他有意识地在文化差异性的对照式阅读和思考中养成了自己的学术兴趣和观念视野。

通过对中西传记文学的比较研究,胡适判断中国传记写作最缺乏的也是他认为现代传记最应具备的,即是通过传记写作解释传主"人格进退之次第,及进退之动力"。而且胡适不仅自己涉笔成趣,还常常劝说和动员周围的文化名人进行自传写作,他在《四十自述》中言及:"我在这十几年中,因为深深的感觉中国最缺乏传记的文学,所以到处劝我的老辈朋友写他们的自传。"[1]他就曾劝梁启超、林长民写自传,可惜二位很快过世,未能写成,而除梁、林二人外,胡适还曾先后劝告过蔡元培、张元济、高梦旦、陈独秀、熊希龄等写自传。其"对自传的提倡可谓不遗余力,他到处邀约其老朋友作传……陈衡哲、杨步伟、毛彦文、沈亦云等女性传者都曾在自传的序言中提到胡适先生对她们的鼓励。而胡适不仅鼓励他人积极作传,自己本身也成为现代自传最早尝试者"[2]。他的这种倡导,并非心血来潮,而是有理论自觉的。在胡适看来,写作自传的目的之一乃在于"替将来的史家留下一点史料"[3],而在"为史家留材料"之外,胡适所着意的还有一层,即"给文学开生路",他希望能够通过"赤裸裸的叙述我们少年时代的琐碎生活,为的是希望社会上做过一番事业的人也会赤裸

---

① 胡适:《四十自述·自序》,亚东图书馆,1933年,第1页。

② 韩彬:《现代中国作家自传研究》,中国社会科学出版社,2015年,第10页。

③ 胡适:《四十自述·自序》,第2页。

裸的记载他们的生活,给史家做材料,给文学开生路"①。胡适坦言本来想用写小说的路子来写《四十自述》,"但我究竟是一个受史学训练深于文学训练的人,写完了第一篇,写到了自己的幼年生活,就不知不觉的抛弃了小说的体裁,回到了谨严的历史叙述的老路上去了"②。无论从用心还是实际操作的结果来看,胡适的自传写作始终都寄托着"诗与史"的追求。

　　按照胡适的打算,《四十自述》原计划写三个阶段,即留学前的生活、留学(1910—1917)、归国后(1917—1931),"但因为种种打断,只写成了这第一段的六章"③。《四十自述》从胡母之订婚写到"我"考取留美官费生,六章的篇幅追溯了母亲的订婚史、父亲亡故、母亲看继子脸色过活拉扯"我"长大的日子。以"读书"为线索结构全篇,但是可以看出作者谨严的后置性思路,他将自己童年、少年的读书生活视作其日后进行白话文运动、整理国故等一系列文学革命实践的"思想准备"与阅读积累。他总结性地将自己留学前的生活概括为:"在这九年(一八九五——一九〇四)之中,只学得了读书写字两件事。在文字和思想(看下章)的方面,不能不算是打了一点底子。"④他的逻辑思路是,正是他从小阅读了家中收藏的小说《水浒传》《三国演义》等,正是他在家塾时期就广泛阅读了小说、弹词、传奇、笔记小说,比如《琵琶记》《虞初新志》《粉妆楼》《薛仁贵征东》《薛丁山征西》等,为他文学革命时期提倡以白话为国语,提倡白话文学打下了思想伏笔与理论草稿。他有意构建自己与白话文学之间的关联,强调因为阅读的"大类都是白话小说,我在不知不觉之中得了不少的白话散文的

---

① 胡适:《四十自述·自序》,第 6 页。
② 胡适:《四十自述·自序》,第 5 页。
③ 胡适:《四十自述·自序》,第 4 页。
④ 胡适:《四十自述》,第 55 页。

训练,在十几年后于我很有用处"①。

他着意建构自己思想的连续性,强调自己少年读书时期形成的一些思想"后来成为我的重要的出发点的,在那十七八岁的时期已有了很明白的倾向了"②。而他很明确地将自己的主要倾向确定为白话文学的主张、整理国故的实践和治文学史的兴趣。胡适追溯自己最早的一篇白话文字是1906年9月11日发表在竞业学会同人刊物《竞业旬报》上的《通俗地理学》,认为这是他最早的系统性的白话训练:"几十期的《竞业旬报》,不但给了我一个发表思想和整理思想的机会,还给了我一年多作白话文的训练……我知道这一年多的训练给了我自己绝大的好处。白话文从此成了我的一种工具。七八年之后,这件工具使我能够在中国文学革命的运动里做一个开路的工人。"③而他特意以《通俗地理学》为例,不仅仅将其视为白话文创作训练的开端,更含有某种自我辩驳的深意在内。通过对自己早年白话习作《通俗地理学》的分析,胡适意在回应对自己文章浅显的批评,他想要说明的是,并非自己学问浅薄,而是他抱定了做文章就是为了教人看懂的志向。他指明《通俗地理学》一文"已充分表现出我的文章的长处和短处了。我的长处是明白清楚,短处是浅显……二十五年来,我抱定一个宗旨,做文字必须要叫人懂得,所以我从来不怕人笑我的文字浅显"④。这种自我澄清意在辩驳指斥的对话性可见一斑。胡适自叙自己11岁时自编《历代帝王年号歌诀》,称"这也可算是我的'整理国故'的破土工作"⑤。而将自己治文学史学的兴趣归结到进中国公学半年后因得脚气病,病中读诗燃起了兴趣(主要是读

---

① 胡适:《四十自述》,第50—51页。
② 胡适:《四十自述》,第131页。
③ 胡适:《四十自述》,第134—135页。
④ 胡适:《四十自述》,第122—123页。
⑤ 胡适:《四十自述》,第74页。

古体歌行),如《木兰辞》《饮马长城窟行》《古诗十九首》等。

胡适之于传记文学创作的倡导由来已久,他自己还亲身实践,先后创作了《许怡荪传》(写于 1919 年 6 月,最初发表于《新中国》第 1 卷第 4 期)、《高梦旦先生小传》(发表于 1937 年 1 月出版的《东方杂志》34 卷 1 号)、《张伯苓先生传》(原为英文,发表在 China Magezine)、《丁文江的传记》等。对个人思想的变化和人物性格的关注,是胡适传记文学创作的主要着眼点。《四十自述》中胡适意在建构自己早期读书生活作为日后文学革命主张思想草稿的前提和准备性作用,尤为强调自己深受朱熹"学原于思"的影响,认为其"后来的思想走上了赫胥黎和杜威的路上去,也正是因为我从十几岁时就那样十分看重思想的方法"①的缘故。在撰写《许怡荪传》时,胡适也格外注重叙写其"一生学问思想的变迁进步"②,将许怡荪政治思想的发展诠释为从政治中心论到领袖人才论到改良社会事业的思想脉络。

对传主性格的勾勒,更是胡适关注的重点:《四十自述》中对自己长于妇人之手,埋首读书,因而养成了羞涩内敛性格的自述;《许怡荪传》中对许怡荪赤诚、热心与厚道的描写。对高梦旦冲淡、热心、慈祥,崇尚实事、一点一滴锲而不舍,尤其是从不好高骛远,从小问题着眼和努力的性格品质的描写,当然有出于赞美与肯定传主朋友的考量,但更为重要的是胡适的有意勾连。他对高梦旦一系列美好性格品质的铺陈,其实都是意在书写自己性格的侧面,胡适认为正是基于此一点,他们成为同道,因为他们共享了"没有利心,没有名心,没有胜心"③的品质与心态。因此在这个意义上可说,胡适在为友人撰写他传的创作实践亦可视为胡适自我形象书写的镜像投射,也即胡适

---

①　胡适:《四十自述》,第 132 页。

②　耿云志、李国彤编:《胡适传记作品全编》第三卷,东方出版中心,1999年,第 22 页。

③　耿云志、李国彤编:《胡适传记作品全编》第三卷,第 40 页。

镜像自我的呈现。胡适通过自传与他传等一系列传记书写有意进行自我经典化的用心是十分明显突出的。他一方面希图建立道德完善的自我形象，即通过对自身性格品质和朋友性格品质的有意突显和美化；一方面有出于为自己争得文学革命盟主地位与荣誉分配的考量。

　　而《四十自述》绝非胡适进行自我经典化的唯一之途。20 世纪 30 年代，胡适在《逼上梁山——文学革命的开始》等文章中细溯了自己文学革命的主张主要来源于留美时期与友人有关"白话作诗"与"白话作诗与作文"的辩驳与争论。他在《中国新文学大系》的《建设理论集导言》中同样采取了沉湎与回忆建构的方式，企图以自我人生经历为中心进行文学史叙述，有别于"胡适与陈独秀关于文学革命的通信、胡适的《文学改良刍议》、陈独秀的《文学革命论》应运而生，以及钱玄同、刘半农自编自导的双簧信事件制造出舆论声势和争议"这样的文学革命发生论的经典范式。胡适在作为总结新文学第一个十年历史成绩的《新文学大系·建设理论集导言》中，在以《新青年》同人主导的经典文学革命发生论述之外，以自我经历为中心，着意建构和勾勒出另一幅思想草图。他追认"文学革命"的口号就是来自1915 年夏天，他同任鸿隽、梅光迪、杨杏佛等留美朋友的诸番乱谈这一发生学阐释。而"不管争论讨论……最善于整合别人观点，据为己有"[1]确乎是胡适的专长，他正是通过强大的叙述逻辑统合建构从而进行自我演绎，显露出他不甘于仅仅作为《新青年》同人的历史地位，而有意为自己争得荣誉分配主导权的用心和意图。

　　与《四十自述》的出现几乎同时，20 世纪 30 年代胡适对自己留美时期的日记进行了整理、摘编，并以《藏晖室劄记》之旧名整理刊行，而他通过自传书写、日记出版，以及撰写《逼上梁山——文学革命

---

　　①　罗志田：《再造文明之梦——胡适传》，四川人民出版社，1995 年，第109 页。

的开始》及《中国新文学大系·建设理论集导言》等一系列自剖心曲的努力,不断强化建构自己早期生活思想之于日后所参与的重大历史进程之间的影响和关联。采取这种带有极强自我建构性的"追忆"方式,是他对 20 世纪 30 年代面临左翼文学兴盛、自由主义文学阵营饱受批评,青年导师地位的动摇趋势的回应。郑振铎在《中国新文学大系》的《文学论争集导言》中就《新青年》同人分化,文学革命先驱趋向不同意识形态纷争,导致青年道路选择分化的新文学思想界的历史与现状展开过较为尖锐的批判。郑振铎不无鲜明地批判了胡适"践踏着青年们的牺牲的身体,一级一级的爬了上去。当他们在社会上有了稳固的地位时,便抛开了青年人开始'反叛'"①;而与此同时,20 世纪 30 年代国民党政权推崇传统道德并以此作为自己文化建设的基础,批判与否定五四的风声与思潮愈演愈烈。因此,《四十自述》绝非仅仅是胡适个人的生平经历流水簿,还寄予着其作为五四一代的自我反思与自我确立。这种克服自我认同危机与化解思想界内部压力的尝试与努力,蕴藉着胡适进行自我经典化的动机与目的。

---

① 郑振铎:《〈文学论争集〉导言》,引自刘运峰编:《1917—1927 中国新文学大系导言集》,天津人民出版社,2009 年,第 47 页。

第三章 "过渡之舟"与"再造文明"：
胡适留学观及教育理想考论

有论者称："胡适的重要思想形成于留学时代。七年留美，逐步形成了他完整的、影响一生的人生观、世界观、宗教观、道德观。研究其形成之前因后果，是胡适研究不容忽视的重要课题。"[①]而据唐德刚整理《胡适口述自传》的感想来看，"胡适晚年期的思想，与他中少年期的思想简直没有甚么出入——说胡适的思想前后一致也好；说胡适没有进步也好"[②]。笔者无意纠结于胡适的思想是否有进步与突破，但唐德刚的判断无疑提示我们胡适的思想具有很大的稳定性，因此对胡适留美时期思想形成的研究也就显得十分必要与重要，这对于理解胡适其人其学以及作为学者胡适的日后出场，对其思想发展与人生选择之间关系的探讨都无疑极具线索作用，正是在这一意涵上，《胡适留学日记》作为"自言自语的思想草稿"的意义得以凸显。

（一）胡适的留学愿景与救国观念的潜隐变化

胡适作为第二批庚子赔款赴美学习的中国留学生，于1910年9月抵美，最初就读于康奈尔大学，起初学农，后发现兴趣不在于此，遂改学哲学。大学毕业后，胡适继续在康奈尔大学研究部修习一年，因

---

① 宋广波：《胡适许怡荪通信集·序》，梁勤峰、杨永平、梁正坤整理：《胡适许怡荪通信集》，第5页。

② ［美］唐德刚译注：《胡适口述自传·写在书前的译后感》，第1页。

仰慕实验主义大师杜威，遂于 1915 年离开绮色佳，前往哥伦比亚大学哲学系攻读博士学位。

　　留学之于胡适的重要意义自不待言，首先在生活境遇的选择上，它使得胡适避免继续走向堕落迷途。在《四十自述》中胡适曾详细追忆了其因中国公学与中国新公学的纠纷而在中国新公学解散后漂泊沪上任职华童公学时的一段放浪生活。胡适自叙一晚因醉酒被马车夫扔于途中，后因与巡捕相殴被抓至巡捕房的荒唐经历，并自陈第二天清醒后"在镜子里看见我脸上的伤痕，和浑身的泥湿，我忍不住叹一口气，想起'天生我材必有用'的诗句，心里百分懊悔，觉得对不住我的慈母，——我那在家乡时时刻刻悬念着我，期望着我的慈母！我没有掉一滴眼泪，但是我已经过了一次精神上的大转机"①。颓唐浪荡的生活令胡适颇有悔意、颇感自惭，于是在挚友许怡荪、程乐亭的好意劝勉和资助②下赴京参加留美官费考试。1910 年 7 月 1 日胡适从北京写信给许怡荪，称自己能够有幸考取官费留美"皆出足下力劝吾行乃有以致此，念之感激无地"③。而在留学日记中胡适对程乐亭的慷慨解囊也有叙及，"余去岁北上，即蒙以百金相假，始克成行"④。程乐亭不幸于 1911 年 3 月 26 日英年早逝，胡适在致许怡荪、章希吕等多位同乡朋友的书信中都表达了对程乐亭不幸早逝的哀恸，并于 7 月 11 日作《哭乐亭诗》⑤一首，以寄哀思。胡适还于 7 月 12 日遵许

---

①　胡适：《四十自述》，第 175—176 页。

②　程乐亭曾为胡适赴京应考资助二百银元，胡适的老师王云五对其参加留美应试也颇有劝诫、勉励之功。

③　梁勤峰、杨永平、梁正坤整理：《胡适许怡荪通信集》，第 8 页。

④　胡适：《胡适留学日记·藏晖室劄记卷一》，商务印书馆，1947 年，第 40 页，1911 年 6 月 8 日日记。

⑤　胡适：《胡适留学日记·藏晖室劄记卷一》，第 55—56 页，1911 年 7 月 11 日日记。

怡荪嘱,为程乐亭作了记载其一生行述的《程乐亭小传》①,并将全文抄录于留学日记中以为纪念。胡适非常感念程乐亭对他的劝勉、鼓励与慷慨相助,在《哭乐亭诗》中言:"去年之今日,我方苦忧患:酒家争索逋,盛夏贫无幔。君独相怜惜,行装助我办,资我去京国,遂我游汗漫。"②因此可以说,留学美国对于胡适个人而言,无疑是其生命中的一大转机和"改邪归正"的"浪子回头金不换"之举,正是留学之机才使得胡适日后的大放异彩成为可能。

胡适自身对于留学之机也是十分看重和珍视的,他在1910年6月30日写给母亲的家信中直言出国留学是振兴家声的"上进之阶",胡适称"吾家家声衰微极矣,振兴之责惟在儿辈。而现在时势,科举既停,上进之阶,惟有出洋留学一途"。为了说服母亲赞成自己的留学决定,胡适力陈"出洋一事于学问既有益,于家用又可无忧"。而确如胡适所言,官费留美"一切费用皆由国家出之。闻官费甚宽,每年可节省二三百金"③。胡适留学美国的头一年,在官费未被裁撤掉二十元的情况下,还能以此寄钱给母亲以贴补家用。而1911年起因官费被裁减④,胡适才开始以卖文等方式以求贴补家用。胡母在给胡适的回信中对胡适留学美国的决定也深表支持与赞许,并指出留学乃胡适夙愿,而今考中乃是夙愿得偿:"汝此次出洋,乃汝昔年所愿望,今一旦如愿以偿,余心中甚为欣幸。"和胡适一样,胡母也将胡适

---

① 胡适:《胡适留学日记·藏晖室劄记卷一》,第57—58页,1911年7月12日日记。

② 胡适:《胡适留学日记·藏晖室劄记卷一》,第56页,1911年7月11日日记。

③ 杜春和编:《胡适家书》,河北人民出版社,1996年,第10—11页。

④ 胡适在1912年2月6日致章希吕的信中称:"自去年以来,官费每月减去二十元,向之为八十元者,今都改为六十元,遽遭此影响,颇形拮据,已不能有所撙节矣。"见耿云志、欧阳哲生编:《胡适书信集 1907—1933》(上),北京大学出版社,1996年,第25页。

之留美看作"从此上进有阶,将来可望出人头地"的大好机遇,并殷殷叮嘱胡适:"但一切费用皆出自国家,则国家培植汝等甚为深厚,汝当努力向学,以期将来回国为国家有用之材,庶上不负国家培植之恩,下有以慰合家期望之厚也。"①同时对于官费之结余可补家用之缺也寄予希望:"至于每月之学资,既承国恩优给,若有羡余,则寄家用;若实不能抽寄,当即禀明,不必勉强,余当另行设法也。"②

由此足见,胡适留学的初衷很大程度上带有谋求上进之阶、节省资费以补家用的现实考量,他求学康奈尔时初选农科亦有出于节省用度,以期养家的考虑。胡适在 1910 年 9 月致胡绍庭、章希吕、胡暮侨、程士范信中对此即有过说明:"弟已得大学许为正科生,专习农科 Agriculture。此校农科最著名,为国家科大学。凡农科学生概不纳费,即此一项,一年可省百五十金,可谓大幸。"③除了贴补家用、减轻家庭负担的考量外,胡适最初选择学农很大程度上与其二哥胡绍之的建议深有关联:"胡适说他生平有二大恩人,其一是母亲冯顺弟,其二是二哥胡绍之……其二哥当他在乡间无法再深造的时候,把他由旧学轨道上转向新学的轨道,由此使他有可能走向世界。"④因此二哥的建议对于青年胡适而言不能不说颇具影响力。胡适求学时期几乎都以二哥的行止为榜样:"在上海读书,基本上是按二哥的规范行事。先入梅溪小学,是二哥上过的学堂,继入澄衷学堂,因该校总教习是二哥的同学,唯中国公学是自己慕名投考的。"⑤胡适 1952 年在

① 杜春和编:《胡适家书》,第 429 页。

② 杜春和编:《胡适家书》,第 430 页。

③ 耿云志、欧阳哲生编:《胡适书信集 1907—1933》(上),第 16 页,信的落款无具体日期,信封邮戳上为 1910 年 9 月 25 日。

④ 沈寂:《胡适与汪孟邹》,引自李又宁主编:《胡适与他的朋友》,纽约天外出版社,1990 年,第 351 页。

⑤ 沈寂:《胡适与汪孟邹》,引自李又宁主编:《胡适与他的朋友》,第 351 页。

台东所作的一次题为《中学生的修养与择业》的演讲中曾忆及其选科事,称当时其二哥"以家道中落,要我学铁路工程,或矿冶工程。他认为学了这些回来,可以复兴家业,并替国家振兴实业。不要我学文学、哲学,也不要学做官的政治法律,说这是没有用的……我以铁路矿冶都不感兴趣,为免辜负兄长的期望,决定选读农科,想做科学的农业家,以农报国"①。

事实上胡绍之建议胡适学工科的想法与同为第二批庚子赔款赴美留学的易鼎新的回忆颇相一致。易鼎新与胡适同船赴美、朝夕相处,在其《自述》中易鼎新回忆过胡适选择农科的原因,他认为:"胡适之君是时决定进康乃尔大学(Cornell Univ.)习农科,窥其意似以理工两科难习而文科又不足习也。"②易鼎新的说法显然具有一定的合理性,胡适决定不学文科确实是受到了二哥建议的影响,但其最终选择农科也与他个人理科成绩不佳担心理工科难习颇有关系。在庚子赔款留学考试中,"胡适各门自然科学都考得很差"③,因此他并没有像当时大部分留美的中国学生一样选择理工科专业。事实上当时的美国社会颇为注重实业,"以工程实业立国者美国是也"④,留美的中国学生"学工程实业者居大半"⑤,主要包括铁路工程、矿学、机械工程、农学、化学工程等诸科。据相关统计资料显示:"1909到1929年由清华学堂派出的留美生中,学工程的404人,占31.3%;学理科的127人,占9.8%;学农学的67人,占5.2%;学医学的68人,占5.3%;学经济和商业的325人,占25.2%;学法学的29人,占

① 胡颂平编:《胡适之先生年谱长编初稿(增补版)》(一),联经出版事业公司,2015年,第103页。

② 许康、许诤编:《湖南历代科学家传略》,湖南大学出版社,2012年,第139页。

③ [美]格里德著,鲁奇译:《胡适与中国的文艺复兴——中国革命中的自由主义(1917—1937)》,江苏人民出版社,2010年,第29页。

④⑤ 朱庭祺:《美国留学界》,《留美学生年报》1911年。

2.2%;学哲学和文学的 79 人,占 6.2%。学人文科学的留美生还不到 10%,而 90% 以上学理工和应用社会科学。"①理科成绩不佳的胡适对于选择理工科为专业信心不足,尽管深知"文学一途,本所乐习"②,但又不愿让二哥失望,于是压抑了自身的文史兴趣,择定了农科这一较为小众的科目,而这实在是两边皆不甚讨好的折衷之选,既不符合胡适的个人兴趣,也并不完全谐合胡绍之的期冀。

而且无论是出于兴趣还是出于是否擅长的考虑,学农都并非胡适的最优选,他主要是基于社会需求的考量,一定程度上抑制了自己的个人愿望。胡适曾在《归国杂感》中借对家乡学堂的批判指出"我们这里最需要的是农家常识,蚕桑常识……须要注意课程的实用"③,对社会实用性的看重也成为胡适选定专业的重要考量。然而这种勉强其志的决定只在经过第一学年的学习后就很快发生了动摇,因"所习大半属文学,且自视性与之近,颇有改习 arts 之意"④。胡适先是为自己的动摇进行了自我反省,此时的他并未决定转专业,为此还特意向挚友许怡荪保证"今则立定志向,不再复易矣"⑤。在写给许怡荪的信中,胡适畅谈自己择定学农的志愿是因为:"今日所急者,在于尽一分实力于国人,使国人收一分效力,享一分幸福,'文学救国',今非其时,故不欲为。且丈夫壮年非肆志文章之时。(刘继庄有此说)而吾郡为农国,可以有为,故弟现决

---

① 李喜所:《中国留学史论稿》,中华书局,2007 年,第 305 页。

② 梁勤峰、杨永平、梁正坤整理:《胡适许怡荪通信集》,第 10 页,此为胡适 1910 年 9 月 27 日致许怡荪信中语。

③ 胡适:《归国杂感》,《新青年》1918 年第 4 卷第 1 期。

④⑤ 梁勤峰、杨永平、梁正坤整理:《胡适许怡荪通信集》,第 17 页,此为 1911 年胡适致许怡荪信中语,落款无具体日期。

意学农科。"①但是依据胡适的自我回忆,在"果树学"的实习课上因不擅于苹果标本记载使得他开始反躬自省:"我勉力学农,是否已铸成大错呢? 我对这些课程基本上是没有兴趣;而我早年所学,对这些课程也派不到丝毫用场;它与我自信有天分有兴趣的各方面,也背道而驰。"②于是胡适修书二哥胡绍之,请他帮其决定是否应该改科。胡绍之在复信中尽管称让胡适自行决断,不愿代为妄断,但实际却明确表达了对胡适意欲改科的不赞同态度。他认为胡适弃农学而就文科的选择是颇为不智的,胡绍之称:"文学在西洋各国固为可贵而难能,然在中国则明珠暗投,无所见长,以实际言,似农学校为切用,且于将来生计,亦易为力。"③

　　前研究大多认为胡适之转专业乃在于其"天性于文学为近",胡适家书以及其晚年在口述自传中所言果树实习课上的苹果标本事件也确乎为这一观点提供了有力的论据。笔者认为胡适的改科确有"性与之近"的原因在内,因为他认为"学农实在是违背了我个人的兴趣。勉强去学,对我说来实在是浪费,甚至愚蠢"④。但除此之外,还有一个不可忽视的因素,即是胡适在文史领域的天分与积累,正如其所言:"对哲学、中国哲学和研究史学的兴趣。中国古代哲学的基本著作,及比较近代的宋明诸儒的论述,我在幼年时,差不多都已读过。我对这些学科的基本兴趣,也就是我个人的文化背景。"⑤这对他的转科亦产生了很大影响。胡适的自我建构一直格外注重个人生命史的论说逻辑,尤其是个人兴趣和学养与其日后功业的影响关联,

---

　　① 　梁勤峰、杨永平、梁正坤整理:《胡适许怡荪通信集》,第 17 页,此为 1911 年胡适致许怡荪信中语,落款无具体日期。

　　② 　[美]唐德刚译注:《胡适口述自传》,第 37 页。

　　③ 　杜春和编:《胡适家书》,第 498 页。此为 1911 年夏胡绍之写给胡适的复信,信中未署具体日期。

　　④⑤ 　[美]唐德刚译注:《胡适口述自传》,第 38 页。

无论《四十自述》抑或《逼上梁山》还是《中国新文学大系·建设理论集导言》诸篇皆从此逻辑。毋庸讳言，这种自我建构无疑是颇为成功且巧妙的，将人生选择与发展走向归之为以个人意图与生命经历为中心的个人生命史论述，既容易制造亲切的在场感而生成某种颇具风格且自成经典的论说范式，更让人难于反驳当事者而使论者目的达成。

此外，学者沈寂、张朝胜则认为辛亥革命的刺激很大程度上激起了胡适的政治热情，亦影响到了他的改科。因为辛亥革命后，中国成为亚洲的唯一共和国，"美国人对此产生了浓厚的兴趣，校园内外都欢迎中国学生介绍中国的情况。胡适亦被邀去讲演，颇受听众赞赏。胡适为讲演准备材料时，必须对中国过去几十年促成革命的背景，和革命领袖人物的生平，都做一番认真的研究。因此，胡适对政治史也就发生了兴趣，并成了他改变专业的第二个因素"[1]。但在笔者看来，胡适的改科其实正彰显和昭示了其留学时期思想发展变化之潜隐，而其中最重要的即蕴藉着胡适救国观念及留学观念的发展与变化。

胡适 1911 年 5 月 19 日在写给许怡荪的信中曾称："今日立国，兵力为上，外交次之，内治次之，道德教育尤为太平时之产品，非今日之急务也(此非过激之言)。"[2]留美第一年的胡适还怀揣着实力救国的宏愿，认为欲救国者，军事实力最为紧要，其次便是外交内政，而教育则并非急务，他再三言及："今日第一要事，乃是海军，其次则陆军之炮弹……其次则大政治家，大演说家，皆可以兴国，之于树人富国，

---

① 沈寂、张朝胜：《胡适的求学之路》，安徽大学出版社，2015 年，第 39 页。

② 梁勤峰、杨永平、梁正坤整理：《胡适许怡荪通信集》，第 21 页，此为1911 年 5 月 19 日胡适致许怡荪信中语。

皆是末事。"①此时的胡适十分看重国家的军事实力,寄希望于领袖的个人才能,而教育这等"树人"之业,在其看来却是无关紧要的"末事"。然而必须要注意的是,胡适此时寄希望于实力救国的言之凿凿,皆是建立在其"初志习农,后以本年所习大半属文学,且自视性与之近,颇有改习 arts 之意,今则立定志向,不再复易也"②的自我说服基础上的。胡适希望通过不断申说实力救国之途径与重要性,以坚定其学农之志。然而这种自我安慰与自我说服的效用实在相当有限且无力,因为胡适在向许怡荪大谈其"他日归来,视力所能及,先从一乡入手,作一老农"的志愿时,却用了更多的篇幅大谈其"余力所愿"的未来规划,即"以其余力作一学堂教习,再办一个小小的报纸,可以逍遥陇亩,可以言论自由,又可以教育人才;十年之后,收效必有可观者;四十年后,然后闭户读书,偿我素愿;每一念及,辄为神王"③。无论是做新型农民之余兼做学堂教习,还是办报纸以期教育人才,其实都蕴藉着胡适"教育兴国"的愿景,只是此时更合其志的志业愿景还因外力(兄长的期望和实力救国思潮的影响)所限尚处于自我压制的阶段。但是从 1911 年胡适写给许怡荪的书信中其实就不难看出,胡适学农的选择从一开始就隐蓄着诸种危机与变化的可能。

"胡适学了一年半的生物解剖学、植物生理学和果树学,结果学习成绩平平,对此毫无热情。1912 年初……他转到文理学院,选择了哲学专业。"④在 1912 年 12 月 9 日写给许怡荪的信中胡适自陈:

---

① 　梁勤峰、杨永平、梁正坤整理:《胡适许怡荪通信集》,第 21 页,此为 1911 年 5 月 19 日胡适致许怡荪信中语。

②③ 　梁勤峰、杨永平、梁正坤整理:《胡适许怡荪通信集》,第 17 页,此为 1911 年胡适致许怡荪信中语,落款无具体日期。

④ 　[美]格里德著,鲁奇译:《胡适与中国的文艺复兴——中国革命中的自由主义(1917—1937)》,第 33 页。

"适现已改习文科,亦不专习文学,所习有文学,哲学,政治,经济。近日主义欲以前三年半为博览工夫,期于开拓心胸,建立基础;然后以三年之工为精约工夫,专治二门,政治而兼哲学:六年半之后(或七年)可以稍有学问门径矣。"①前后不过一年多,胡适的思想观念即由实力救国转为欲求学问之进益。为此胡适为自己制定了先"博观约取"后"致力专精"的求学路径,希望能广习文学、哲学等文科诸科,并在政治与哲学两科上有所专精,目的是希望能够开拓心胸、拓宽眼界。

而为了追求"开拓心胸"的改科之举正是胡适所找寻到的留学之益,其对留学的态度看法从出国门前的为求上进之阶以振家声,转变到留学之初的学农以期实力救国,再转至对"开拓心胸"、转换精神气质的思想熔铸的追求,体现出其坚定了欲为国民导师的志向。胡适在 1915 年 5 月 28 日的日记中已明白清楚地自剖心曲:"吾生平大过,在于求博而不务精。盖吾返观国势,每以为今日祖国事事需人,吾不可不周知博览,以为他日为国人导师之预备。……自今以往,当屏绝万事,专治哲学,中西兼治,此吾所择业也。"②从胡适决定专治哲学、兼治中西的路径来看,他的择业选择很大程度上是出于实现欲为国人导师的规划考量。而且其抱负并非一时野心,而是早有意识,同时胡适对自己因抱负宏大而名利心甚重之弊病亦有自警,早在求学澄衷学堂时期,胡适即曾在日记中反思过自己"颇具廉耻心,惟名誉心太重……每念……胡居仁'为学在声价上做,便自与道离了'之

---

① 梁勤峰、杨永平、梁正坤整理:《胡适许怡荪通信集》,第 29 页,此为 1912 年 12 月 9 日胡适致许怡荪信中语。

② 胡适:《胡适留学日记手稿本·藏晖劄记七》,1915 年 5 月 28 日;《胡适留学日记》第三册,第 653 页。

语,辄怵惕危惧不自已"①。而在归国前夕,胡适曾在 1917 年 6 月 1 日的日记中以一诗概述了自己留美选科改科的前因后果和心路历程:

> 我初来此邦,所志在耕种。
> 文章真小技,救国不中用。
> 带来千卷书,一一尽分送。
> 种菜与种树,往往来入梦。
> 匆匆复几时,忽大笑吾痴。
> 救国千万事,何一不当为?
> 而吾性所适,仅有一二宜。
> 逆天而拂性,所得终希微。
> 从此改所业,讲学复议政。
> 故国方新造,纷争久未定;
> 学以济时艰,要与时相应。
> 文章盛世事,岂今所当问?②

胡适重视精神改造与思想革命的留学观逐步确立,他通过对留学实践的反思而生成的教育理想也在逐渐确立,这为他日后志在以思想革命推动民族更新、促进社会进步的理想蓝图埋下了伏笔。

(二)"过渡之舟"与"再造文明":由《非留学篇》谈开去

基于留美的学习与生活经历,胡适对留学教育有了更多实际观

---

① 张立茂编注:《胡适澄衷学堂日记》,文汇出版社,2017 年,第 23 页。此为胡适 1906 年 3 月 20 日日记中语。

② 胡适:《胡适留学日记手稿本·胡适劄记第十四册》,1917 年 6 月 1 日;《胡适留学日记》第四册,第 1145 页。

察与深入审思,在给挚友许怡荪的信中胡适迫不及待地表达了对留学的批判:"去国三年,观察所得,以为'留学'为吾国今日第一大患。遣派留学之举一日不止,吾国之高等教育一日不能进步;本国之高等教育一日不进,则所学所授都是舶来之进口货,吾国固有之文明将日就消灭,而入口之货生吞活剥,不合吾民族精神,十年后但存一非驴非马之文明,思之大可惧也!故弟迩来极主张停止留学,他日当著论言之。然留学亦未尝无有益处,以弟一人之私见言之,则留学之大益,在于开拓心胸,振作精神。"①而胡适所言"弟迩来极主张停止留学,他日当著论言之"的"著论"指的就是发表于 1914 年《留美学生年报》上的《非留学篇》。胡适对于留学教育的集中批判以及通过反思留学表达自己的教育理想在《非留学篇》中显露无遗。

《非留学篇》发表在 1914 年第 3 期的《留美学生年报》上,"在文中,他对中国留学政策的弊病有痛切的指陈,对未来的发展,则有悉心的规划"②。《非留学篇》系统论述了胡适对留学教育与国家命运发展的认识与观察,称得上是胡适留美时期撰著的重要收获之一,但一直以来却受到学界的忽视。既有的为数不多的有关《非留学篇》的研究主要集中在对该篇文章内容的总结概括上,对其与胡适留美时期思想形成关系的探讨还十分缺乏。

胡适在《非留学篇》篇首即开宗明义,对"留学"做出了明确的性质判定:

　　留学者,吾国之大耻也。

---

① 梁勤峰、杨永平、梁正坤整理:《胡适许怡荪通信集》,第 33 页,此为 1913 年 6 月 14 日胡适致许怡荪信中语。

② 周质平:《遗文新刊——胡适的〈非留学篇〉》,《胡适丛论》,三民书局股份有限公司,1992 年,第 253 页。

　　　　　留学者,过渡之舟楫而非敲门之砖也。
　　　　　留学者,废时伤财事倍而功半者也。
　　　　　留学者,救急之计而非久远之图也。①

从中不难见出,在留学美国三年之后,胡适对于"留学"的态度已由"上进之阶"一转为"吾国之大耻",由此足见其"留学"观前后反差之大,而态度迥然相异背后实乃立场与眼光变更之故。"上进之阶"着眼于个人荣辱,"吾国之大耻"则是立足于国家利益,因为"吾国文明全盛之时,泱泱国风,为东洋诸国所表则"②,而晚近百年国运不振,转而"派遣学子,留学异邦……以为异日急起直追之图"③。对于拥有辉煌灿烂文化的文明古国来说,向他国派遣留学生实是自认文明自愧的"忍辱蒙耻"之行为。梅光迪在致胡适信中也表达过类似的感受:"吾人道德文明本不让人,乃以无物质文明,不远三万里而来卑辞厚颜以请教于彼,无聊极矣!"④

　　而"过渡之舟"无疑是胡适赋予留学之举极为精当的比喻。胡适立足的依然是国家本位,他认为"吾国今日所处,为旧文明与新文明过渡之时代,旧文明非不可宝贵也,不适时耳",而"一国之派遣留学,当以输入新思想为己国造新文明为目的"⑤。留学的目的应该是帮助吾国从旧文明过渡转换至新文明,而这些派遣到国外的留学生所发挥的应该是"过渡之舟楫"的作用。胡适颇为形象地指出"留学生者,篙师也,舵工也……"⑥胡适日后因在新文化运动中的诸番表现常被目为全盘西化的代表,而其自身出于倡导思想革命等复杂因素的考量也常以"全盘西化者"自居,但事实上胡适对于中国文化绝非采取通盘否定之态度,"整理国故"作为其推行新文化运动的

　　①②③⑤⑥　胡适:《非留学篇》,《留美学生年报》1914 年。
　　④　罗岗、陈春艳编:《梅光迪文录》,辽宁教育出版社,2001 年,第 124 页。

重要内容与计划①即可见出其对于中国文化的复杂态度。留美时期，胡适更是对中国文化多有维护，他希望在充分尊重中西文化差异的前提下，通过"充分借鉴吸收西方文化，重新整理中国的旧文化，在中西结合的基础上，再造中国的新文化"②。这也是胡适将留学以及留学生视为"过渡之舟"的深层内蕴所在。

胡适的朋友梅光迪对其将留学视为"过渡之舟"的看法也大为赞同。早在胡适意欲改科之时，梅光迪即在信中强调："吾人生于今日之中国，学问之责独重：于国学则当洗尽二千年来之谬说；于欧学则当探其文化之原与所以致盛之由，能合中西于一，乃吾人之第一快事。"③梅光迪十分赞同胡适弃农转文，甚至不无夸张地对胡适改科大加赞誉："足下之改科乃吾国学术史上一大关键，不可不竭力赞成。"④1912 年梅光迪在致胡适的多封书信中表达了对留学界的不满："吾对于此邦留学界已绝望……以吾国派官费留学美国已五六十年，实无一个人才也。此最可痛哭之事。"⑤而对于梅光迪所言几十年来官派出国而学无所成的现实情状，胡适认为导致留学政策失败的原因乃在于："一误于政府教育方针之舛误，再误于留学生志趣之卑下。"⑥而对留学生志趣卑下的问题，胡适亦多番虑及，在留学日记中胡适对于此间留学界中人士亦多抱怨："恒以吾国学子太无思想……晚近之留学生年齿较稚，思力未成熟，其肤浅鄙隘……"⑦在

---

① 胡适在《新思潮的意义》(《新青年》1919 年第 7 卷第 1 期)中提出新文化运动的四项纲领："研究问题，输入学理，整理国故，再造文明。"

② 耿云志：《胡适新论》，第 36—37 页。

③ 罗岗、陈春艳编：《梅光迪文录》，第 120 页。

④ 罗岗、陈春艳编：《梅光迪文录》，第 121 页。

⑤ 罗岗、陈春艳编：《梅光迪文录》，第 125 页。

⑥ 胡适：《非留学篇》，《留美学生年报》1914 年。

⑦ 胡适：《胡适留学日记手稿本·藏晖日记》，1913 年 10 月 12 日；《胡适留学日记》第一册，第 146 页。

《非留学篇》中胡适将留学生肤浅幼稚无思想的弊病主要归结为三大缺点:"一曰苟且速成……二曰重实业而轻文科……三曰不讲求祖国之文字学术。"①其中第二点显然颇有切身之感,而第三点弊病的指出则明显是立足民族文化本位对留学界中"数典忘祖"缺乏民族自尊心者的批判。胡适特别强调"祖国之语言文字,乃留学生之帆也"②,不知祖国之学术文明,不仅仅是丧失自尊心、缺失国格的问题,在根本上还会丧失掉留学的意义,因为一味媚于西学而不懂祖国之文明,是无法最终达到输入文明的目的的,因为"祖国文字,乃留学生传播文明之利器"③,若不懂祖国之文字文明,日后即便学成归来,也无法著书立说,传播新文明。因而胡适颇为注重留学生对本国文化的掌握,而此点也非胡适所独见,梁启超在《论中国学术思想变迁之大势》中论及近世之学时,即曾表达过对作为文化"转输者"的留学生应加强国学修养的期待:"今日欲使外学之真精神,普及于祖国,则当转输之任者,必邃于国学,然后能收其效。以严氏与其他留学欧美之学僮相比较,其明效大验矣。此吾所以汲汲欲以国学为我青年劝也。"④

但不同于梅光迪呼吁"决意跳出此范围,暑假时有暇当作文鼓吹停止官费留学"⑤的激进观点,胡适认为"留学者救急之上策,过渡之舟楫,吾国一日未出过渡之时代,则留学一日不可废"⑥。胡适并不主张废止官费留学,他认为问题的关键在于改良留学之法,并且分别从慎选留学资格、留学学习建议及留学生回国服务应尽之义务等多个方面提出了较为全面的改良建议。

谈到留学资格慎选时,胡适提到应对留学之人的文学修养有所要求,至少应保证"作文能自达其意者,及能译西文者,其能通《说文》

---

①②③⑥　胡适:《非留学篇》,《留美学生年报》1914年。

④　梁启超:《论中国学术思想变迁之大势》(续第五十五号),《新民丛报》1904年第3卷第10期。

⑤　罗岗、陈春艳编:《梅光迪文录》,第125页。

与夫《史》《汉》之文及唐诗宋词者尤佳，不必能作诗词，但能读足矣"①。而结合其自身转科的亲身经历，胡适也给出了他认为合宜的学习建议："凡留学之第一、二年，一律学文科（Arts and Sciences 或名 Academic Course），俾可多习语言、文字、政治、历史、哲学、理化之类，以打定基础，开拓心胸，二年之后，然后就性之所近习专科，或习文艺，或习实业、工程焉。"②胡适认为大学头两年应以"打定基础，开拓心胸"为目的，进行所谓通识教育，后两年可选择与己性相投的专业进行专门学习。而为了保障留学能充分发挥"过渡之舟"之效，胡适还特意设计了官费留学生应尽之义务，他认为"官费留学生归国之后，得由中央政府或各省政府随时征召。或入国家专门图书馆编纂教科书，或在国家大学或省立大学任教授之责，或在国家工厂任事，或在各部效力……"③总体来看，胡适为留学生拟定的归国后的前途设计，主要侧重于政府官员、国家性文化机构职能人员、大学教授、各实业领域专门性人才的布局与安排，从中亦可窥见其寄希望于发挥政府职能、自上而下欲行改良的政治立场。

而胡适再三强调留学乃"过渡之舟楫"实有三重意涵。首先"过渡之舟楫"明确指出了留学乃是手段而并非目的，"吾国今日处新旧过渡、青黄不接之秋，第一急务，在于为中国造新文明，然徒恃留学，决不能达此目的也"④，胡适认为留学的真正目的也即救国之根本方案在于"再造文明"，也即"为中国造新文明"。而"留学"只是"再造文明"愿景中的一环而已，或曰"再造文明"愿景的准备期，"留学"的最终目的是能够实现"不留学"，使中华文明获一新生，重新恢复其光辉灿烂。

"过渡之舟楫"的另一层意涵指向的是这一行为的暂时性，在胡适看来，留学只是救急之选，而非长久之计。"长久之计乃在振兴国内之高等教育，是故当以国内高等教育为主，而以留学为宾，当以留

①②③④　胡适：《非留学篇》，《留美学生年报》1914 年。

学为振兴国内高等教育之预备。"①因为为了实现"再造文明"之愿景,"徒恃留学,决不能达此目的也,必也一面亟与国内之高等教育,俾固有之文明,得有所积聚而保存,而输入之文明,亦有所依归而同化"②。输入外来文明以振兴本国的大学教育而使固有文明得以再造保存,这是胡适在《非留学篇》中提出的更为根本的教育理想。胡适认为:"国内大学,乃一国教育学问之中心,无大学,则一国之学问无所折衷,无所归宿,无所附丽,无所继长增高。"③因此本国大学之兴衰决定着本国文化文明之赓续。在讨论留学与本国大学教育之关系时,胡适指出:"以国内大学为根本,而以留学为造大学教师之计,以大学为鹄,以留学为矢,矢者所以至鹄之具也,如是则吾国之教育前途,或尚有万一之希冀耳。"④留学最重要的目标之一乃是为国内大学教育培养教师,储备师资人才,留学之于本国教育而言,实需发挥其工具作用。胡适在《非留学篇》中勾画出的理想蓝图乃是:"以国内教育为主,而以国外留学为振兴国内教育之预备,然后吾国文明乃可急起直追,有与世界各国并驾齐驱之一日。"⑤

　　其三,胡适在写给许怡荪的信中明确指出"过渡之舟楫"乃学术思想也:"吾所志在孟德斯鸠、福禄特尔一流人物,以为学术思想,过渡之舟楫而已,未尝梦想作华盛顿也。"胡适此时已全然丢弃掉了欲为一"老农"之心,而决心于学术思想上谋得大成,这也颇谐合梅光迪对胡适"足下有志于立言"⑥之评价。

　　胡适十分留心和关注官费留学的具体情形,查《胡适留学日记手稿本》1914年1月24日日记可知,胡适在那一日的札记中粘贴了一张剪贴报,题为"湘省一年之留学费"(见图3-1),主要内容为:

---

①②③④⑤　胡适:《非留学篇》,《留美学生年报》1914年。

⑥　　罗岗、陈春艳编:《梅光迪文录》,第121页。

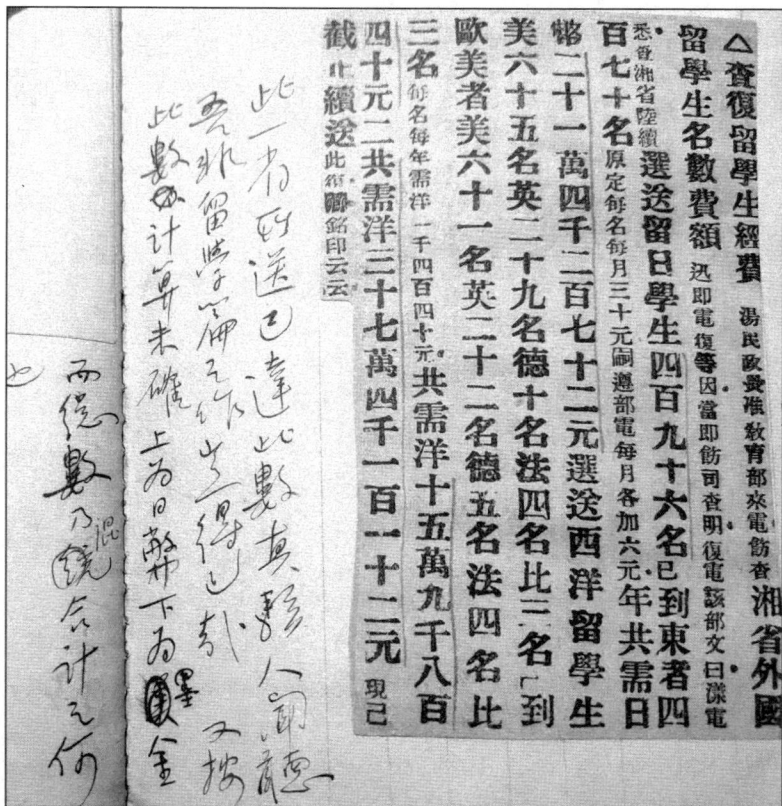

图 3-1

查复留学生经费

汤民政长准教育部来电,饬查湘省外国留学生名数费额,迅即电复等因。当即饬司查明,复电该部。文曰:"漾电悉。查湘省陆续选送留日学生四百九十六名,已到东者四百七十名。原定每名每月三十元,嗣遵部电每月各加六元,年共需日币二十一万四千二百七十二元。选送西洋留学生:美六十五名,英二十九名,德十名,法四名,比三名。到欧美者:美六十一名,英二十二名,德五名,法四名,比三名。每名每年需洋一千四百四十元,共需洋十五万九千八百四十元。二共需洋三十七万四千一百一十二元。现已截止续送。此复。芗铭印云云。①

胡适将这一新闻剪贴置于札记中,并附评:"此一省所送已达此数,真骇人闻听!吾《非留学篇》之作,岂得已哉!"②留美时期胡适对于报刊阅读的兴趣在他的留学日记中多有体现,这也是排印本无法呈现给读者的。手稿本日记中丰富的剪贴报,给胡适研究提供了更多立体生动的细节材料与提示线索。报刊阅读对于胡适早期思想形成的影响本书第五章会有专门论述,此处不复赘言。胡适对官费留学负担之重、"留学者废时伤财"③的问题十分忧虑,他通过留剪报于札记的方式,也为《非留学篇》的合理与可信再留一确证,亦为民国初期的教育史研究保存了珍贵的史料。

对留学和大学教育问题的思考,胡适在深入观察、转化成文外,还与友朋和师辈进行了广泛的交流与讨论。胡适在 1914 年 9 月 13 日的日记中记载了一组《波士顿游记》,其中提到邂逅广东前教育司官员钟荣光并就教育问题与其恳切交谈的经历。日记中详细记述了这次对谈,胡适还着意提到"钟君甚许我所著《非留学篇》"④,颇有几分自得之色。而《非留学篇》因为对留学界诸现象的集中批判也招致了不少反对的声浪。1915 年 1 月胡适在《再游波士顿记》中记述了自己往访友人严敬斋、王君复等于哥伦比亚大学,从严敬斋处得知:"此间有多人反对余之《非留学篇》,赖同志如王鉴、易鼎新诸君为余

---

① ② 胡适:《胡适留学日记手稿本》,1914 年 1 月 24 日日记。

③ 胡适:《非留学篇》,《留美学生年报》1914 年。

④ 胡适:《胡适留学日记手稿本·藏晖劄记四》,1914 年 9 月 13 日;《胡适留学日记》第二册,第 374 页。

辩护甚力。"①易鼎新不仅支持胡适对留学诸问题的批判与反思,自己还曾著文一篇,题为《留学生之过去与将来》②,评述了过去十余年来中国派遣留学生所发挥的社会功用与存在的现实问题。胡适对他人之反对并不懊丧,他看重的乃是其文章是否造成了影响:"余作文字不畏人反对,惟畏作不关痛痒之文字,人阅之与未阅之前同一无影响。"③这许是开风气之先者的识见所在吧。

据胡适 1915 年 2 月 20 日的日记所载,他与英文教授亚丹先生(Prof. J. Q Adaws, Jr.)曾就中国的大学教育问题展开过深入讨论,亚丹先生还特向胡适询问过有关北京大学的办学情况,并再三强调:"如中国欲保全固有之文明而创造新文明,非有国家的大学不可。一国之大学,乃一国文学思想之中心,无之则所谓新文学新知识皆无所附丽。国之先务,莫大于是……"④亚丹教授的主张恰与胡适相合,胡适于是将自己在《非留学篇》中的诸番想法告知亚丹先生,亚丹对此极表赞同,并向胡适建议:"办大学最先在筹款;得款后乃可择师。能罗致世界最大学者,则大学可以数年之间闻于国中,传诸海外矣。"⑤

与此同时,胡适主编《留美学生年报》1914 年卷时,专门在当期刊载了《美国大学调查表》,该文主要是综合《留美学生年报》1912、1913 年两期中介绍美国各大学的投稿节要及胡适自己搜集整理的大学资料而合成的。胡适在《美国大学调查表》中精炼但重点突出地介绍了包括加利福尼亚大学、芝加哥大学、考劳度矿学校、哥伦比亚

---

①③　胡适:《胡适留学日记手稿本·藏晖劄记六》,1915 年 1 月 27 日追记;《胡适留学日记》第二册,第 523 页。

②　易鼎新:《留学生之过去与将来》,《留美学生季报》1915 年第 2 卷第 2 期。

④⑤　胡适:《胡适留学日记手稿本·藏晖劄记七》,1915 年 2 月 20 日日记;《胡适留学日记》第三册,第 565 页。

大学、康南耳大学、哈佛大学、益立诺大学、哀俄哇省大学、霍布铿大学、理海大学、麻省理工学校、密歇根大学、密里索达省大学、纽约大学、瓦海瓦省大学、彭省大学、勃林司登大学、普渡大学、施丹福大学等二十余所大学的地理环境、实力学科、学费等综合信息,胡适同时还关注到了美国的女子大学教育,列出了包括巴娜院(Barnard)、碧莲玛院(Bryn Mawr)和丽药山院(Mount Holyoke)、威儿思莱院(Wellesley)等多所女子大学的概况。胡适编辑《美国大学调查表》很大程度上是出于满足留学生"择校选科"①的现实需要,因此此文一定程度上即携带了留美学生择校指南的文献价值。

而胡适并不满足自己视留学为"过渡之舟楫"以期"再造文明"的教育观念仅在美国留学界小圈子中发挥影响。他希求自己的见解能够获得更为广泛的社会影响力,这亦是由其欲为国人导师,归国后欲"大展身手"而必先行筹谋铺路的初衷所决定的。《甲寅》1915年第1卷第10期通讯栏登载了胡适《致甲寅杂志记者》的通信,胡适在信中"毛遂自荐",将《非留学篇》文稿寄给了《甲寅》杂志,并称:"适去岁著有《非留学篇》,所持见解,自信颇有商榷之价值,以呈足下,请览观焉。适以今日无海军,无陆军,犹非一国之耻,独至神州之大,无一大学,乃真祖国莫大之辱,而今日最要之先务也。一国无地可为高等学问授受之所,则固有之文明,日即于沦亡,而输入之文明,亦扞格不适用,以其未经本国人士之锻炼也。"②胡适对教育之于再造文明的重要作用进行了再度阐发,在1916年1月25日写给许怡荪的信中宣称:"适以为今日造因之计,首在造人;造人之计,端赖教育。适今别无所望,但求他日归来,得以一张苦口,一支秃笔,从事于社会教育,以为百年树人之计,如是而已。明知树人乃最迂远之图,然国事天下

---

① 胡适:《美国大学调查表》,《留美学生年报》1914年。

② 胡适:《致甲寅杂志记者》,《甲寅》1915年第1卷第10期。

事均非捷径所能为功也。"①由此足见,胡适有关大学教育的理想始终是和国家命运与中国之前途挂钩的,教育是胡适经过慎重审思后认定的投身之门,也是其为再造文明愿景选定的实现基石。

耿云志认为:"胡适在美国留学期间,逐渐明确了自己的人生目标,他要做'国人之导师',要在思想学问上准备条件,求得一种可以自立立人,可以济世医国的健全的思想方法。他看到当时中国所处的际遇环境,中国人面临最根本的课题,是尽可能地使中西文化相协调、相结合,使中国古老文化中一切有价值的成分获得新生命。也就是说,中国需要有一个类似西方文艺复兴那样的文化更新过程。他认定自己的历史使命就是在这个文化更新过程中充当一个开路的工人。"②笔者认为,胡适赋予自己的历史使命,正是新旧文明过渡时代致力于再造文明之梦的"过渡之舟楫"的定位,而执教鞭于北大正是即将留学归来的胡适为自己教育理想之实现所择定的"尝试"之地。

(三)锋芒初试:执教北大后的教育改革与创新

早在留学时期,胡适就曾感喟:"吾他日能生见中国有一国家的大学可比此邦之哈佛,英国之康桥、牛津,德之柏林,法之巴黎,吾死瞑目矣。嗟夫!世安可容无大学之四百万方里四万万人口之大国乎!世安可容无大学之国乎!"③学成返国后,他的教育理想在北京大学的校务革新与学科建设上得到了一定程度的推行与实现,这不能不说得益于其留美时期"过渡之舟"教育理想的形成。

---

① 梁勤峰、杨永平、梁正坤整理:《胡适许怡荪通信集》,第 53 页,此为 1916 年 1 月 25 日胡适致许怡荪信中语。

② 耿云志:《中国近代思想家文库·胡适卷·导言》,中国人民大学出版社,2014 年,第 3 页。

③ 胡适:《胡适留学日记手稿本·藏晖劄记七》,1915 年 2 月 20 日日记;《胡适留学日记》第三册,第 566 页。

1. 胡适的职业生涯规划

1916 年 7 月,彼时正于哥伦比亚大学忙着撰写博士论文的胡适,在写给挚友许怡荪的信中谈到了其归国后的三项职业规划:

（一）读书著书　此为终身事业,无论如何,不敢放弃。
（二）作教师　此为啖饭之计,亦即树人之图。约以能得大学师范学校高等学校一类之教席为佳。
（三）作报章文字　颇思办一杂志,旬报为上,月报次之。须资本充足,可不忧中道闭歇,又能有钱收买佳稿,然后可办。[①]

归纳来看,胡适的事业规划主要包括著述、教书、办报三项,这与胡适日后的行止实践也基本相合。胡适在谈到办报这一企划时,还具体地指示了其办报宗旨:

（一）平章政治;
（二）鼓吹社会国家种种需要之改革;
（三）输入新思想新学术;
（四）发扬国学;
（五）造新文学;
（六）监督出版界(今日之书业腐败极矣,应有极严厉方正之 Book Review 以监督之)。[②]

不难发现,"输入新思想新学术""发扬国学""造新文学",正是从留学

---

① 梁勤峰、杨永平、梁正坤整理:《胡适许怡荪通信集》,第 64 页,此为 1916 年 7 月 17 日胡适致许怡荪信中语。
② 梁勤峰、杨永平、梁正坤整理:《胡适许怡荪通信集》,第 65 页,此为 1916 年 7 月 17 日胡适致许怡荪信中语。

生应当发挥"过渡之舟楫"的功用出发,基于发扬固有文明、再造新文明的愿景而衍生出的诸条方针。

1916 年 9 月再致许怡荪信中,胡适亦表达了对国内大学教育的担忧:"国内高等教育,若国家二十年打定主意,以全国之力办一国立大学,则今日或已有一个可算得大学的大学,未可知也。不幸二十年来,教育部无方针可言,所以至于今日尚无一个大学。求一早稻田尚不可得,何况东京、西京之帝国大学乎? 此皆无主意之害也。"①胡适再三言及,只有兴一国国内之大学教育,培养国家学术思想之中心,国家的文明前途才有可商榷的余地,但是对振兴和改革国内高等教育的艰难性和复杂性,胡适亦有清醒的估计与喟叹:"惟此种梦想,不知何年能实行耳。"②

2. 胡适婉拒北大文科学长之始末

胡适在 1917 年 4 月 11 日信中告诉许怡荪,自己回国之后将接受北京大学的教职。但值得注意的是,胡适的这封信札透露了另一个重要信息,即陈独秀有意推荐胡适为北京大学文科学长。也就是说,胡适曾经极有机会一回国就担任北大的文科学长,而不仅仅是北大教授,此种机遇置诸今日几乎是无法可想的。

胡适在信中称:"适已应蔡孑民先生之召,将在北京大学文科教授。陈仲甫荐适自代其文科之任,适已辞之,因不愿任管理之重任也。此举兄倘以为然乎?"③胡适所称陈独秀推荐其为北大文科学长之事,据查早在 1916 年 12 月间陈独秀致胡适信中即提及过。陈独

---

① 梁勤峰、杨永平、梁正坤整理:《胡适许怡荪通信集》,第 67—68 页,此为 1916 年 9 月 7 日胡适致许怡荪信中语。

② 梁勤峰、杨永平、梁正坤整理:《胡适许怡荪通信集》,第 65 页,此为 1916 年 7 月 17 日胡适致许怡荪信中语。

③ 梁勤峰、杨永平、梁正坤整理:《胡适许怡荪通信集》,第 71 页,此为 1917 年 4 月 11 日胡适致许怡荪信中语。

秀在信中向胡适发出邀约："书局成立后，编译之事，尚待足下为柱石，月费至少可有百元。蔡子民先生已接北京总长之任，力约弟为文科学长，弟荐足下以代，此时无人弟暂充乏。子民先生盼足下早日回国，即不愿任学长，校中哲学、文学教授俱乏上选，足下来此亦可担任。学长月薪三百元，重要教授亦有此数。"①陈独秀在信中表达了愿推胡适为文科学长的意愿，但亦给了胡适极大的选择自由，承诺胡适若不愿任学长，亦可担任哲学教授或者文学教授，并且提供给了胡适群益书局编辑费和北大教授薪水的双重经济保障。

但是胡适却拒绝了陈独秀举荐自己为北大文科学长的邀约，在1917 年 5 月写给许怡荪的信中胡适明确解释了自己婉拒的原因："前已有书寄独秀，言不愿当文科学长。此次与蔡先生书亦言此事。今察兄来书，似独秀尚未以此举为然。适以为国立大学中乃使新进少年作文科学长，似非大学之福，故不敢当之。兄倘再见独秀时，乞为我达此意，何如？"②胡适言及自己已分别去信陈独秀与蔡元培，申说自己不能担任文科学长一事，并在信中拜托许怡荪替其向陈独秀面陈拒绝之因由。胡适拒绝文科学长一职，主要是虑及自己年纪尚轻资历尚浅，若在国立大学之最高学府贸然担任文科学长一职实难服众，且之于大学运转亦不利之考量。而从胡适婉拒北大文科学长一职的行为来看，亦足可窥见胡适性情之持重与处世之圆融。

加之胡适久不在国内，对于国内大学教育之情形必然存在隔膜，胡适在信中亦表达了这层疑虑："在北京尚不知教授些什么。适已有

---

① 杜春和、韩荣芳、耿来金编：《胡适论学往来书信选》（下册），第 752—753 页。此函无年月日期，因《文学改良刍议》发表于《新青年》1 月 1 日出版的第 2 卷第 5 期上，因此推测此函当为陈独秀 1916 年 12 月所作。

② 梁勤峰、杨永平、梁正坤整理：《胡适许怡荪通信集》，第 73 页，此为1917 年 5 月 29 日胡适致许怡荪信中语。

书去自述所愿,在专教中国哲学。不知此时之大学可能有高等之专科否? 想一月内当可得仲甫回信也。"①胡适后来在回忆自己留美时期的经历时总是有意淡化自己的专业,而称自己无主科,感兴趣和所修习的课业也甚为驳杂:"康乃尔文学院当时的规定,每个学生必须完成至少一个'学科程序'才能毕业。可是当我毕业时,我已完成三个'程序':哲学和心理学;英国文学;政治和经济学。三个程序在三个不同的学术范围之内。所以那时我实在不能说,哪一门才是我的主科。"②这样的自我建构,其实蕴蓄着某种不自信与有意隐晦,"无主科"论说背后无疑蕴藏着因为无意修习专精之主科,所以也无须承担在某一领域学问需精深之苛责的话语逻辑。金岳霖的"名学又非胡先生之所长"的酷评也确实代表了学界对于胡适研究水平与专业界限含混的某种质疑。但毕竟胡适赴哥伦比亚大学攻读的是哲学博士学位,其博士论文也是《中国古代哲学方法之进化史》(*A Study of The Development of Logical Method in Ancient China*),因而相较于其他学科,希望"专教中国哲学",无疑是胡适最有把握且认为可以有所建树的。而"不知此时之大学可能有高等之专科否"的疑虑也蕴含着胡适对于高等教育应采取专任教师制度的主张。在 1917 年 5 月再致许怡荪信中,胡适再度拜托许怡荪将自己渴望专任哲学教授、不欲兼任英国文学教授的想法面陈陈独秀。胡适在信中称:"适本意欲专授中国哲学,而以西洋哲学为辅。来书言独秀或欲弟兼任英文文学,恐任太重,反难尽职。大学非中学小学,似宜有专科教授,不宜一人兼任数科也。兼任或可暂为之,恐非久计耳。望亦与独秀

---

① 梁勤峰、杨永平、梁正坤整理:《胡适许怡荪通信集》,第 71 页,此为 1917 年 4 月 11 日胡适致许怡荪信中语。

② [美]唐德刚译注:《胡适口述自传》,第 40 页。

言之为盼。"①

　　3. 有限度地施展与改良

　　胡适提倡"专科"教授的想法最终落空,他并未按照自我期许的那样只任哲学专任教授,而同时担任了"英文学、英文修词学及中国古代哲学三科"②的教学,每周十二钟点。

　　而他留学时的绮梦也很快就被打破,到北大不过短短二十天后,胡适就向许怡荪抱怨:"适来京二十余日,于大学之内容仅窥见一二,已足使我大失望。大学乃如一个大客栈。生意好时何尝不热闹? 到了冬夏生意清淡的时候,客人都走了,伙计茶房也走了,只剩下一个老板。这个老板虽然热心,却是一个'外行'。就是生意兴隆的时候,这些伙计和茶房们全是为了拿薪水来的,对于这客栈却毫无关切之意;同事之中也全不问痛痒;那些客人,你是你,我是我,更不用说了。请问这个大学那能办得好? 文科之腐败更不堪言! 其种种情形,真是一言难尽,适以是新来的人,一时又不便多所建白。"③胡适初到北大,对于北大之现状可谓恶评满满,即便对校长蔡元培亦有微词,他认为蔡元培虽于教育很热心,但却是"外行",并不懂教育。而文科诸教授各自为政,互不关切,校风不佳。

　　胡适尽管十分谨慎自持,知道自己初来乍到不便"多所建白",但在他看来甚为紧要的学科建设上却很快就提出了"组织各门教员会(如英文门哲学门之类)"的建议。胡适之所以提议建立哲学门等各门教育会是因为:"今无各门教员会,各门之课程虽由学长排定,而学

---

　　①　梁勤峰、杨永平、梁正坤整理:《胡适许怡荪通信集》,第 73 页,此为1917 年 5 月 29 日胡适致许怡荪信中语。

　　②　耿云志、欧阳哲生编:《胡适书信集 1907—1933》(上),第 107 页。此为胡适 1917 年 9 月 30 日致母亲信中语。

　　③　勤峰、杨永平、梁正坤整理:《胡适许怡荪通信集》,第 79 页,此为 1917年 10 月 6 日胡适致许怡荪信中语。

长是外行。其各课内容全由教职员'人自为政'，所用课本也'人自为政'，全无统系可言，又无人能早为筹备，故至今(十月六日)尚多不能得书不能授课之班，西文书籍尤非一时所能办到，而年假转瞬又到了。教科之可笑者，如英文文学专科每周只有六小时之英文学，而外国语乃周有八小时；又有'欧洲文学史'、'希腊罗马文学史'、'英国文学史'诸课。夫学生不曾读一本欧洲古、近代的文学，而教之以文学史，岂非'对牛弹琴'耶？至多不过使之记得几个名字，为高谈欺人之用耳。"①胡适指斥了现行教学制度存在的层层问题：学长外行，各门授课内容全无体系，教员全凭个人好恶，导致课本讲义等筹备无力，不利于教学的展开，而课程设置之不合理更有误人子弟之嫌。因此胡适认为推行各门教员会制度势在必行，但对于其施行依然甚感忧虑，他担心"此事已由大学评议会通过，但不知何日可能实行耳"②。

事实上胡适并不急于求成，而是抱着渐进改良的态度看待大学教育改革的，他认为"大学事，亦非一朝夕所能转移，当假以时日"③。希望能够通过推行各门教员会制度，使得各门"将有统系，将有负责任之人，从此入手，明年便稍稍有头绪。若能使明年开学时一切教科都有统系，都有课本，都有教员，已经是了不得的成效了"④。

除此之外，胡适还十分看重大学的师资力量，他言及："校中亦颇有几个人才。最佳者为陶孟和(履恭)钱玄同沈尹默，皆与适颇相得。故适在此已稍稍有友朋之乐矣。"⑤胡适充分地认识到教授之优劣对于大学教育影响之巨，一再申说："大学中事很不易为。今日纸币价太低了，实在不容易找到第一流的教授；我们固不能存求去之心，但是未来的便不易收罗了。"⑥他对于北大校中的"几许名人如谢无量

---

①②③④⑤ 勤峰、杨永平、梁正坤整理：《胡适许怡荪通信集》，第 79—80 页，此为 1917 年 10 月 6 日胡适致许怡荪信中语。

⑥ 勤峰、杨永平、梁正坤整理：《胡适许怡荪通信集》，第 82 页，此为 1918 年 3 月 17 日胡适致许怡荪信中语。

蒋观云吴梅章秋桐叶浩吾诸人"①也抱有期待,但这些知名学者"至今尚未到校,而年假又将到了"②,胡适对校事进展极慢深怀忧虑,鉴于此,胡适投入了不少心力为北京大学延揽出色师资。他出面聘请留美归国的挚友任鸿隽为北京大学化学系教授,聘请任鸿隽的夫人陈衡哲为北京大学历史系教授,也曾写信给即将从哈佛毕业的老友梅光迪,邀他来北大任教,但因为胡梅二人有关文学革命的主张相异,两人互不退让,一定程度上也影响到了二人间的友谊。梅光迪在致胡适复信中即曾表达过此层顾虑与隐忧,并最终拒绝了胡适的邀请,回国后转赴南开大学任教。

　　此外,重视大学图书馆建设也是胡适大学教育理想的一个重要组成部分。早在留美时期,胡适就十分看重公共藏书楼的作用并充分利用了大学图书馆的文献资源。《藏晖室劄记》的头两卷有类起居注性质,详细记载了胡适的日常行止,从中不难窥见胡适日常所到之地、所经之事。查这两卷日记可知,胡适的不少课余时间是在图书馆中消磨的,但胡适当时在日记中还并不称 library 为图书馆,而是袭用了中国传统的叫法,名之为"藏书楼"。其 1911 年 2 月 23 日、1911 年 8 月 21 日、1911 年 9 月 25 日、1911 年 9 月 26 日、1912 年 10 月 8 日、1912 年 10 月 15 日、1912 年 10 月 25 日、1912 年 10 月 28 日、1912 年 11 月 13 日的日记中,都有去大学藏书楼读书、作文的记载。胡适十分看重图书馆的重要作用,表达了对中国国内亟待建设图书馆的迫切期待:"国无海军,不足耻也;国无陆军,不足耻也!国无大学,无公共藏书楼,无博物院,无美术馆,乃可耻耳。"③胡适留美期间一直留心考察和搜集有关公共图书馆的相关信息与建设方案,以期

---

　　①② 　勤峰、杨永平、梁正坤整理:《胡适许怡荪通信集》,第 79 页,此为 1917 年 10 月 6 日胡适致许怡荪信中语。

　　③ 　胡适:《胡适留学日记手稿本·藏晖劄记七》,1915 年 2 月 20 日日记;《胡适留学日记》第三册,第 566 页。

备来日之需。

1915 年 3 月 8 日的札记中即详细记述了有关纽约公共藏书楼的相关情况,胡适深入了解了纽约公共藏书楼的书籍总数、1914 年全年"在楼中阅书者、假出之书、在楼中翻阅之书"的具体数目,还记录了"不可借出的参考部"与"可借出的流通部"等不同部门设置的具体信息。并大谈自己回国之后希图力倡建设公共图书馆的绮愿,还有意将图书馆之兴建与报国之途相关联:"吾归国后,每至一地,必提倡一公共藏书楼。在里则将建绩溪阅书社,在外则将建皖南藏书楼,安徽藏书楼。然后推而广之,乃提倡一中华民国国立藏书楼,以比英之 British Museum ,法之 Bibliotheque National,美之 Library of Congress,亦报国之一端也。"①而其 1915 年 8 月 23 日日记中粘贴的一则题为《美国公共藏书楼之费用》的剪报,亦值得留意(见图 3 - 2)。剪报显示了包括纽约、奥克兰、西雅图在内的 13 个美国城市的人口、阅书人数和人均阅书消费信息。胡适认为:"下所记此邦公共藏书楼之费用,足耐人寻味也。纽约一城之藏书楼,每年至须八十一万美金,而犹为全国最撙节之所云。"②他将剪报留存于日记中,认为其具有重要的参考价值,胡适执教北大之后更是大力推进北京大学独立图书馆的建设。其 1921 年 5 月 3 日的日记中即附载了有关"北大教职员捐俸图书馆"的消息,鉴于校舍前不久遭人纵火之祸,胡适认为当时设置在红楼一层的图书馆十分危险,于是倡议北大教职员捐薪以建筑独立的图书馆。

胡适对推进北大教育改革之事怀有极高热忱。在归国之后,胡母在家书中数度催召胡适回乡,命其请假二月归娶,胡适在 1917 年

---

① 胡适:《胡适留学日记手稿本·藏晖劄记七》,1915 年 3 月 8 日日记;《胡适留学日记》第三册,第 583 页。

② 胡适:《胡适留学日记手稿本·胡适劄记第九册》,1915 年 8 月 23 日日记;《胡适留学日记》第三册,第 755 页。

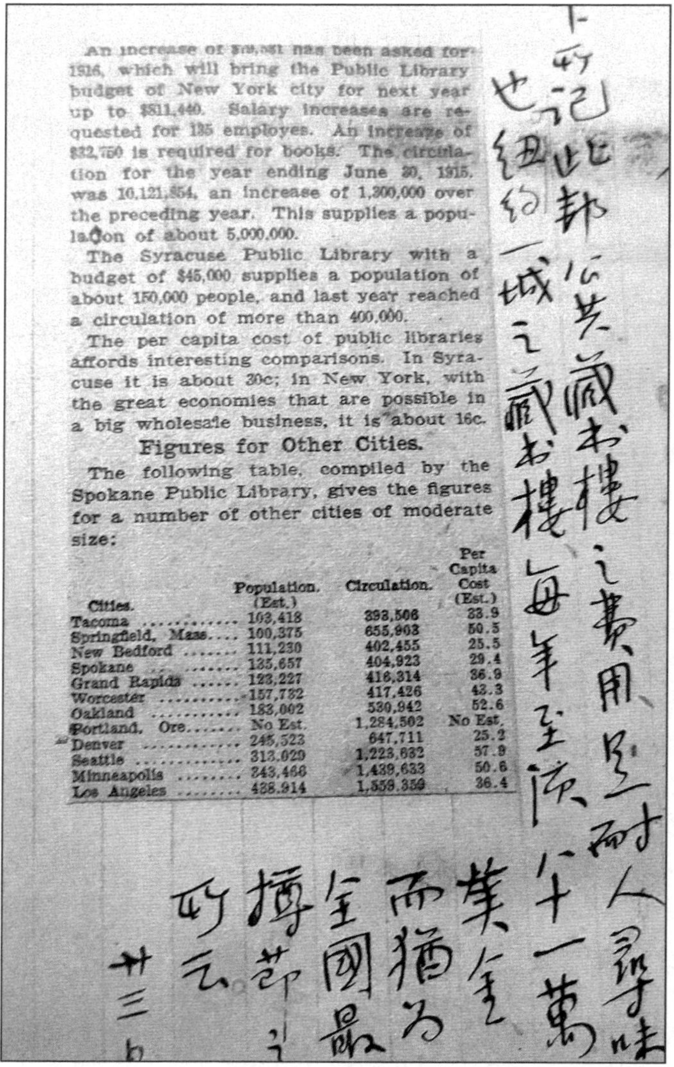

An increase of $59,981 has been asked for
1916, which will bring the Public Library
budget of New York city for next year
up to $811,440. Salary increases are re-
quested for 135 employes. An increase of
$32,750 is required for books. The circula-
tion for the year ending June 30, 1915,
was 10,121,854, an increase of 1,300,000 over
the preceding year. This supplies a popu-
lation of about 5,000,000.

The Syracuse Public Library with a
budget of $45,000 supplies a population of
about 150,000 people, and last year reached
a circulation of more than 400,000.

The per capita cost of public libraries
affords interesting comparisons. In Syra-
cuse it is about 30c; in New York, with
the great economies that are possible in
a big wholesale business, it is about 16c.

Figures for Other Cities.

The following table, compiled by the
Spokane Public Library, gives the figures
for a number of other cities of moderate
size:

Cities.	Population. (Est.)	Circulation.	Per Capita Cost (Est.)
Tacoma	103,418	393,506	23.9
Springfield, Mass.	100,375	655,903	50.5
New Bedford	111,230	402,455	25.5
Spokane	135,657	404,923	29.4
Grand Rapids	123,227	416,314	36.9
Worcester	157,782	417,426	43.3
Oakland	183,002	530,942	52.6
Portland, Ore.	No Est.		No Est.
Denver	245,523	647,711	25.2
Seattle	313,029	1,223,632	57.9
Minneapolis	343,466	1,439,633	50.6
Los Angeles	428,914	1,559,359	36.4

下所记此邦公共藏书楼之费用、耐人寻味
也纽约一城之藏书楼每年至少千一万金

听云　博节子　全国最　而犹为　集金
廿三b

图　3-2

10 月 25 日复母信中详细陈述了自己无法请假归娶的四点原因,而理由之一即"大学现拟分部组织教授会,适亦为创此议之人,故非将此事办妥,不能久离京也"①。胡适倡导各科建立教授会是仿效美国大学建制,作为教授会制度的倡导者,胡适积极参与了教授会制度的建立,并被推举为英文系教授会主任,除此之外胡适还参加过哲学教授会和历史教授会。胡适同时还"提议设立各科各门研究所,以使本科毕业生继续从事较深的专门研究。这些创议均获蔡元培的首肯和支持,从而有力地推动了北大的改革"②。而在致母函中,除了言及其所从事的分部组织教授会外,胡适还提到了自己现所参与和推进的另一项教育改革——废"分级制"而改"选科制"。胡适详陈:"此次教育部因改订大学章程事,召集一会讨论此事,适亦被请参预会事。因建议废现行之分年级制,而采用'选科制'。此议已经教育部通过,但一切细目详章尚须拟好。此为中国学制上一大革命,一切办理改革之法,非数月所能料理。适为创议之人,当竭力筹办此事,期于年之内可见诸实行。故决不能久离京城,头尾一个月已多,两月万不能办到也。"③胡适所力倡的"选科制"于 1919 年开始施行,选科制规定:"本科学生学满八十个单位(每周一学时,学完全年为一单位)即可毕业。在八十个单位中又规定一半为必修课,一半为选修课。在选修课中不仅可选修本系课程,也可选修外系课程。预科学生应学满四十个单位,其中四分之三为必修课。在学习年限上,原来预科三年,本科三年,现改为预科二年,本科四年。本科毕业后,成绩优异者还可进研究所深造。"④实行选科制,增强了学生的学习兴趣,提高了

---

①③ 耿云志、欧阳哲生编:《胡适书信集 1907—1933》(上),第 112 页。此为胡适 1917 年 10 月 25 日致母亲信中语。

② 欧阳哲生:《胡适与北京大学》,《北京大学学报》(哲学社会科学版)1997 年第 3 期。

④ 萧超然:《北京大学校史 1898—1949》,上海教育出版社,1981 年,第 44 页。

学生学习的自由度和灵活性,既有利于学生对自己所爱好专业的用心钻研,培养专业型人才,更有利于加强学生的跨学科交流和通识训练,算得上是一次别具创新的"尝试"。

胡适再造文明之梦的表现之一乃是有意将大学改革与新文学运动相结合。他认为:"改革大学这件事,不是立刻就可做到的,也绝不是几个人用强硬手段所能规定的。我的意思,以为进行的次序,在于极力提倡白话文学。要先造成一些有价值的国语文学,养成一种信仰新文学的国民心理,然后可望改革的普及。"[①]由此更加体现出胡适的文学革命主张绝非仅仅语言工具或者文学工具的改革,而是有更为宏大和深细的整体计划和布局的。

胡适在归国之初执教北大之时,着力践行自己欲做学者而不愿涉身政界的志愿。在归国之前,胡适就曾向许怡荪表明心迹,宣称:"适已决计十年内不入政界。此时政客已多,而学者太少,故自誓以著一良善完全之'中国哲学史'为十年事业。倘能有所成就,则终身竟作学者事业,终身不入政界矣。"[②]但是胡适的言辞颇留有余地,他并未将话说死,只言若学术有成,则终身不入政界而为学者,但"十年内不入政界"的期许其实恰暴露出"入政界"不过是时间早晚问题,胡适始终未忘怀于政治。胡适归国初到北大之际,在与许怡荪的通信中再度自言其志:"适已打定主意二十年内不涉足政界。此二十年中惟以'树人'为目的。"[③]隐隐蕴蓄着凭借"教育"与学术思想大展身手的愿景。及至任教北大一年有余之时,亦再三强调其立身学界、不谈

---

① 耿云志、欧阳哲生编:《胡适书信集 1907—1933》(上),第 150 页。此为胡适 1917 年 10 月 25 日复盛兆熊信中语。

② 梁勤峰、杨永平、梁正坤整理:《胡适许怡荪通信集》,第 72 页,此为1917 年 5 月 29 日胡适致许怡荪信中语。

③ 梁勤峰、杨永平、梁正坤整理:《胡适许怡荪通信集》,第 78 页,此为1917 年 10 月 6 日胡适致许怡荪信中语。

政治的夙志："我现今已入世务,但当向教育一方面用力。讲坛论坛,同是此理。二十年不与闻政治之说至今益坚。国事乃是大事,岂能抄近路? 以此之故,我在北京,非万不得已,不与政治中人接谈,尤不与外交中人接谈,也不做一篇谈政的文字。"①尽管胡适宣称"中国的根本问题不是政治的而是社会的和理性的,因而文化的更新必须先于政治的再造"②,但"不谈政治"似乎只是胡适的遁词。随着《新青年》同人的分裂,胡适在《每周评论》上接二连三地发表社会批评与政治评论,很快丢弃了"不谈政治"的前誓,因此所谓"不谈政治"也只能是昨日呓语,姑且听之。

事实上,胡适始终对政治怀有兴趣,早在留美时期,"他不仅越系选修了一门由山姆·奥兹教授主讲的'美国政府和政党'专题课,而且实际上参与了许多政治集会。1912 年,适逢美国总统竞选,胡适经过仔细比较之后,选择了进步党党魁老罗斯福作为自己的支持对象。为此,他整年都佩戴一枚'大角野牛象'的襟章,参加各种政治集会"③。1912 年胡适在康奈尔还参加了一个政治研究会,这个政治研究会"会员凡十人,决议每二星期会一次,每会讨论一题,每题须二会员轮次预备演说一篇,所余时间为讨论之用"④。从中不难看出这一小型政治研究会已经形成了相对成熟的研讨机制。胡适即担任了政治研究会第一次会议的主席,并做了题为"美国议会"的演说。胡适在其口述自传中也曾自陈："我对美国政治的兴趣和我对美国政制的研究,以及我学生时代所目睹的两次美国大选,对我后来对中国政治

① 梁勤峰、杨永平、梁正坤整理:《胡适许怡荪通信集》,第 82 页,此为1918 年 3 月 17 日胡适致许怡荪信中语。

② ［美］格里德著,鲁奇译:《胡适与中国的文艺复兴——中国革命中的自由主义(1917—1937)》,第 143 页。

③ 黄书光:《胡适教育思想研究》,辽宁教育出版社,1994 年,第 27 页。

④ 胡适:《胡适留学日记手稿本·藏晖日记》,1912 年 11 月 16 日日记;《胡适留学日记》第一册,第 124 页。

和政府的关心,都有着决定性的影响。"①但是笔者并不认同胡适并非对政治保持着"不感兴趣的兴趣(disinterested-interest)"②的说法。准确地说,无论是关注政治还是议政或实际参与政治,胡适都经历过。留美时期,胡适对中国国内政局的关注、对美国大选的关注、对罗斯福演讲的兴趣、对美国女子参政游街的支持,在《胡适留学日记》中都可寻见。归国之后,尤其是在五四运动后,在《新青年》同人分化之后,胡适亦不断调整自己议政的姿态与言说方式。无论《每周评论》时期,还是《新月》时期,还是《独立评论》时期,他所发表的有关"好人政府"、有关"民权与约法"的政治评论,以及他从坚持独立的自由主义知识分子向愿做政府的诤友、诤臣的政治立场的转变来看,他始终对政治怀有难舍的热情与兴趣。而在战时,面对夫人江冬秀劝其不要从政的规劝,胡适尽管感到有愧老妻,却还是接受了驻美大使之职。

胡适曾在《我的歧路》中对自己打破"二十年不谈政治"的疑似"变节"行为有过自我辩解。他承认自己是"一个注意政治的人"③,并以其留美时期的相关政治兴趣与活动为例进行了具体剖白,指出在大学时代"政治经济的功课占了我三分之一的时间。当一九一二到一九一六年,我一面为中国的民主辩护,一面注意世界的政治。我那时是世界学生会的会员,国际政策会的会员,联校非兵会的干事。一九一五年,我为了讨论中日交涉的问题,几乎成为众矢之的。一九一六年,我的国际非攻论文曾得最高奖金"④胡适并不讳言他一直以来的政治兴趣,并且还将其日后从事文学革命事业视作一桩意外:"那时已在中国哲学史的研究上寻着我的终身事业了,同时又被一班讨论文学问题的好朋友逼上文学革命的道路了。从此以后,哲学史成了我的职业,文学做了我的娱乐。"⑤而显然胡适始终未曾忘怀政

---

①② [美]唐德刚译注:《胡适口述自传》,第 36 页。
③④⑤ 胡适:《我的歧路》,《努力周报》1922 年第 7 期。

治,很大程度上借助文学革命进行思想革命运动也只是胡适政治设想中的一环。他解释自己之所以许下"二十年不涉足政治"的誓约是因为"一九一七年七月我回国时,船到横滨,便听见张勋复辟的消息;到了上海,看了出版界的孤陋,教育界的沉寂,我方才知道张勋的复辟乃是极自然的现象,我方才打定二十年不谈政治的决心,要想在思想文艺上替中国政治建筑一个革新的基础"①。文学革命、思想启蒙其实是处于其政治革新的逻辑线上的。然而胡适却不愿意将自己的理想蓝图归之为对政治的兴趣,再次搬出"实验主义"的科学方法。在对"实验主义"科学方法的认同上,胡适认为文学革命和政治改革其实是同质异构的,都是其"提倡一种新的思想方法,要提倡一种注重事实、服从证验的思想方法"②在不同方面的体现。

如果综合来看胡适发表的政论,其贡献似乎也只是尽了"一个知识分子对社会应有的责任"③,见解也大多只停留在知识分子社会责任的常识水平,谈起大的政治问题来"事实上是以常识论政"④。而且他的"政治言论在理论上和实际上都是相当空泛的"⑤,主要原因乃在于胡适缺乏对于经济学、社会学、心理学等社会科学的研究。胡适谈论政治的一个致命伤即是对经济学的知之甚少,周策纵对此已有过清醒的认识。而社会科学知识结构的缺失也很大程度上限制了胡适谈论政治的有效性与价值贡献。因此,胡适多次摆出过不谈政治的姿态,但亦曾多次不避高调地大谈政治。尽管谈政治并非其所长,但是困扰胡适的也许并非要不要谈政治,而是该如何谈政治的问题。

---

①② 胡适:《我的歧路》,《努力周报》1922 年第 7 期。

③ 〔美〕唐德刚译注:《胡适口述自传》,第 36 页。

④ 〔美〕唐德刚:《胡适杂忆》,广西师范大学出版社,2015 年,第 50 页。

⑤ 〔美〕唐德刚:《胡适杂忆》,第 47 页。

第四章　演说
——胡适思想训练的一种方式

　　胡适认为他的留学日记展现了"一个中国青年学生五七年的私人生活，内心生活，思想演变的赤裸裸的历史"[1]，可看作一段绝好的自传。日记中除了记录了他打牌、吸纸烟、参加课外活动等经历外，也记录下了他"主张文学革命的详细经过，记他的信仰思想的途径和演变的痕迹"[2]。留美时期胡适非常有意识地对自己进行思想训练，在他看来"读书作提要，劄记，写信，谈话，演说，作文"[3]等方式都是"求知识学问的一种帮助，也是思想的一种帮助"[4]。而他进行思想训练的常用方式主要有三种：一是与人谈话；二是发表演说；三是写作著作。他认为这三种方式很可帮助他形成有统系的思想，因为"友朋问答辩论，可使吾向所模糊了解者，今皆成明澈之言论"[5]；而演说会促使演讲者搜求材料、整理罗列、条分缕析；写作著作则有利于想法的系统与综合。

　　1915 年 3 月 23 日胡适在写给韦莲司的信中曾谈到演说对他的重要影响："我从公开演讲中所受到的训练，是我永远感激不尽

　　①②　胡适：《胡适留学日记·自序》，第 5 页。

　　③④　胡适：《胡适留学日记·自序》，第 3 页。

　　⑤　胡适：《留学日记手稿本·藏晖劄记五》，1914 年 11 月 4 日；《胡适留学日记》第二册，第 445 页。

的。"①胡适认为演说能够帮助他整理思路、进行思想操练,早在就学于澄衷学堂时期即有过相关训练。查《胡适澄衷学堂日记》可知,胡适曾担任过澄衷学堂西一斋自治会会长,并在自治会成立的两个月内先后发表过三次演讲:"'释治字之义'、'论同学宜于学问上、德性上着力竞争'、'论选举时被选者及选人者之权利义务'。"②可以说早在澄衷学堂时期胡适就已经充分认识到了演说能力的重要性,在1906 年 6 月 3 日的日记中他也曾提到友人方君"劝予须学演说,此语予颇乐闻之"③。及至留美时期胡适更是有目的且有计划地将演说正式纳入其思想训练和社会实践的规划中,而他主要是通过听取他人演说、自己进行广泛的演说实践和将演说稿作为"活文学"文本进行探究这三种方式开展演说训练的。

(一) 听取他人演说

胡适对于演说的兴趣几乎贯穿了整个康奈尔时期。《胡适留学日记》中关于其听演说的记载非常之多,从胡适所记载的听取演说的记录不难察见其兴趣之广泛以及渴望通过听演说增益见闻的用心。留学日记中胡适往听他人演说的记录主要集中在 1911、1912 年这两年,尽管之后也零星可见胡适往听演说的记载,但是重心似乎已从听他人演讲转向了自己的演讲实践上。因此本文对于胡适听取他人演说的研究主要集中在对 1911、1912 这两年的考察上。而这两年胡适也并非只是被动听取他人演说,他几乎同步开启了自己的演说实践。

---

①　周质平:《不思量自难忘——胡适给韦莲司的信》,安徽教育出版社,2001 年,第 51 页。

②　张立茂编注:《胡适澄衷学堂日记》,第 91 页。此为胡适 1906 年 4 月29 日日记中语。

③　张立茂编注:《胡适澄衷学堂日记》,第 159 页。此为胡适 1906 年 6 月3 日日记中语。

但毋庸置疑的是，1911、1912年广泛听取他人的演讲确实给胡适提供了很好的热身训练。胡适所热心关注的演说主要集中在宗教、政治、文化这三个方面。在听取演说的过程中，胡适的思想也经历着冲击与震荡，甚至也会被演说的内容打动或激怒，而与演说之间形成某种互动。

1. 宗教演说：胡适有关宗教问题的兴趣与思考

查胡适1911年6月18日日记知，胡适于此时参加了在孛可诺松林（Pocono Pines）举办的中国基督教学生会夏令会，聆听了众多名人的信教演说并大受感染，甚至坦言，这样的经历"几乎使我变成一个基督教徒"①。胡适惊叹于宗教对人精神气质改变的效果之大，但是讨厌以渲染动人事迹感动听众的方式促人信教，对这种方式不以为然。他分析自己十数年偏重智识训练，因而性情偏于理智冷静从而导致情感体验荒疏，不过并没有被宗教宣传打动而成为基督徒。

但胡适对于宗教的兴趣却也浓厚，他认真研读过 Bible，还上过福康先生的经课。胡适对宗教的兴趣很大程度上是出于对宗教"普世价值"的探索，除了基督教，胡适对佛教与伊斯兰教也同样怀有兴趣。在他1912年11月10日的日记中即曾有这样的记载："下午往听 Prof. N. Schmidt 演说回教历史，甚有味。"②更有意味的经历发生在1912年11月17日，胡适居然"赴福康先生经课，下午往听人演说佛教"③。在上完基督教经课后，胡适紧接着又去往听佛教演说，很难说他对某种宗教怀有虔诚的信仰兴趣，更多的是出于希图了解

---

①　胡适：《胡适留学日记·藏晖室劄记卷一》，第44页，1911年6月18日日记。

②　胡适：《胡适留学日记手稿本·藏晖日记》，1912年11月10日；《胡适留学日记》第一册，第122页。

③　胡适：《胡适留学日记手稿本·藏晖日记》，1912年11月17日；《胡适留学日记》第一册，第125页。

他国宗教信仰、以增见闻的目的。

　　除此之外，胡适还很有可能带有比较的意识与眼光，这与他对"孔教"问题的思索不无关联。胡适在 Pocono Pines 参加中国基督教学生会夏令会时曾听过李佳白君（Dr. Gilbert Reid）有关"孔教之效果"的演讲。胡适认为有关"孔教"的问题本国学生思之不够，而由外国人来谈，"已为一耻也"①。又加之演说终末时 Dr. Beach 又"大称朱子之功"②，并批评中国学生"无人研求旧学"③是为大患，更令胡适如芒在背很是介意。自此之后，胡适对"孔教"问题的思考也一直未曾停止。他在 1912 年 12 月 1 日的日记中即记载下了为准备"孔教"演说而熬夜："昨夜二时始就寝，今晨七时已起，作一文为今日演说之用……下午四时在 Barnes Hall 演说'孔教'，一时毕，有质问者，复与谈半时。"④在 1914 年 1 月 22 日致许怡荪信中，胡适还将自己有关"孔教"问题的若干思考心得与友人分享和讨论。胡适在信中提出八大问题与设想：

　　　　（一）立国究须宗教否？
　　　　（二）中国究须宗教否？
　　　　（三）如须有宗教，则以何教为宜？
　　　　一、孔教耶？二、佛教耶？三、耶教耶？
　　　　（四）如复兴孔教，究竟何者是孔教？
　　　　一、孔教之经典是何书？……二、孔教二字所包何物？……
　　　　（五）今日所谓复兴孔教者，将为二千五百年来之孔教欤？

---

　　①②③　胡适：《胡适留学日记·藏晖室劄记卷一》，第 44 页，1911 年 6 月 18 日日记。

　　④　胡适：《胡适留学日记手稿本·藏晖日记》，1912 年 12 月 1 日；《胡适留学日记》第一册，第 128 页。

抑为革新之孔教欤?

（六）苟欲革新孔教,其道何由?

一、学说之革新耶? 二、礼制之革新耶? 三、并二者为一耶? 四、何以改之? 从何入手? 以何者为根据?

（七）吾国古代之学说,如管子墨子荀子,独不可与孔孟并尊耶?

（八）如不当有宗教,则将何以易之?

一、伦理学说耶? 东方之学说耶? 西方之学说耶?

二、法律政治耶?[①]

从中不难见出,胡适对"孔教"问题的思考已颇具历史眼光。他首先质疑"孔教"到底是否称得上是宗教,而对"孔教"是否为宗教的质疑引发了其对"孔教"意涵的深入思考与辩难。胡适对作为儒家经典的"孔教"、对作为古代礼仪秩序的"孔教"以及对发展为宋明理学和作为中国两千多年来传统民族文化心理的"孔教"内涵的分疏可说是较为深入和准确的。胡适对当时国内政界与思想界提倡"复兴孔教"之说存疑,他更多的是从革新的一面对复兴孔教展开思索,而在侧重革新孔教学说这个层面上,胡适已经显露出其对中国古代哲学思想的再思考与再发现。在深入思考"孔教"问题的过程中,胡适发现了诸子学的重要思想价值,大胆且创造性地将管子、墨子、荀子之地位提升到与孔孟并尊的高度,已经显露出反对将思想定于一尊的思想解放之尝试。胡适的这一思想观念在撰写博士论文和在北大讲授《中国哲学史》课程中也都得到了坚持。据曾上过胡适《中国哲学史》课的顾颉刚在《古史辨自序》中的回忆,他认为胡适"讲得的确不差,他有眼光,有胆量,有断制,确是一个有能

---

① 胡适:《胡适留学日记手稿本·藏晖劄记一》,1914 年 1 月 23 日;《胡适留学日记》第一册,第 157—160 页。

力的历史家"①。

2. 政治演说："观察美国政治制度"与为新兴的中华民国辩护

对美国政治制度的观察，是胡适往观演说的一大兴趣所在。胡适曾在其口述自传中自陈："我对美国政治的兴趣和我对美国政制的研究，以及我学生时代所目睹的两次美国大选，对我后来对中国政治和政府的关心，都有着决定性的影响。"②1912 年是美国的大选之年，也是中华民国成立之年。胡适往观政治演说的兴趣与关注点也与这两桩大事关联甚深。

仅 1912 年 10 月，《胡适留学日记》中就有三次其往听民主党和共和党政治家演说的记录：1912 年 10 月 9 日"山下有美国进步党（罗斯福之党）政谈会，党中候选纽约省长 Oscar Straus 过此演说，因往听之"③，1912 年 10 月 17 日胡适"夜往听此间进步党演说大会，有 Judge Hundley of Alabama 演说，极佳"④，1912 年 10 月 23 日胡适于"下午下山听共和党政谈会，有共和党候选纽约省长 Job E. Hedge 演说"⑤。

胡适自陈其在 1912 年参加了许多次政治演说集会，"其中有一次是老罗斯福讲演赞助进步党候选人欧斯克·史特斯（Oscar Strauss）竞选纽约州长。在绮色佳集会中最激动的一次便是罗斯福被刺之后那一次集会。罗氏被刺客击中一枪，子弹始终留在身内未

---

① 顾颉刚：《古史辨自序》（上），河北教育出版社，2000 年，第 43 页。原载 1926 年 6 月《古史辨》第一册，朴社出版。

② ［美］唐德刚译注：《胡适口述自传》，第 36 页。

③ 胡适：《胡适留学日记手稿本·藏晖日记》，1912 年 10 月 9 日；《胡适留学日记》第一册，第 100 页。

④ 胡适：《胡适留学日记手稿本·藏晖日记》，1912 年 10 月 17 日；《胡适留学日记》第一册，第 105 页。

⑤ 胡适：《胡适留学日记手稿本·藏晖日记》，1912 年 10 月 23 日；《胡适留学日记》第一册，第 108 页。

能取出。我参加了这次集会,好多教授也参加了……在这次大会中,我们都为本党领袖的安全而祈祷"[1]。1912 年的美国大选胡适支持民主党党魁罗斯福,"1912 年全年,我跑来跑去,都佩戴一枚〔象征支持罗斯福〕的大角野牛象的襟章"[2]。1916 年胡适又转而支持共和党党魁威尔逊,于是"又佩戴了支持威尔逊的襟章"[3],并且还于"1916 年大选投票的高潮之时和几位中国同学去'纽约时报广场'看大选结果"[4]。

胡适往观政治演说,加深了其对美国政治制度的观察与了解,亲身参与的经历使他受到了民主精神的熏染与触动。胡适回忆参加 Oscar Strauss 的竞选演说集会时,最令其惊讶的是"此次大会的主席,竟是本校史密斯大楼(Goldwin Smith Hall)的管楼工人。这座大楼是康大各系和艺术学院的办公中心!这种由一位工友所主持的大会的民主精神,实在令我神往之至"[5]。而对于民主精神的向往与坚持也成为胡适日后论政的基本立场与态度。

1915 年 10 月 30 日往听"女子参会大游街"的街头演讲更加深了胡适对妇女问题的思考。"一夜,余在室中读书,忽闻窗下箫声。临窗视之,乃一汽车,中有妇女多人,盖皆为女子参政之活动者也。中有一女子执箫吹之,其声悲壮动人。途人渐集车下。箫歇,中一女子宣言,大学藏书楼前有街心演说会,招众人往赴之。余遂往观之,有男女数人相继演说,亦都不恶。"[6]留美时期的胡适,其妇女问题观并非固化不变,其间也发生过自我质疑与自我否定。胡适在留学日记中即曾吐露自己因与韦莲司的交往,而使得对于女子问题的见解大变,对于两性关系的认识大变。他承认自己先前认为女子教育是

---

①②③⑤　［美］唐德刚译注:《胡适口述自传》,第 33 页。

④　［美］唐德刚译注:《胡适口述自传》,第 35 页。

⑥　胡适:《胡适留学日记手稿本·胡适劄记第九册》,1915 年 10 月 30 日;《胡适留学日记》第三册,第 809 页。

"为国人造贤妻良母以为家庭教育之预备"①的观念是颇为偏狭的，指明"女子教育之最上目的乃在造成一种能自由能独立之女子"②，并将女子教育之重要性与国人道德人格之完备、民族奋起等重大意义相关联。而妇女问题观发生了内在转变的胡适，在之后的日记记载中，对于女子参政大游街、女子参政之演讲记录颇多，在情感态度上对此也是倍加支持与同情的。不遑说，五四时期，胡适在《李超传》等文中所表达的对于确保女性教育权利、自由平等人格之铸就的倡导，即与这一时期其妇女问题观之变化、涵泳与确立是密不可分的。

胡适对美国政治的兴趣与热情主要出于观察的目的，而其往听演说的过程也并非完全地被动接受，在遇到演讲者误解或非议中国政治情状之时也常常挺身而出与之辩论或作文驳之。其 1912 年 11 月 6 日的日记中即提到："前日有 Mrs. F. E. Bates 者，演说女子选举权，亦引中国为口实。作一书登之报端，以辨其非。"③这种为本国辩护的民族主义立场可见一斑。

1912 年 11 月 21 日胡适前去听了 J. O. P Bland 题为"The Unrest of China"的演说④。J. O. P Bland 在演说中不承认中华民国的合法性，还将此种不合法性批判指认为中国国民之不认同。胡适当场对 J. O. P Bland 的言论进行了反驳。但鉴于 J. O. P Bland 连日在各地进行演说，对于中华民国的国际地位和中国留学生的国际声誉等均造成了不好的影响，于是 11 月 22 日"吾国学生会开特别会

---

①②　胡适：《胡适留学日记手稿本·胡适劄记第九册》，1915 年 10 月 30 日；《胡适留学日记》第三册，第 806 页。

③　胡适：《胡适留学日记手稿本·藏晖日记》，1912 年 11 月 6 日；《胡适留学日记》第一册，第 120 页。

④　参见胡适：《胡适留学日记手稿本·藏晖日记》，1912 年 11 月 21 日；《胡适留学日记》第一册，第 126 页。

议"①以商讨应对抵抗之策。由胡适建议"举一通信部,译英美各报反对吾国之言论,以告国中各报,以警吾国人士,冀可稍除党见之争,利禄之私,而为国家作救亡之计"②,体现了胡适维护本国立场与注重本国国际声誉的严肃爱国精神与态度。

3. 文化演说:兴趣驳杂与增益见闻

胡适在康奈尔时期十分热衷于听演说,所听内容涉及领域丰富且驳杂,在宗教演说与政治演说之外,对文学、文化的关注也促成了其往观演说的重要动力之一。

1911 年 5 月 18 日的日记中胡适记载了自己"昨夜往听 Prof. John A. Lomax 演说,题为'Cowboy Songs in America'"③的经历,他认为 Prof. John A. Lomax 所讲的"Cowboy Songs in America"与我国的"牧童放牛之歌"颇为类似,有异曲同工之妙,颇能体现胡适的比较文学眼光与思维。1911 年 7 月 18 日胡适又记述了当晚往听"Prof. Sprague 演说'Milton'"④的经历。而胡适对弥尔顿发生兴趣也和他这一学年所修习的英文课程大有关联。胡适曾忆及:"当我在康乃尔农学院(亦即纽约州立农学院)就读一年级的时候,英文是一门必修科,每周上课五小时,课程十分繁重,此外我们还要选修两门外国语德文和法文。这些必修科使我对英国文学发生了浓厚的兴趣,我不但要阅读古典著作,还有文学习作和会话。"⑤对英国文学发生浓厚兴趣的胡适,前去听英国文学权威 Prof. Sprague(胡适在日

---

①② 　胡适:《胡适留学日记手稿本·藏晖日记》,1912 年 11 月 22 日;《胡适留学日记》第一册,第 127 页。

③ 　胡适:《胡适留学日记·藏晖室劄记卷一》,第 33 页,1911 年 5 月 18 日日记。

④ 　胡适:《胡适留学日记·藏晖室劄记卷一》,第 59 页,1911 年 7 月 18 日日记。

⑤ 　[美]唐德刚译注:《胡适口述自传》,第 39 页。

记中介绍 Prof. Sprague 为"本校最先英文掌教")①的演说也就自然顺理成章不难理解了。

胡适的兴趣与涉猎相当驳杂,除了文学,他对早期人类文明和现代科学也同样好奇。他在 1912 年 10 月 18 日的日记中即记载了其"往听 Prof. Sill 演说'The civilization of Crete'"②的经历。其中"Crete 为希腊之南一大岛,文化之早,在希腊之前千余年"③。

胡适对科学始终怀有敬意,无论是在《四十自述》中宣称自己自小就是无神论者,还是新文化运动时期坚持要用科学的方法整理国故,都体现了胡适对于科学与科学方法的追求与认同。留学时期对现代生理卫生的关注也是其科学人生观的表现之一。胡适曾于 1912 年 9 月 29 日"下午往听 Dr. Moore 演说'青年卫生'"④,而对现代生理卫生学的关注也贯注到胡适未来的生命历程和与家人友朋的相处中。1929 年胡适送长子胡祖望前去苏州寄宿读书,曾于 8 月 26 日去信一封,叮嘱儿子在外学习要注意保重身体,交代儿子六项注意事项,其中前五项都与生理卫生相关:

(1) 不要买摊头上的食物。微生物可怕!

(2) 不要喝生水冷水,微生物可怕!

(3) 不要贪凉。身体受了寒冷,如同水冰了不流,如同汽车上汽油冻住了汽车便开不动。许多病是这样来的。

(4) 有病赶快寻医生。头痛是发热的表示,赶快试验温度

---

① 胡适:《胡适留学日记·藏晖室劄记卷一》,第 59 页,1911 年 7 月 18 日日记。

②③ 胡适:《胡适留学日记手稿本·藏晖日记》,1912 年 10 月 18 日;《胡适留学日记》第一册,第 106 页。

④ 胡适:《胡适留学日记手稿本·藏晖日记》,1912 年 9 月 29 日;《胡适留学日记》第一册,第 97 页。

表(寒暑表),看看有无热度。

　　(5)两脚走路觉得吃力时,赶快请医生验看,怕是脚气病。脚气病是学堂里常有的,最可怕,最危险。①

从对儿子的细心叮咛和经验传授上,不难看出胡适对于现代医学和生理卫生的看重。因此听取演说作为探测胡适思想形成的风向标之一,对于理解留美时期胡适的宗教观、政治意识的发展变动、文学兴趣和科学人生观的养成等诸多方面均具有重要的提示意义。

(二) 胡适的演说实践

　　胡适在择定教育作为开拓事业的重要路径前,就曾赋予演说以很高的社会价值。1911年5月19日在写给挚友许怡荪的信中胡适就曾表达过:"今日第一要事,乃是海军,其次则陆军之炮弹……其次则大政治家,大演说家,皆可以兴国。"②

　　早在留美之前,胡适就已经有过演说实践了。在1914年6月8日的日记中,胡适追溯了自己"长于妇人之手"的生命经历,并叙及因此而造就了自己腼腆内敛的性情。但入澄衷学堂之后,情况发生了改变,胡适自叙:"吾入澄衷学堂以后,始稍稍得朋友之乐。居澄衷之第二年,已敢结会演说,是为投身社会之始。"③然而胡适的演说才能真正开始大放异彩还是在其留美时期。在1914年7月23日的家书中,胡适就曾颇为自信地向母亲言及他热衷于演说之事:"儿在此演说颇有名,故不时有人招请演说。演说愈多,功夫愈有长进,儿故乐

---

　　①　杜春和编:《胡适家书》,第277页。
　　②　梁勤峰、杨永平、梁正坤整理:《胡适许怡荪通信集》,第21页。
　　③　胡适:《胡适留学日记手稿本·藏晖劄记二》,1914年6月8日;《胡适留学日记》第一册,第253页。

此不疲也。"①胡适将演说视作其事业发展的重要一端,而其留美时期致力于演说,也带有极强的借以宣传中国文化、破除外邦人士对中国之误解的用心。他在 1914 年 7 月 23 日同一天致许怡荪信中即曾表露此意:"二年中演说至少在六十次以上。吾演说之宗旨在于破除美人对于吾国之陋见(此邦人士著书多不深晓吾国情形,误会极多),所收结果乃大满意。"②

　　胡适在 1915 年 3 月 22 日致母亲信中详细回顾了过去三年来自己的演说战绩与心得:"三年来约演说七十余次。有时竟须旅行数百里外以应演说之招。儿所以乐为之者,亦自有故:一、以此邦人士多不深晓吾国国情民风,不可不有人详告之。盖恒人心目中之中国,但以为举国皆苦力洗衣工,不知何者为中国之真文明也。吾有此机会,可以消除此种恶感,岂可坐失之乎? 二、则演说愈多,则愈有进境。吾今日之英语,大半皆自演说中得以进益。吾之乐此不疲,此亦其一因也。人言美国人皆善演说,此虚言也。儿居此五年,阅人多矣,所见真能演说者,可屈指数也。大学中学生五千人,能演说者,不过一二十人,其具思想能感动人者,吾未之见也。传闻失实,多类此。"③胡适三年之中居然先后演说七十余次,这个数目是相当惊人的! 而且胡适的演说波及范围极广,不仅限于绮色佳,留学日记中即有多处其前往他地进行演说的记载。如 1914 年 5 月 7 日胡适即"往 Syracuse,赴其地 Cosmopolitan Club 年筵"④,并发表即兴演讲;1914 年 8 月 16 日接受村中教堂牧师吉不生君(Gibson)的邀请,胡适往"去

① 杜春和编:《胡适家书》,第 55 页。

② 梁勤峰、杨永平、梁正坤整理:《胡适许怡荪通信集》,第 49 页。

③ 耿云志、欧阳哲生编:《胡适书信集 1907—1933》(上),第 57 页。

④ 胡适:《胡适留学日记手稿本·藏晖劄记二》,1914 年 5 月 10 日;《胡适留学日记》第一册,第 230—231 页。

此十五英里"①的苟勿村(Covert)教堂演说"中国之妇人";1915 年 4 月 25 日又"往水牛城,乃为 Prof. C. Tuck 所邀至尼格拉县农会演说'中国内地生活状态'"②等等。而据胡适信中所言,他认为演说的最大好处在于可以向外国人宣传中国文明与中国文化,可以以此消除外邦人对中国的误解与恶感;其次胡适十分看重演说对于个人能力的训练,正是通过演说训练,胡适的英文水平也大有提高。

1. "英文演说家"的诞生与胡适的政治兴趣及立场

胡适走上"演说"这条路一定程度上源于某种机缘巧合,辛亥革命后,清王朝统治被推翻,民国建立,"中国当时既然是亚洲唯一的一个共和国,美国各地的社区和人民对这一新兴的中国政府发生了浓厚的兴趣"③,也因此当时美国校园内外产生了希望通过演说了解中国政体与国家形态的极大需要。正在这个时候,胡适的一位极擅长演讲的校友蔡吉庆为他提供了难得的锻炼机会。"蔡君为上海圣约翰大学的毕业生。留美之前并曾在其母校教授英语。他是位极其成熟的人,一位精彩的英语演说家。但是当时邀请者太多,蔡君应接不暇,加以工学院课程太重,他抽不出空,所以有时只好谢绝邀请。"④蔡吉庆因为曾在中国同学会中听过胡适几次演讲,认定他在演讲方面具有特殊天分,于是推荐胡适"向美国听众讲解中国革命和共和政府"⑤,胡适接受了蔡君的建议,并为演说做了充足的准备工作,而正如胡适所言:"这几次讲演,对我真是极好的训练。蔡君此约,也替我职业上开辟了一个新的方向,使我成为一个英语演说

---

① 胡适:《胡适留学日记手稿本·藏晖劄记四》,1914 年 8 月 16 日;《胡适留学日记》第二册,第 342 页。

② 胡适:《胡适留学日记手稿本·藏晖劄记七》,1915 年 4 月 25 日;《胡适留学日记》第三册,第 614 页。

③④⑤ [美]唐德刚译注:《胡适口述自传》,第 38—39 页。

家。"①由于演说的需要,胡适"对过去几十年促成中国革命的背景,和革命领袖人物的生平,也认真的研究了一番"②。一定程度上形成了其对政治史的研究兴趣,也促成了其政治观的渐趋形成。

胡适于 1913 年 4 月补记了他正月演说的相关事宜,其有关世界主义的观念与立场也通过数次演讲得以明晰:"吾今年正月曾演说吾之世界观念……世界主义者,爱国主义而柔之以人道主义者也。"③1913 年在 Syracuse 的 Cosmopolitan Club 年筵上,胡适做了题为"The Philosophy of Cosmopolitanism"(世界主义)的演讲,演讲之后胡适将演讲稿进行了整理与删改,以"The development of the Concept of Cosmopolitanism"("世界主义之沿革")为题,又在校中演讲过一次,这次演讲"校长 President J. G. Schurman 亦在座,颇得其嘉许"④。而胡适有关世界主义的思考并未中断,第二年他再赴 Syracuse 的 Cosmopolitan Club 年筵,又发表了即兴演说,题为"What Cosmopolitanism Means to Me"(世界主义对我来说意味着什么)。

胡适的英文演说除了体现他关注政治问题,更显示其向外邦介绍中国文明、维护本国文化与伦理观念的自我辩护意图。这也更凸显出留美时期胡适以英文演说开展政治训练与实践的意义与价值。

1914 年 1 月,胡适曾以吾国旧婚制为话题进行英文演说,表达了为我国旧俗辩护的强烈意图。胡适在演说中称"吾国旧婚制能尊重女子之人格",因为中国女子婚姻之事由父母做主,自己可免受其累,亦可保全名节,因而有利于清洁人格的养成;而西方主张婚姻自由,女子需"自己向择偶市场求炫卖……求媚人悦人之术",因而人格

---

①②　[美]唐德刚译注:《胡适口述自传》,第 38—39 页。

③　胡适:《胡适留学日记手稿本·藏晖劄记一》,1913 年 4 月记;《胡适留学日记》第 139—140 页。

④　胡适:《胡适留学日记手稿本·藏晖劄记二》,1914 年 5 月 10 日;《胡适留学日记》第一册,第 230 页。

容易走向堕落①。胡适进而为中国旧婚制辩解,认为中国旧婚制确保了夫妻之间因有相爱之义务,彼此各怀特殊之柔情,因而可以基于名分之上,"互相体恤,互相体贴",以求养成"真实之爱情"②。由胡适自身婚恋经历推知,这种极力申说中国旧婚制诸种好处的论调,不免带有一种精神胜利法般的自我疗愈与自我催眠意味,不过在外邦人面前欲为中国之传统风俗、婚恋文化辩护的意图无疑是清晰可辨的。

除了为中国传统文化辩护,胡适还尽力向外邦人士宣介中国的真实情状。1914 年胡适应村中教堂牧师吉不生君(Gibson)的邀请,往"去此十五英里"③的奇勿村(Covert)讲经班演说,胡适并未设置专门的演说题目,而只是"令班中人质问所欲知而一一答之",希望通过问答的方式尽可能满足外邦人士对于中国的好奇。《胡适留学日记》1915 年 4 月 25 日载胡适"往水牛城,乃为 Prof. C. H. Tuck 所邀至尼格拉县农会演说'中国内地生活状态'"④。1915 年 5 月胡适受蔼尔梅腊城(Elmira, NY.)青年会电邀,于 5 月 18 日"至蔼尔梅腊城……是夜赴青年会赞助员年宴……余为席后演说,说'中日最近交涉'一时许,极受欢迎。吾此次作演说,计费时两夜,共书五十二页,为晚近最长之演说。今晨七时以车归,九时抵绮城"⑤。胡适屡次接受邀约赴外地演说,从其择定的演说内容与选取的演说形式不难看出他希望让更多美国民众接触和了解到中国现状与中国文明的意图与用心。

---

① ② 胡适:《胡适留学日记手稿本·藏晖劄记一》,1914 年 1 月 27 日;《胡适留学日记》第一册,第 168—169 页。

③ 胡适:《胡适留学日记手稿本·藏晖劄记四》,1914 年 8 月 16 日;《胡适留学日记》第二册,第 342 页。

④ 胡适:《胡适留学日记手稿本·藏晖劄记七》,1915 年 4 月 25 日;《胡适留学日记》第三册,第 614 页。

⑤ 胡适:《胡适留学日记手稿本·藏晖劄记七》,1915 年 5 月 19 日;《胡适留学日记》第三册,第 646—647 页。

2."康南耳中国演说会"的小试牛刀与独木难支

胡适在摸索英文演说的过程中也逐渐意识到了其功用之不足，其1911年7月19日的日记透露了一则重要信息："偶遇沈保艾谈，以为吾辈在今日，宜学中国演说，其用较英文演说为尤大，沈君甚以为然，即以此意与三四同志言之，俱表同意，决于此间组织一'演说会'。"这一演说会后来定名为"康南耳中国演说会"，由胡适与其他几位志同道合的康奈尔同学组成，他们在1911年7月至10月间先后组织了数场演说活动。无独有偶，梅光迪1911年感恩节前后在致胡适的信中也批判了留学生的英文演说问题。梅光迪认为："英语演说，固亦应有之事。然归去后为祖国办事，所与游者皆祖国之人也。若用英语演说，势必先使祖国四万万人尽通英语始可，岂非一大笑话乎！吾国人游学此邦者，皆以习国文、讲国语为耻，甚至彼此信札往来，非蟹行之书不足重，真大惑也。"①

因此中文演说成了"康南耳中国演说会"的锻炼方式。演说会的第一次活动始于1911年7月23日，"晨十时，康南耳中国演说会第一会，余演说'演说之重要'。是日有参观者六七人"②。这一天是星期天，此后数月的每周日，"康南耳中国演说会"都定期组织了演说活动。而在7月30日第二次会议上，胡适当选为演说会主席。8月6日的第三次演说会依然由胡适负责演说，演说题为"祖国"。8月13日的第四次演说会还是由胡适担纲，演说题为"克己"。之后演说会活动暂停，同年9月10日恢复活动，第五次演说会胡适依然是主角，演说"辩论"，但较为特殊的是，此次演说会引入了"辩论会"的新形式并确定了辩题。9月17日演说会举行第一次辩论会，辩题为"中国

---

①　罗岗、陈春艳编:《梅光迪文录》，第117页。此为梅光迪1911年西感恩节后二日致胡适信中语。

②　胡适:《胡适留学日记·藏晖室劄记卷一》，第60页，1911年7月23日日记。

今日当行自由结婚否"。之后 9 月 24 日和 10 月 1 日因场地问题,演说会活动暂缓,10 月 22 日演说会恢复活动,胡适"演讲 Ezra Cornell 之事迹"①,而胡适之所以演讲 Ezra Cornell 之事迹,或与他当时正担负着《康奈尔传》的撰写任务不无相关。

胡适在"康南耳中国演说会"中的系列演说主要围绕演说的意义、中国传统文化、修身等诸方面展开,凸显了其以中文演说探索演说新形式和研求中国旧学的诉求。而这个由胡适倡议发起的"康南耳中国演说会"除了一次辩论会外,所有的演说活动几乎都由胡适一人担任,其他会员的参与度极低,胡适可谓是独挑大梁。仅有的一次辩论会,胡适作为"反对派,以助者不得其人,遂败"②。由札记中的这一微小细节或可察见,"康南耳中国演说会"的同人们的演说水平和技巧很可能是有欠成熟的。胡适在独木难支的情况下进行的中文演说实践可说是收效甚小甚至不乏挫败的。

3. 作为思想训练的演说实践

演说活动除了是一种有意识的政治训练,对胡适而言更是一场有目的的思想操练。胡适即曾自陈:"今欲演说,则非将从前所约略知识者一一条析论列之,一一以明白易解之言疏说之不可。向之所模糊领会者,经此一番炉冶,都成有统系的学识矣。余之得益正坐此耳。此演说之大益,所谓教学相长者是也。"③胡适认为在准备演说的过程中,与演说议题相关的内容可以得到条分缕析和系统整理,这对于知识与思想的系统化培养都大有裨益。在胡适看来,"大凡一个

---

①　胡适:《胡适留学日记·藏晖室劄记卷一》,第 83 页,1911 年 10 月 22 日日记。

②　胡适:《胡适留学日记·藏晖室劄记卷一》,第 74 页,1911 年 9 月 17 日日记。

③　胡适:《胡适留学日记手稿本·藏晖劄记一》,1914 年 1 月 28 日追记;《胡适留学日记》第一册,第 171 页。

人的观念和印象通常都是很空泛的；空泛的观念事实上并不是他的私产。但是一个人如他的观念和感想，真正按照逻辑，系统化的组织起来，在这情况之下——也只有在这种情况之下——这些观念和感想，才可以说是真正属于他的了"①。

　　胡适晚年在口述自传的回忆中也表达过类似的意思："在我当学生时代我便一直认为公开讲演对我大有裨益。我发现公开讲演常时强迫我对一个讲题作有系统的和合乎逻辑的构想，然后再作有系统的又合乎逻辑和文化气味的陈述……他先要想从何说起；想出他自己的意思；他对这题目的认识和印象，然后再加以合乎逻辑的组织，好使听众了解。这样一来，他也可帮助他自己对这一题目作前所未有的更深入的思考，他将来对这一题目作更广泛的研究，也就以此为出发点。"②胡适认为在准备演说的过程中可以弥补向来模糊或所知不多不足的知识，增进学问，并可以以演说为出发点，深化对问题的认识、拓宽研究；而且尤为重要的是，胡适还十分具有听众意识，他十分清醒地意识到演说是面向公众的，因此自觉培养作为演说者的能力，注重语言的明白易解，逻辑的清晰明确，并且有意将演说视作综合了知识积累、思维训练、言语组织与表达等多项要求的思想操练方式，他认为通过演说训练无论知识结构还是逻辑思考抑或语言表达都会得到很大提升。胡适对演说终身保有兴趣，不仅留学时期兴味盎然，回国后更是多次接受教育机构、社会组织等各方邀请，进行了多场演说。在 1921 年 10 月 28 日的日记中，胡适再度记录了其所总结的演说四原则：第一，他强调"演说即是谈话，即是放大的谈话"③，因此特别强调演说者应具备听众意识，务必做到"须使人人觉得我是对他说话。须时时刻刻观察他们的反应"④；第二，在他看来演说是一种技术，需要多多训练；第三，强调演说须言之有物；第四，强调演

---

①②　［美］唐德刚译注：《胡适口述自传》，第 52—53 页。
③④　曹伯言整理：《胡适日记全编 3》，第 506 页。

说者在讲演过程中须做到全神贯注。

在胡适看来,演说一定程度上还可以锻炼演说者的写作能力,可以通过拟写演讲提纲或者演说稿的方式"训练他自己的写作;训练他作笔记的系统化。这些种不同形式的表达方法可以强迫一个人,对一项命题去组织他的感想、观念和知识;这样可使他以写作的方式,对他要表达的题目了解得更清楚"①。已经初步显露出"演说"亦可为"著述"的思路。

而胡适为了提升自己的演说水平,还特意在 1912 年的暑期学校选修了一门训练讲演的课程,胡适叙述了自己上这门课时失败的演讲经验:"老师艾沃里特(Everett)教授是一位好老师……当我第一次被叫上讲台作练习讲演之时,我真是浑身发抖。此事说也奇怪,在此之前我已经讲演过多少次了。但是这一次却是在课室内第一次被叫上台。那天虽然是盛暑,天气极热,但是我仍然浑身发冷、发颤;我必须扶着讲台,始能想出我预备的讲稿。艾教授看我扶着台子才能讲话,第二次他再叫我时,他便把台子搬走了,当然我也就无所依据。因为要忙着想我的讲词,我也就忘记我的腿了,它也就不再发抖。这样便开始了我后来有训练的讲演生涯。"②

除了选修演说训练课程,胡适还格外留心有关"演说技巧"的相关资讯,《胡适留学日记》1914 年 10 月 30 日的札记中粘贴有一则剪报,是胡适从一杂志上剪取的,主要内容为"演说的规则"。胡适认为这则"演说的规则"与他对于演说的持见甚为相合,因而剪下,附记于此。剪报叙及:"(一)先要知道'演说术'(Oratory)已不合时宜了;(二)先把你要说的话一一想好;(三)把事实陈述完了,就坐下来;(四)不要插入不相干的笑话;(五)不要管手势声音等等;(六)个个字要清楚;(七)演说之前不要吃太饱,最好喝杯茶,或小睡;(八)小

---

①　[美]唐德刚译注:《胡适口述自传》,第 53 页。

②　[美]唐德刚译注:《胡适口述自传》,第 51 页。

有成功,不可自满;当时时更求进步。"①由此可见,胡适也十分注重演说的技巧,对包括演说前的构思准备、表达上的言简意赅、清楚达意、演说前的休息调适以及演说者心态培养等诸多方面都十分重视。胡适对于演说也一直抱持着摸索和不断追求进步的心态。在"康南耳中国演说会"第一次演说中,胡适经友人提醒知其"演说每句话完时常作鼻音'm'声,亦不自觉,此是一病"②,便决心改正注意。同时胡适也非常欢迎反对和批评的声音,1912 年 12 月 3 日胡适遵理学会嘱"预备一短篇演说,述吾国子女与父母之关系⋯⋯有 Prof. G. L. Burr and Prof. N. Schmidt 二君稍质问一二事。Prof. Burr 以予颇訾议美国子女不养父母,故辨其诬。亦有人谓吾言实不诬者"③,针对听众提出的反对意见胡适与之进行讨论辩驳,并认为"此种讨论甚有趣,又可增益见闻不少"④。在演说实践中,胡适通过与听众的互动既提高了演说技巧,同时也加深了对问题的思考,一定程度上发挥了演说作为思想训练的作用。

4. "金盆洗手"尚亦难——胡适有意推拒演说

胡适在其口述自传中回忆过留学时代的演说经历和他对演讲的浓厚兴趣:"我在康乃尔时代,讲演的地区是相当辽阔——东至波斯顿,西及俄亥俄州的哥伦布城。这个区域对当时在美国留学的一个外国学生来说是相当辽阔的了。为着讲演,我还要时常缺课。但是我乐此不疲,这一兴趣对我真是历四、五十年而不衰。"⑤

---

① 胡适:《留学日记手稿本·藏晖劄记五》,1914 年 10 月 30 日;《胡适留学日记》第二册,第 440 页。

② 胡适:《胡适留学日记·藏晖室劄记卷一》,第 60 页,1911 年 7 月 23 日日记。

③④ 胡适:《留学日记手稿本·藏晖日记》,1912 年 12 月 3 日;《胡适留学日记》第一册,第 129 页。

⑤ 〔美〕唐德刚译注:《胡适口述自传》,第 51 页。

　　但是在 1915 年 3 月 23 日写给韦莲司的信中,胡适却流露出不想再作演讲的态度:"这次讲演是我最后几次讲演中的一次。我已决定不再接受演讲的邀请了。我还得在 4 月的第二个星期三,为本市的妇女联合会讲一次《中国的家庭生活》。这个演讲,我在一年前就答应了他们,现在已不能回绝了。这次演讲之后,我将闭嘴!在过去三年之中,我想我做了 70 次演讲,这是足够了!"①在同年 4 月 25 日的日记中,胡适又再度表达了不愿再作演说的"金盆洗手"之意:"吾久决意不演说,此次不得已复为冯妇,今后决不再演说矣(此但指学生时代)。吾三年中演说何啻七十次,得益之多非言可罄,然荒废日力亦不少,故此后决意不再受演说之招矣。"②胡适自陈三年中发表七十余次演说,尽管受益良多,却也因此荒废了诸多时日,于是决定学生时代不再接受演说邀请。而胡适之所以痛下决心不愿再作演说,和其因演讲分心荒时失掉康奈尔研究部的奖学金大有关联。

　　胡适日后曾就此事有过回忆:"我就读研究院的第二年(1915年)时,我的奖学金被校方停止了。康乃尔大学的哲学系亦名'塞基哲学院'(Russell Sage School of Philosophy),其基金原是虏索·塞基家庭捐资设立的,并另设塞基哲学奖学金以资助哲学研究生。我进康乃尔大学研究院时本来就领有该项奖学金,但是当我于 1915 年申请延长时,却被校方拒绝了。那专司审查奖金候选人的指导委员会主席索莱(Frank Thilly)教授便坦白相告,说我在讲演上荒时废业太多,所以哲学系不让我继续领取该项奖金。"③

　　而康奈尔时期胡适热衷演讲造成的另一副作用即是"经过一系列的公开讲演之后,五年的康乃尔大学生活,使我在该校弄得尽人皆

　　①　周质平:《不思量自难忘——胡适给韦莲司的信》,第 50 页。
　　②　胡适:《胡适留学日记手稿本·藏晖劄记七》,1915 年 4 月 25 日;《胡适留学日记》第三册,第 614 页。
　　③　[美]唐德刚译注:《胡适口述自传》,第 52 页。

知……在这个小小的大学城内,熟人太多,反而不舒服。"①热心演讲一定程度上也给胡适造成了社交压力,也成为他从康奈尔转学至哥伦比亚大学的原因之一。

尽管胡适一再表达不愿再作冯妇,但事实上并未真正践行不再接受演说邀约之诺。其 1915 年 5 月受青年会之邀赴蔼尔梅腊城(Elmira,NY.)演说"中、日之交涉",他之所以没有推却这场演讲,是因为当此之时,中国政府接受了日方提出的"二十一条",中国国内与留学界群情激愤。胡适认为"当此危急之秋,此邦士夫欲闻中日交涉之真相,余义不容辞也"②。只是不同于留学界义愤主张对日作战的主流观点,胡适深受和平主义与老子"夫惟不争,故天下莫能与之争者"和墨子非攻思想的影响,面对日本政府无理提出的"二十一条",在中日冲突日趋紧张化的态势下,针对当时充斥留学界的"立刻对日作战"的主张,发表了《致留美学界公开信》。此举遭到了留美学界的哗然非议,胡适被指斥为亲日投降派,但是他坚持和平主义和非战主义的主张并未因此而动摇。

（三）作为"活文学"的演说——胡适的文学革命"酝酿"

1916 年 7 月胡适借返回绮色佳之机,与任鸿隽、杨杏佛、唐擘黄谈论文学改良之法,胡适主张以白话作文作诗作戏曲作小说。在 1916 年 7 月 6 日的日记中胡适追记了这场谈话,并总结了自己的想法。尽管胡适先前已多次论述过作为"活文学"的白话的优越性,但是在这条札记中他第一次明确提出以白话代文言的主张。胡适指

---

① 〔美〕唐德刚译注:《胡适口述自传》,第 53 页。

② 胡适:《胡适留学日记手稿本·藏晖劄记七》,1915 年 5 月 9 日;《胡适留学日记》第三册,第 629 页。

出:"白话不但不鄙俗,而且甚优美适用。"①胡适所指的"优美"不是审美意义上的"优美",而是建立在"达意"基础上的,在他看来"凡言语要以达意为主,其不能达意者,则为不美"②。胡适同时十分看重语言的应用性、实用性,认为"文言的文字可读而听不懂;白话的文字既可读,又听得懂"③,因此"凡演说,讲学,笔记,文言决不能应用"④。而我们今日所需乃是"一种可读,可听,可歌,可讲,可记的言语。要读书不须口译,演说不须笔译;要施诸讲坛舞台而皆可,诵之村妪妇孺而皆懂。不如此者,非活的语言也,决不能成为吾国之国语也,决不能产生第一流的文学也。"⑤胡适通过比较"文言"与"白话"之优劣,认为白话十分实用,又立足于"达意"的基础上,认定白话并不鄙俗而十分优美,同时从语言作为达意和交流的工具出发,认为只有"施诸讲坛舞台而皆可,诵之村妪妇孺而皆懂"⑥的活的白话,才能满足现实需要。

此时胡适有关"国语"与"文学"的思考其实已现雏形了。胡适"非活的语言也,决不能成为吾国之国语也,决不能产生第一流的文学也"⑦的想法,与其文学革命时期在《建设的文学革命论——国语的文学,文学的国语》中所提出的"文学革命论的宗旨:国语的文学,文学的国语"⑧中"国语的文学"观点颇相一致。胡适认为死文字——文言,不能很好地表情达意,无法很好地传达现代人的感情思想,而白话则是有生命有价值的文字,应是将来的国语,用白话来创作作品,才有可能形成第一流的新文学。

---

①② 胡适:《胡适留学日记手稿本·胡适劄记第十一册》,1916 年 7 月 6 日追记;《胡适留学日记》第四册,第 940 页。

③④⑤⑥⑦ 胡适:《胡适留学日记手稿本·胡适劄记第十一册》,1916 年 7 月 6 日追记;《胡适留学日记》第四册,第 943 页。

⑧ 胡适:《建设的文学革命论——文学的国语,国语的文学》,《新青年》1918 年第 4 卷第 4 期。

在 1916 年 7 月 22 日《答梅觐庄——白话诗》札记中胡适又再次强调了这一主张,认为应以活泼泼的白话来创作文学作品,以"既可读,又听得懂"①的"活文字"——白话创作出的文学作品才是"活文学":"正要求今日的文学大家,把那些活泼泼的白话,拿来锻炼(原书中屡用此二字),拿来琢磨,拿来作文演说,作曲作歌:——出几个白话的嚣俄,和几个白话的东坡。那不是'活文学'是什么?那不是'活文学'是什么?"②从中不难见出,胡适将"演说"看作一项重要的白话文学创作试验,而他之所以划定演说作为白话文学的试验场之一,主要是因为两个方面:一是从语言的实用性和应用性角度考虑,认为语言是交流的工具,因此最重要的就是要满足"表情达意"的需求,活的语言须得做到"可读,可听,可歌,可讲,可记"③,因此只有"施诸讲坛舞台而皆可,诵之村妪妇孺而皆懂"④的语言才称得上是活的言语;二是由胡适赋予演说"思想训练"的功能所决定的,前一节已详细论述了胡适有意识地通过演说弥补知识、整理思路、形成有系统性想法的"思想训练"模式,此处不再赘言。胡适对于演说要求极高,也提倡要在演说前做好材料准备和演讲稿写作工作,同时他亦将演说视作思想再现的重要途径。他认为演说能帮助演说者系统化地整合印象感受,形成有逻辑性的观念与思想,更有利于表情达意,获得听众的接受与认可。因此他反复强调"Expression is the best means of appropriating an impression(你若想把平时所得的印象感想变成你自己的,只有表现是最好的方法。)此吾自作格言。如作笔记,作论文,

①③④　胡适:《胡适留学日记手稿本·胡适劄记第十一册》,1916 年 7 月 22 日;《胡适留学日记》第四册,第 943 页。

②　胡适:《胡适留学日记手稿本·胡适劄记第十一册》,1916 年 7 月 22 日;《胡适留学日记》第四册,第 973—974 页。

演说,讨论,皆是表现"①。

　　而胡适提倡以活泼泼的白话来进行演说,亦蕴含了其将"演说"视作文学创作的主张,他主张以大力创作白话文学作品的方式确立白话之"国语"地位,很大程度上亦突破了对既有"文学"观念的认知。胡适在 1914 年 7 月 12 日的日记中曾摘录了 7 月 4 日美国独立日威尔逊在斐城所作演讲的演说稿中的文字:"其言曰:'独立者,非为吾人私囊中物已也,将以与天下共之。'……又曰:'天下之国,有宁吃亏而不欲失信者,乃天下最可尊崇之国也。'又曰:'爱国不在得众人之欢心,真爱国者认清是非,但向是的一面做去,不顾人言,虽牺牲一身而不悔。'又曰:'人能自省其尝效忠祖国而又未尝卖其良心者,死有馀乐矣。'"②在胡适看来,威尔逊的演说稿,"其言句句精警,语语肝胆照人……尤痛快明爽",胡适十分看重威尔逊演说稿的文学价值和社会影响,认为"凡此皆可作格言读,故节录之"③。

　　而演说作为白话文学创作的试验田,并未遭到像白话诗一样的反对待遇。与胡适"唱对台戏"质疑其白话文学革命主张的一帮朋友中,梅光迪不承认可以用白话作诗与作文,认为"文章体裁不同,小说、词曲固可用白话,诗文则不可"④,任鸿隽也不承认可以用白话作诗,但是在以白话作演说方面,并未招致反对意见,相反是表示赞同和接受的。胡适在 1916 年 7 月 30 日日记中抄录了任鸿隽 7 月 24 日写给胡适的信。任鸿隽在信中称:"白话自有白话用处(如作小说

---

　　①　胡适:《胡适留学日记手稿本·胡适劄记第十三册》,1916 年 11 月 9 日;《胡适留学日记》第四册,第 1057—1058 页。

　　②③　胡适:《胡适留学日记手稿本·藏晖劄记三》,1914 年 7 月 12 日;《胡适留学日记》第二册,第 301—302 页。

　　④　罗岗、陈春艳编:《梅光迪文录》,第 168 页,此为梅光迪 1916 年 8 月 24 日致胡适信中语。

演说等），然却不能用之于诗。"①因此可说胡适推行的以白话创作活文学的文学革命主张，在小说、词、曲、演说等方面均获得了接受和承认，等待着胡适的即是以白话作诗的尝试。这也是其文学革命主张在与友人的互辩、互斥中不断推进与深化的表现。

正如陈平原先生所指出的那样："晚清以降迅速崛起的'演说'，不仅仅是社会/学术/文化活动，作为一种知识传播方式，甚至深刻影响了中国的文章变革。"②胡适即有意将演说视作促进白话文运动的利器之一，他认为培养演说能力对于写作白话文是极好的训练，因为演说极易帮助人形成有逻辑有统系的思想。1920 年胡适在《中学国文的教授》一文中即曾谈到演说对于国文教授与国文写作的帮助，在他看来："凡能演说，能辩论的人，没有不会做国文的。做文章的第一个条件只是思想有条理，有层次。演说辩论最能帮助学生养成有条理系统的思想能力。"③

---

① 胡适：《胡适留学日记手稿本·胡适劄记第十二册》，1916 年 7 月 30日；《胡适留学日记》第四册，第 983 页。

② 陈平原：《现代中国的述学文体》，北京大学出版社，2020 年，第 76 页。

③ 胡适：《中学国文的教授》，《新青年》1920 年第 8 卷第 1 期。

第五章 "剪贴"出来的胡适

——留美时期胡适自我意识的几个侧面

《胡适留学日记》手稿本相较于 1939 年亚东版和 1947 年商务版的《胡适留学日记》排印本而言,很突出的一个特色,即手稿本附有相当数量的剪贴材料。不同于三四十年代有限的印刷条件,手稿本的印行最大限度地还原了《胡适留学日记》的原貌,而手稿中丰富的剪贴材料主要包括剪贴报、摄影作品和书信粘贴这三种形式,不同的剪贴来源和载体也呈现出胡适兴趣之博杂与视野之开阔。陈子善先生在《胡适留学日记手稿本·序二》中即曾敏锐地指出:"日记手稿中引用或剪贴了大量的中英文剪报,《留学日记》中有多处删节。"[1]

梁实秋在回忆胡适的文章《怀念胡适先生》中曾叙写其与徐志摩同在胡适书房翻看胡适日记的情形,发现胡适的日记"除了私人记事之外,他每天剪贴报纸,包括各种新闻在内,因此篇幅多得惊人,兼具时事资料的汇集,这是他的日记一大特色"[2]。

早在留美时期胡适就已经确立了欲为国人导师的志向,据他自己所言:"吾不可不周知博览,以为他日为国人导师之预备。"[3]因此整个留美时期胡适对于美国的社会、政治、经济、教育、民俗等皆

---

[1] 陈子善:《胡适留学日记手稿本·序二》,第 10 页。

[2] 梁实秋:《怀念胡适先生》,引自欧阳哲生选编:《怀念胡适》,第 139 页。

[3] 胡适:《胡适留学日记手稿本·藏晖劄记七》,1915 年 5 月 28 日;《胡适留学日记》第三册,第 653 页。

十分留心,时常在日记中随文粘贴相关剪贴报和旅行时的采风照片等。署名为愚的作者在推荐《胡适留学日记》的书评中曾指出《胡适留学日记》有四大特点,即"(一)表现著者之政治主张,文学主张……(二)表现著者对国事及世界大事之关心……(三)表现著者对外国风俗习惯之留心……(四)记与本国及外国友人之交游"①。这四大特色在《胡适留学日记》手稿本的剪贴材料中可谓展现得淋漓尽致。

(一)《胡适留学日记》手稿本剪贴材料概观

1. 留学日记手稿本中的剪贴报

(1)政治题材剪报

细察《胡适留学日记》手稿本不难发现,胡适的札记中充斥着相当数目的剪贴报,其中对政治的关注成为其留学日记剪贴报材料的重要组成部分。1912年是美国的大选之年,也正是在这一年,胡适选修了一门由山姆·奥兹教授主讲的"美国政府和政党"专题课。胡适晚年在口述自传中曾回忆过这位山姆·奥兹教授在"美国政府和政党"选修课第一堂课上对选课学生提出的要求:"我要本班每个学生都订三份日报——三份纽约出版的报纸,不是当地的小报——《纽约时报》是支持威尔逊的;《纽约论坛报》(The New York Tribune)是支持托虎托的;《纽约晚报》(The New York Evening Journal)〔我不知道该报是否属"赫斯特系"(Hearst family)的新闻系统。但是该报不是个主要报纸。〕是支持罗斯福的。诸位把每份订它三个月,将来会收获无量。在这三个月内,把每日每条新闻都读一遍。细读各条大选消息之后,要做个摘要;再根据这摘要作出读报报告缴给我。报纸算是本课目的必需参考书,报告便是课务作业。还有,你们也要

---

① 愚:《图书介绍:藏晖室札记(十七卷)》,《图书季刊》1939年第1卷第2期。

把联邦四十八州之中,违法乱纪的竞选事迹作一番比较研究,缴上来算是期终作业!"[①]胡适接受了山姆·奥兹教授的建议,按照课程要求订阅了《纽约时报》《纽约论坛报》《纽约晚报》这三份报纸,并时常关注三份报纸对美国大选的报道和评议。除此之外 Cornell Daily Sun 也是胡适经常阅读的报纸,因此亦成为其剪贴报的重要材源。

1912 年 10 月 31 日,Cornell Daily Sun 举行美国总统游戏选举,胡适留意将日报上的选举结果剪贴进了日记中(见图 5 - 1)。他尤为关注在这次大学校园师生模拟游戏选举中威尔逊和罗斯福获得的选票情况。排印本中尽管也排印出了选票结果,却没有办法还原细节,细察手稿可见,胡适在威尔逊和罗斯福各自所得的选票下方划线,并十分关注他们的选票结果,注意到他们相差百余票。

在 1913 年 10 月 20 日的日记中,胡适按照课程要求"把联邦四十八州之中,违法乱纪的竞选事

Cornell Daily Sun

Founded, 1880.　　Incorporated, 1905.

THURSDAY, OCTOBER 31, 1912.

The straw-vote results follow:

TOTAL VOTE.

Name.	1st Choice. Oct.	Feb.	2d Choice. Oct.	Feb.
Wilson	969	516	732	503
Roosevelt	850	766	277	272
Taft	351	526	587	452
Debs	37	10	13	4
Chafin	18		10	
In-valid votes	50	65	50	65
	2275	1883	1670	1297

UNDERGRADUATE VOTE.

Name.	Oct.	Feb.	Oct.	Feb.
Wilson	779	386	648	410
Roosevelt	741	687	221	237
Taft	325	461	503	399
	1845	1534	1372	1046

FACULTY VOTE.

Name.	Oct.	Feb.	Oct.	Feb.
Wilson	99	94	62	65
Roosevelt	81	34	31	16
Taft	13	27	48	21
	193	155	141	102

SAGE VOTE.

Name.	Oct.	Feb.	Oct.	Feb.
Wilson	91	36	23	28
Roosevelt	48	45	25	20
Taft	13	38	36	32
	152	119	84	80

图　5 - 1

---

①　[美]唐德刚译注:《胡适口述自传》,第 32 页。

迹作一番比较研究"①作为其期终作业。为了顺利完成作业,胡适格外关注纽约州长 Williams Sulzer 因"选举用款"不实并贿赂证人、利用职权影响公职人员投票和股票交易等罪责而被弹劾罢免的新闻报道,并将相关报道剪贴于日记中。而且相较于排印本,手稿本中还另具胡适剪贴的纽约州长 Sulzer"受劾后宣言"的自我辩护书。胡适还在新闻报道和 Sulzer 的自我辩护书旁添加评语:"呜呼! 吾安敢窃议异国政治之得失耶! 吾方自哀吾政偷官邪之不暇耳!"②(参见图5-2)

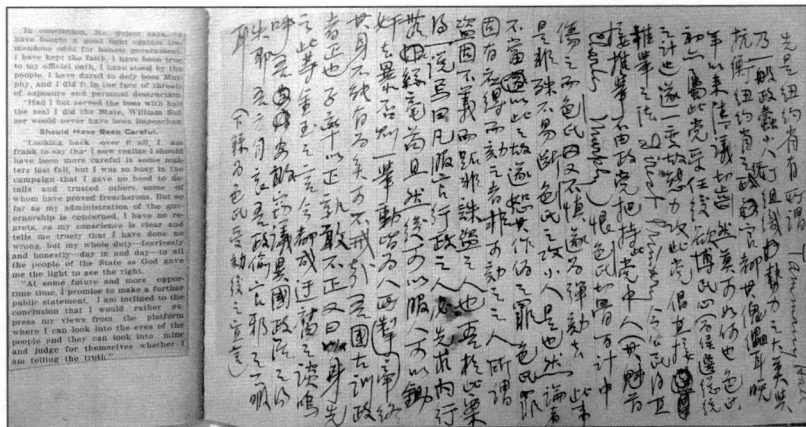

图 5-2

　　除了对美国政治的关注,胡适对本国政治事件也十分留意和上心。其 1914 年 1 月 23 日的日记中附上了一则题为《袁世凯大总统命令(11 月 26 日令)》的剪贴报,剪贴报的主要内容是有关袁世凯决

---

① 〔美〕唐德刚译注:《胡适口述自传》,第 32 页。
② 胡适:《胡适留学日记手稿本·藏晖劄记一》,1913 年 10 月 20 日;《胡适留学日记》第一册,第 149 页。

定"郊天祭孔"的命令。胡适还在剪报之后附上一句评语:"此种命令真可笑,所谓非驴非马也。"而宋教仁被刺案中之秘密证据,共 43 件之多,胡适也都依次剪裁,粘贴留存于札记中。

(2) 教育题材剪报

在对政治的关注和热情外,胡适对于美国及本国的教育情形均格外留心。其 1914 年 1 月 23 日的札记是从 1913 年 1 月 8 日的 Cornell Daily Sun 上剪贴下的 1912—1913 年度康奈尔大学收支表("EXPENSES OF THE UNIVERSITY AND RECEIPTS FROM STUDENTS—1912—1913")的相关信息,排印本许是为了方便读者阅读,于是将"EXPENSES OF THE UNIVERSITY AND RE-CEIPTS FROM STUDENTS—1912—1913"的英文收支表格直接译成了中文表格《康南耳大学费用 本校收支表(1912—1913)》,而《胡适留学日记》手稿本中胡适对剪报原件的详细信息与出处皆有备注(见图 5 - 3)。

胡适 1914 年 1 月 27 日的日记手稿中附有一张"美国各大学之体育运动费"的剪报。不同于排印本中只有相关内容的翻译梗概,手稿中其实是英文报章的报道剪贴,胡适还专意在剪报旁附一小注:"此一则亦可资研究。"因为笔者在第三章已经详细阐释过胡适留美时期留学观念的转变和"教育救国"理想的生成,因此此处不再赘言。

通过对剪贴报题材的分析不难看出,对本国教育的关注也是胡适读报的重要兴趣之一。《胡适留学日记》手稿本 1914 年 1 月 24 日的日记中粘贴了一张剪报,主要内容是关于"湘省一年之留学费"。细读手稿可以发现,胡适着意在留日学生数目、所需经费数额上以红色下划线加了着重符。并在剪报旁附评:"一省所送已达此数,真骇人闻听! 吾《非留学篇》之作,岂得已哉!"①表达了对本国官费留学

---

① 胡适:《胡适留学日记手稿本》,1914 年 1 月 24 日日记。

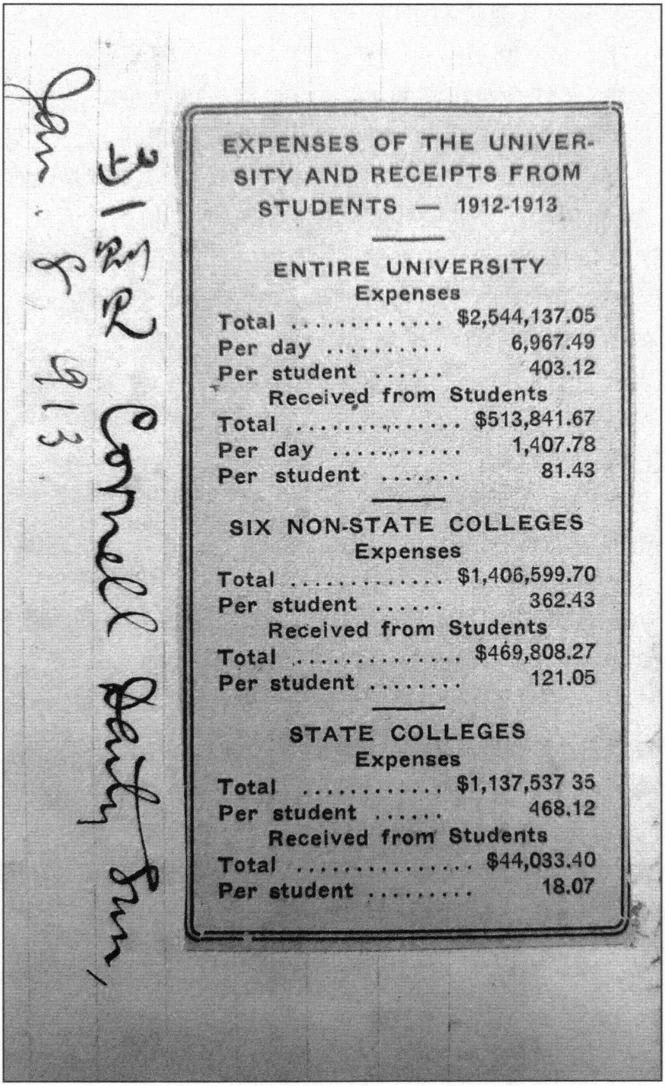

EXPENSES OF THE UNIVER-
SITY AND RECEIPTS FROM
STUDENTS — 1912-1913

ENTIRE UNIVERSITY
Expenses
Total $2,544,137.05
Per day 6,967.49
Per student 403.12
Received from Students
Total $513,841.67
Per day 1,407.78
Per student 81.43

SIX NON-STATE COLLEGES
Expenses
Total $1,406,599.70
Per student 362.43
Received from Students
Total $469,808.27
Per student 121.05

STATE COLLEGES
Expenses
Total $1,137,537 35
Per student 468.12
Received from Students
Total $44,033.40
Per student 18.07

图 5-3

情形的关注和对其现状的担忧。

（3）社会问题剧剪贴报

对文学，尤其是对戏剧的关注，也是胡适的兴趣之一。查《胡适留学日记》手稿本知胡适在 1914 年 2 月 3 日记录了与任鸿隽、金仲藩一同往观白里而之社会名剧《梅毒》的相关内容。但是细察手稿，笔者发现，胡适往观百里而戏剧的这则札记内容相当之混乱，戏院介绍《梅毒》的剧单、胡适对于百里而《梅毒》的剧情梗概、评述是相当分散的，显然 20 世纪 30 年代章希吕在校对胡适日记手稿的过程中为了出版的需要进行了有意整合。

笔者经过对勘初步推定，胡适有关百里而戏剧《梅毒》的日记是分两天写就的，他应当是在 1 月 27 日当天粘贴了两则剧评，而在 2 月 3 日这天与任鸿隽、金仲藩一道观看了戏剧《梅毒》，并记录下了观剧情形与心得体会等内容。胡适在 1914 年 1 月 27 日的札记中粘贴了两张剧评信息（见图 5 - 4、图 5 - 5），一为英国著名戏剧家萧伯纳的剧评，一为牧师的剧评。胡适将出自文学家内行之手和出自牧师的社会大众视角的剧评并置，目的是展现百里而的《梅毒》作为社会问题剧所引起的社会影响与关注，也即胡适所言的"附此以示此剧之影响也"[1]。而在观剧之前胡适已做足了功课，也足见胡适对于社会问题剧的关注与兴趣。

这几则剪报信息亦显见地展露出胡适留美时期对社会问题剧的兴趣与关注。胡适在提及萧伯纳时亦指出 Bernard Shaw 是近来"社会新剧之巨子"，并认为《梅毒》"为近日社会名剧之一，以花柳病为题，写此病之遗毒及于社会家庭之影响，为一最不易措手之题"[2]。而评价百里而能"以极委婉之笔，曲折达之。全剧无一淫亵语，而于

---

① 胡适:《胡适留学日记手稿本》,1914 年 1 月 27 日日记。

② 胡适:《胡适留学日记手稿本·藏晖剳记一》,1914 年 2 月 3 日日记;《胡适留学日记》第一册,第 195 页。

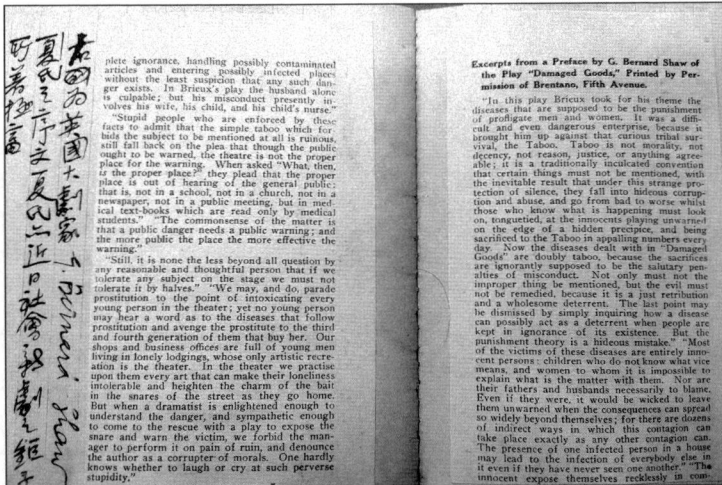

图 5-4

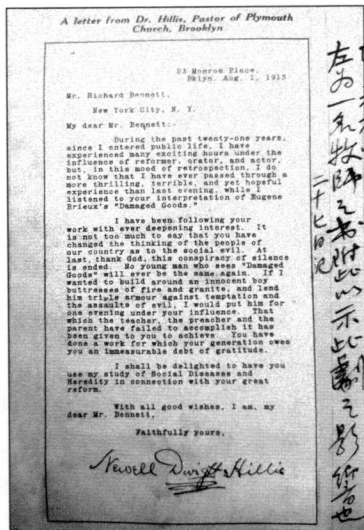

图 5-5

此病之大害一一写出,令人观之,惊心动魄"①,确为社会问题剧之佳作。

2.《胡适留学日记》中的照片

摄影照片作为《胡适留学日记》手稿本中剪贴部分的第二大来源,主要包括胡适与友人外出郊游、旅行、开会等自己所拍摄的风景照片,友人为胡适所拍的胡适小像及胡适与友人的合影等。在摄影粘贴这一部分,胡适着意展现美国的风土人文、博物馆、美术馆等诸多风景。

在1914年6月12日的日记中,胡适为了纪念与友人同游英菲儿瀑泉山之经历,创作了《游英菲儿瀑泉山作四十韵》。出版时胡适删去《四十韵》中的两句"古木风所仆,狰狞当道蹲",改为《游英菲儿瀑泉山三十八韵》。同时手稿本中的"古木风所仆,狰狞当道蹲"后两句"有时蹊径绝,惟见水潺湲",写作时是用黑色钢笔,用圈圈删除,改作"转石堆作梁,扶持度浅滩"。出版修改时用红色钢笔划掉"古木风所仆,狰狞当道蹲"两句,并将"转石堆作梁,扶持度浅滩"两句改为"转石堆作梁,将扶度潺湲"。胡适在所作《游英菲儿瀑泉山作四十韵》旁,还粘贴上了自己拍摄的英菲儿瀑和友人F. H. millen拍摄的"英菲儿瀑上流一处"摄影两张(见图5-6、图5-7)。有趣的是,《胡适留学日记》手稿本中胡适友人F. H. millen所摄的"英菲儿瀑上流一处"的照片缺漏,从还原度极高的影印本上依稀可见粘贴的痕迹。《胡适留学日记》手稿中附带400多件剪报信息(包括新闻剪贴、照片、戏票、剧单、草稿夹页等),因缺损造成的留白(可能原页遗失、可能为了制版需要撕下未还原而遗失)亦提示我们《胡适留学日记》手稿本也许在漫长岁月中曾经历过别样的辗转、流徙。

_____

①　胡适:《胡适留学日记手稿本·藏晖劄记一》,1914年2月3日日记;《胡适留学日记》第一册,第195页。

图 5-6

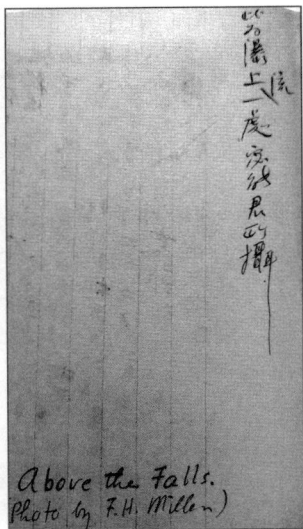

图 5-7

　　在 1914 年 7 月 28 日的日记中胡适补记了其与任鸿隽、C. L. Macy 等在 7 月 25 日同游活铿谷(Watkins Glen N. Y)的经历。胡适在日记中粘贴照片数张,其中有两张为任鸿隽所摄,一张为任鸿隽与胡适的合影,他还专门在照片下加了附注说明,以资纪念:"活铿谷之游同行者二百二十二人,吾与 C. L. Macy 君偕行,叔永为摄影于谷口(甲),又在一瀑泉侧摄一影,吾与梅息君坐泉下(乙),末一图则余与叔永合影也(丙)。"[①](见图 5-8)

　　此外,对于美国教育、人文风俗等的关注,也是胡适日记中照片粘贴的重要来源,在 1914 年 6 月 17 日的日记中,胡适即粘贴有校长休曼先生与学生的合影照片以及众位学生唱"母校"之歌时的摄影(见图 5-9)。

---

　　① 胡适《胡适留学日记手稿本·藏晖劄记三》,1914 年 7 月 28 日。

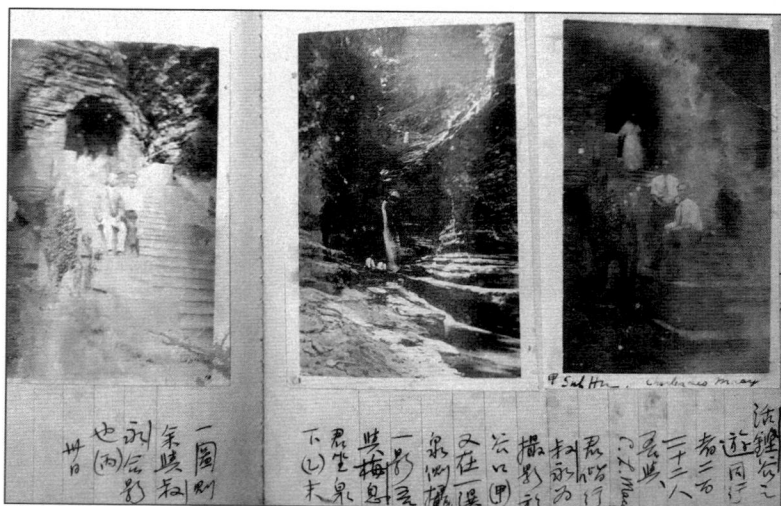

图　5-8

图　5-9

胡适还粘贴了不少友人为自己拍摄的照片,如大学毕业时,任鸿隽为他拍摄的穿学位服的毕业照,以及任鸿隽为他拍摄的令他深以为喜的"适之室中读书图"等照片。

3.《胡适留学日记》中的信札

除了剪报、摄影,胡适还有粘贴友人信札于日记中的习惯。书信作为胡适与亲人联络、与友朋来往论学的重要途径之一,和日记一样,共同构成了胡适的重要日常行为习惯与思想训练方式。胡适在1917年4月11日的日记中追记自己4月6日随同任鸿隽一起去普济布施村(Poughkeepsie)往访陈衡哲,就曾提及他与陈衡哲往来通信之频密:"吾于去年十月始与女士通信,五月以来,论文论学之书以及游戏酬答之片,盖不下四十余件。在不曾见面之朋友中,亦可谓不常见者也。"[1]胡适还统计过他1916年的来往信札:"吾自一九一六年正月一日到十二月卅十一日,一年之间,凡收到一千二百十封信,凡写出一千〇四十封信。"[2]一年收得1210封信,寄出1040封信无疑是十分惊人的,而且需要知道的是,1916年正是胡适努力写作博士论文的阶段,与友人通信依然如此频密,差不多每天要收到和寄出各3封信。因此粘贴书信成为胡适日记中的一大特色也就不难理解了。胡适在日记中粘贴过友人劝诫其不要再吸纸烟的书信,也粘贴过自己寄给挚友许怡荪的书信等等,而他与梅光迪、任鸿隽、朱经农有关文学革命论争的书信更是在其留学日记中得到了保存。因第七章将以胡适与友人论学往来书信为主轴讨论胡适的文学革命前史,故本章关于《胡适留学日记》中剪贴材料的论述主要集中在剪报和摄影这两个主要方面。

《胡适留学日记》手稿本中的剪报、摄影等涵盖内容极广,几乎涉

①　胡适:《胡适留学日记手稿本·胡适劄记第十四册》,1917年4月11日;《胡适留学日记》第四册,第1125页。

②　胡适:《胡适留学日记手稿本·胡适劄记第十三册》,1917年1月;《胡适留学日记》第四册,第1087页。

及胡适留美时期生活学习、社会活动的各个方面,包括美国政治制度(胡适的选课促进了了解)、风俗人情、胡适的交游、与友人论学往来、国内国际政治形势等诸多领域。而无论是剪贴报还是摄影或信札的剪贴,对自我的关注共同构成了胡适留学日记剪贴世界的核心动力。第二章已经阐释过,胡适的日记写作具有很强的读者意识,是经过他精心建构后的产物。正如江勇振所言:"在中国近代史上的知名人物里,胡适是一个最对外公开、却又最严守个人隐私的人。他可以说是近代中国历史上,自传资料产量最丰富的人……他所搜集、保存下来的大量的日记、回忆以及来往信件,其实等于已经经他筛选过后的自传档案。"①许怡荪、梅光迪、朱经农等友人来信中也都提到了对胡适日记札记的看法和讨论。由此可见,留学时期胡适的日记就并非私密,而是一定程度上传布于友人圈中。1939年亚东图书馆出版了《胡适留学日记》之后,胡适还曾写信给赵元任,问他是否看到排印本,表示想要送给友人一部,并指出日记中有很多有趣的资料:"元任看见了我的藏晖室札记(留学七年的札记)没有?是今年四月上海出版的。你若没有见着,我可以送你一部作消遣品。我的日记,常有间断,大概是最忙的时候没有日记……这里面大可以寻出不少的有趣资料。"②对于自我的关注始终是胡适的"心头好",通过对《胡适留学日记》手稿本中剪贴材料的考察来探讨胡适的自我关注意识,无疑是极具新意且不乏价值的。

(二) 关注自我声名与观察剪报工业

　　《胡适留学日记》手稿本1914年5月9日这一天的札记十分引

---

① 　[美]江勇振:《星星、月亮、太阳:胡适的情感世界》(增订本),新星出版社,2012年,第6页。

② 　胡适1939年9月23日致赵元任信札,引自雷强:《胡适致赵元任书札三十三通》,《鲁迅研究月刊》2020年第2期。

人注目,在这一天的札记中胡适粘贴了三份有关自己获得"卜朗吟征文奖金"的剪报。分别是 Cornell Daily Sun(《康奈尔星期日报》)1914年5月7日的报道"SUH HU IS AWARDED CORSON BROWNING PRIZE",Ithace Daily News(《绮色佳日报》)1914年5月5日的新闻"Chinese Wins English Honors——Head of English Department discusses Remarkable Achievement of Foreigner in Taking Award in Browning Essay Competition"和 New York Herald(《纽约先驱报》)1914年5月5日的新闻"Chinese Wins Literature Prize"。

胡适在剪报旁附言:"此区区五十金,固不足齿数,然此等荣誉,果足为吾国学生界争一毫面子,则亦'执笔报国'之一端也。"[①]沾沾自喜之情溢于言表。胡适以外国学生身份获得"卜朗吟征文奖金"在当时确实算是空前之举,亦引起了不小的轰动,诚如胡适所言:"惟余以异国人得此,校中人诧为创见……知我者,争来申贺。"[②]胡适也在1914年5月2日的家书中将自己得奖的好消息分享给了母亲,并称"儿以外国人得此赏,故校中群皆以为格外荣誉云"[③]。

作为弱国留学生的胡适,尽管在留美时期受到过包括韦莲司教授、白特生夫妇等家庭的友好款待和爱护,诚如其在致胡母信中所言,"此地有上等缙绅人家,待中国人极优,时邀吾辈赴其家坐谈"[④],"此间有上等人家常招儿至其家坐谈,有时即饭于其家,其家人以儿去家日久,故深相体恤,视儿如一家之人"[⑤],"白特生夫人于儿子生日(十一月十七日)特设馔招儿餐于其家,为儿作生日。儿客中得此,

---

① ② 胡适:《胡适留学日记手稿本·藏晖劄记二》,1914年5月9日;《胡适留学日记》第一册,第230页。

③ 杜春和编:《胡适家书》,第44页。

④ 耿云志、欧阳哲生编:《胡适书信集 1907—1933》(上),第18页,此为1911年2月18日胡适致母信中语。

⑤ 耿云志、欧阳哲生编:《胡适书信集 1907—1933》(上),第26—27页,此为1912年5月19日胡适致母信中语。

感激之私,何可言喻! ……此间又有韦莲司夫人者,其夫为大学地文学教师,年老告休。夫人待儿甚厚,儿时时往餐其家,亦不知几十次矣"①,但毋庸讳言的是,种族歧视亦所难免。唐德刚对此即有评论:"那年头是二十世纪的初期;那也是中国人在美洲最受歧视、鄙视和虐待的时代! 自命种族优越的白鬼,把我辈华人看得黑奴不如;对我种族文化极尽其污蔑之能事。"②因此获得"卜朗吟征文奖金"之于胡适的意义就不仅仅是于其生活"诚不无小补"③,而是大大增强其民族自信心和民族自豪感的成功实践。各地报章的报道与转载④不仅仅满足了胡适个人的虚荣心,在胡适看来,此举更是一定程度上改观了此间外邦人士对中国留学生的看法,难怪胡适要将此次获胜看作"'执笔报国'之一端"⑤了。

New York Herald 在 1914 年 5 月 10 日这天再度刊发了有关胡适获奖的报道,题为"Chinese Student Is Winner of Prize in English at Cornell",并配上了胡适的个人照片,胡适还从旁做了批注,对剪报的出处与大旨做了介绍说明,并且对报道上附其影片很是好奇,称不知道其照片从何而来。胡适注意到 New York Herald 的报道与之前札记中所记 Ithace Daily News 的报道内容大致相似,判定 New York Herald 大概是转载了 Ithace Daily News 的新闻。

---

① 耿云志、欧阳哲生编:《胡适书信集 1907—1933》(上),第 53 页,此为 1915 年 2 月 18 日胡适致母信中语。

② [美]唐德刚:《胡适之先生的婚恋生活》,引自萧南编:《我的朋友胡适之》,四川文艺出版社,1995 年,第 154 页。

③ 胡适:《胡适留学日记手稿本·藏晖劄记二》,1914 年 5 月 9 日;《胡适留学日记》第一册,第 230 页。

④ 据《胡适留学日记》1914 年 5 月 9 日日记中所载:"昨日至 Syracuse,则其地报纸亦载此事。"

⑤ 胡适:《胡适留学日记手稿本·藏晖劄记二》,1914 年 5 月 9 日;《胡适留学日记》第一册,第 230 页。

　　而胡适获奖的影响力诚然不小,在他 1914 年 6 月 6 日的日记还有对此事的后续记载:"此一图为一图画周报(Leslie's Illustrated Weekly Newspaper ,June4,1914)所载。此报销行至百万以上,各地旧相识读此,争驰书相问云。"[1](见图 5 - 10)

CORNELL HONORS A CHINESE STUDENT

The strange anomaly of a Chinese student excelling all English speaking students in English is attracting wide attention to Mr. Suh Hu, the only Chinese student who has ever won first prize in English at Cornell University. In addition to this literary honor Mr. Hu has also been awarded a scholarship in philosophy.

Leslie's Illustrated Weekly Newspaper, June 4, 1914

图 5 - 10

　　① 胡适:《胡适留学日记手稿本·藏晖劄记二》,1914 年 6 月 6 日;《胡适留学日记》第一册,第 250 页。

剪贴获奖剪报之时,胡适还忆及:"去年余与胡达赵元任三人同被举为 Phi Beta Kappa 会员时,此邦报章亦传载之,以为异举。"①在写给许怡荪的信中胡适再次强调了被选为 Phi Beta Kappa 会员的殊荣与特殊意义:"今年被举为 Phi Beta Kappa 会员。此会为此邦最古之名誉会,惟成绩最优,名誉最佳之学子始得被选为会员。吾国学子前此惟胡敦复得此荣誉。今年此校共举二十一人,而吾国学生居其三,弟亦与焉,一时报章争传为异事云。举此以告足下,初非沾沾自喜,亦欲故人为我一喜耳。"②通过胡适对自己获奖剪报的追踪、拼贴以及附注回忆不难看出,胡适有意将自己塑造为美国留学界翘楚的自我形象,而这种自我形象建构和自我意识的生成确乎是有据可依的。但是这种塑造留学界榜样的自我意识背后,也暴露和映证了当时胡适可能面对的种族歧视境遇。无论是"校中人诧为创见"③还是"以为异举"④,都不难见出胡适留学时期面对种族主义思潮甚器尘上之时内心的压抑与痛苦。

有趣的是,胡适因"卜朗吟征文奖金"事而留意观察到当时美国风行的剪报工业,并在札记中作了一番记录:"欧美有一种营业,名曰'剪报',专为人撷择各国报上有关系之消息,送其人……余之得 Browning Prize,曾记各报;前日纽约 Herald 再载其事,附以影片,今日即有二大剪报公司剪送此条寄与余,以为招徕之计也。记之以示西人营业手段之一端。"⑤胡适认为此种剪报工业殊为有趣,还在日记中粘贴上了两大剪报公司 Argus Pressclipping Bureau 和 HENRY

---

①③④　胡适:《胡适留学日记手稿本·藏晖劄记二》,1914 年 5 月 9 日;《胡适留学日记》第一册,第 230 页。

②　梁勤峰、杨永平、梁正坤整理:《胡适许怡荪通信集》,第 34 页,此为 1913 年 6 月 14 日胡适致许怡荪信中语。Kappa 原作 Reppe,据《胡适留学日记》手稿改。

⑤　胡适:《胡适留学日记手稿本·藏晖劄记二》,1914 年 5 月 12 日;《胡适留学日记》第一册,第 232 页。

ROMEIKE 的广告,以备研究之需,遗憾的是排印本未能将这两则生动的广告收入其中。胡适从小处入手、见微知著的眼光以及善于将生活见闻化作研究素材的颇具自我风格的研究意识与能力也由此显出。

(三) 演说剪报与胡适的自我辩护

《胡适留学日记》手稿本 1914 年 1 月 27 日记载了一则《演说吾国婚制》的札记,但排印本只有胡适演说的粗略梗概。查手稿本可知,胡适其实是从报纸上节录下了自己演说的相关内容粘贴于日记中,并在旁附注"上所录乃报端撷录予之演稿也"①。(见图 5 - 11)

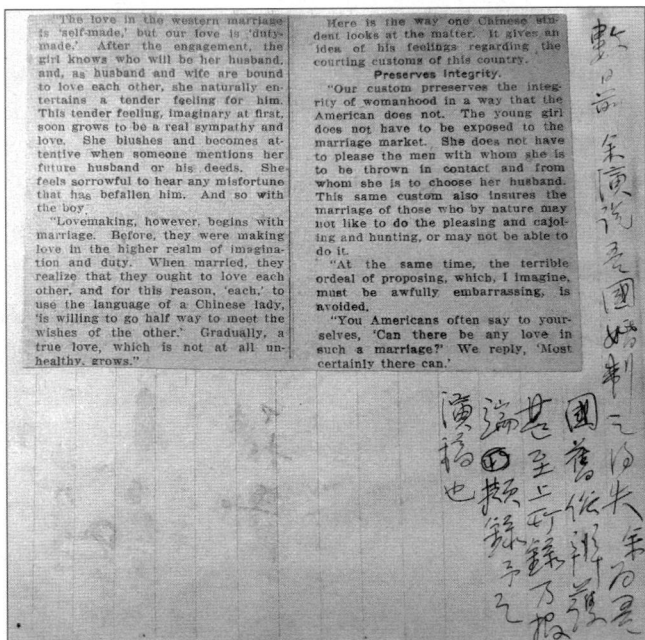

"The love in the western marriage is 'self-made,' but our love is 'duty-made.' After the engagement, the girl knows who will be her husband, and, as husband and wife are bound to love each other, she naturally entertains a tender feeling for him. This tender feeling, imaginary at first, soon grows to be a real sympathy and love. She blushes and becomes attentive when someone mentions her future husband or his deeds. She feels sorrowful to hear any misfortune that has befallen him. And so with the boy.

"Lovemaking, however, begins with marriage. Before, they were making love in the higher realm of imagination and duty. When married, they realize that they ought to love each other, and for this reason, 'each,' to use the language of a Chinese lady, 'is willing to go half way to meet the wishes of the other.' Gradually, a true love, which is not at all unhealthy, grows."

Here is the way one Chinese student looks at the matter. It gives an idea of his feelings regarding the courting customs of this country.

Preserves Integrity.

"Our custom preserves the integrity of womanhood in a way that the American does not. The young girl does not have to be exposed to the marriage market. She does not have to please the men with whom she is to be thrown in contact and from whom she is to choose her husband. This same custom also insures the marriage of those who by nature may not like to do the pleasing and cajoling and hunting, or may not be able to do it.

"At the same time, the terrible ordeal of proposing, which, I imagine, must be awfully embarrassing, is avoided.

"You Americans often say to yourselves, 'Can there be any love in such a marriage?' We reply, 'Most certainly there can.'"

图 5 - 11

---

① 胡适:《胡适留学日记手稿本·藏晖劄记一》,1914 年 1 月 27 日。

　　有关家庭制度与妇女问题之思,也构成了留美时期胡适的一大关注所在。早在 1912 年 10 月 14 日的日记中,胡适便有欲著《中国社会风俗真诠》的写作打算,他甚至还为构想中的著作拟好了篇目提纲,其中即有讨论家庭制度、婚姻、妇女地位的专章内容设置。胡适后来虽然并未写成此书,但有关家庭制度、婚姻问题、妇女地位等相关问题在其札记中俱有零散的分析议论。据笔者对《胡适留学日记》的考察,至少在 1914 年 6 月之前,胡适有关中国家庭、中国女性的婚姻问题的记述,均倾向于颇为温和甚至是温情保守一面的,所呈现的更多的是中国家庭制度中合理性的、颇富人情的一面,而这显然带有极强的为中国旧婚制辩护的自我意识。

　　在 1914 年 1 月 4 日的日记中,胡适甚至断然言明“吾国女子所处地位,实高于西方女子”。他认为中国女子婚姻之事由父母做主,自己可免受其累,亦可保全名节,因而有利于清洁人格的养成;而西方主张婚姻自由,女子需“驱之使自献其身以钓取男子之欢心”,因而人格容易走向堕落①。在同月 27 日的日记中,胡适剪贴了报纸对其演说吾国婚制演稿的节录,胡适再度申及“吾国旧婚制实能尊重女子之人格”,女子不需要“向择偶时常求炫卖,亦不必求工媚人悦人之术”,并且为中国旧婚制辩解,认为夫妻之间因有相爱之义务,彼此各怀特殊之柔情,因而可以基于名分之上,养成“真实之爱情”②。然而此种论述,不免让人产生强词夺理、掩耳盗铃之感。学者江勇振认为这是因为留美时期的胡适“受到了美国十九世纪‘贤妻良母’观念的

_____

① 　胡适:《胡适留学日记手稿本·藏晖劄记一》,1914 年 1 月 4 日;《胡适留学日记》第一册,第 154 页。

② 　胡适:《胡适留学日记手稿本·藏晖劄记一》,1914 年 1 月 27 日;《胡适留学日记》第一册,第 168 页。

影响"①而造成了其保守妇女问题观的形成。

但笔者认为,胡适此时极力申说中国旧婚制之诸种好处,无疑是一种精神胜利法般的自我疗愈与自我催眠心理使然。联系胡适自身身世与个人遭际,不难发现,幼年失怙的胡适由寡母抚养长大,年仅14岁时,胡适即在母亲等家族长辈的安排下与江冬秀订婚。江冬秀是母亲为自己择定的妻子人选,比之于少年就读洋学堂,后又留学美国的新式知识分子胡适而言,很难想象,识字不多、缠过小脚、在旧式家庭长成的江冬秀会符合胡适理想中的伴侣期待。然而胡适对其母感情甚深,单单在《胡适留学日记》中,胡适提及母亲对自己的深爱、关切、呵护之处即不下数十处,而日记中每每笔涉江冬秀,也多与叙及母亲之事相关。很大程度上,胡适对于与江冬秀婚约的信守,是出自对于母亲意愿的满足与遵从,以及对江冬秀苦等自己十数年情意之愧疚。

留学时期胡适曾遭遇过包括韦莲司、陈衡哲、瘦琴、克鸾在内诸多兴味相投的新女性的吸引,但他最终却坚守了与江冬秀的婚约。他曾吐露不反对母亲为自己订立婚姻的原因并阐释过自己的"择偶之道",言及"智识上之伴侣,不可得之家庭,犹可得之于友朋"②,并且指摘"博士派"女子因学问太多,很难成为贤妻良母,且在给母亲的家书中宽慰其母并进行自我安慰:"女子能读书识字,固是好事。即不能,亦未必即是大缺陷。书中之学问,纸上之学问,不过人品百行之一,吾见有能读书作文而不能为良妻贤母者多矣。吾安敢妄为责备求全之念乎?……伉俪而兼师友,固是人生莫大之幸福。然夫妇之间,真能智识平等者,虽在此邦,亦不多得,况在绝无女子教育之吾

---

① 江勇振:《男性与自我的扮相:胡适的爱情、躯体与隐私观》,引自熊秉真编:《欲掩弥彰:中国历史文化中的"私"与"情"》,第220页。

② 胡适:《胡适留学日记手稿本·藏晖劄记五》,1914年11月22日;《胡适留学日记》第二册,第472页。

国乎？若儿悬'智识平等学问平等'八字，以为求偶之准则，则儿终身
鳏居无疑矣。"①因胡适先前几次三番在致胡母和江冬秀信中言及要
江冬秀读书与放足之事，胡母猜测并感知到独子对自己所择定的婚
事可能存在不满，又加之外间"屡有人传尔另婚不归云云，虽此等无
据之谈，予皆当作过耳风，但尔屡稽归期之故，实令予无从捉摸"②。
因此胡适在信中宽慰其母，屡表忠心，明显带有"以释吾母之疑虑"③
的用心。

（四）　作为情感交际的胡适小像

　　胡适《藏晖室劄记》卷四中粘贴有两张胡适的照片，均摄于 1914
年 6 月，摄者都为任鸿隽。一张是胡适穿毕业礼服时所拍的单人毕
业照；一是"适之室中读书图"（见图 5 - 12）。

　　胡适非常满意和喜欢任鸿隽为他拍摄的这张室中读书图："叔永
为吾摄一室中读书图。图成，极惬余意。"④在印出后旋即寄给了母
亲一张，后又"复印得六纸，为友人摄去三纸，余三纸以寄冬秀近仁禹
臣各一"⑤。胡适还专意在每张小像背后题写了一首绝句：

　　　　故里一为别，垂杨七度青。
　　　　异乡书满架，中有旧传经。（寄禹臣师）

　　　　廿载忘年友，犹应念阿咸。

---

　　①　耿云志、欧阳哲生编：《胡适书信集 1907—1933》（上），第 60—61 页。
　　②　杜春和编：《胡适家书》，第 450 页。此为胡母 1916 年 8 月 22 日致胡适
信中语。
　　③　胡适：《胡适留学日记手稿本·藏晖劄记七》，1915 年 5 月 19 日；《胡适
留学日记》第三册，第 648 页。
　　④⑤　胡适：《胡适留学日记手稿本·藏晖劄记二》，1914 年 6 月 6 日；《胡适
留学日记》第一册，第 248—249 页。

图 5-12

奈何归雁返,不见故人缄?（寄近仁叔）

万里远行役,轩车屡后期。
传神入图画,凭汝寄相思。（寄冬秀）①

胡适将这张极为自得的单人照片分别寄送给了胡母、禹臣、胡近仁和江冬秀,并在照片后题诗,这就使得胡适的小像具有了情感表达和情感交际的功能。禹臣和胡近仁,一是胡适塾师,一是胡适族叔,胡适在《四十自述》中对此二人及与二人之亲近关系都有较为详细的交代,胡适通过赠予照片寄寓思亲念远之情。而送给江冬秀的照片和自题小像诗,则更兼具未婚夫妻以照片传情达意的情感交际意义。不同于传统的鸿雁传书模式,照片作为西洋新奇小物的参与,使得借助小像进行情感传达的互动模式显得更具现代性。

　　而胡适赠送照片给亲友并非心血来潮,乃是其常为且乐意而为之事。早在 1911 年胡适刚去美国不久时,他就曾在日记中记录下了他去照相馆拍照之事,"晨往 Robinson 照相馆摄一小影"②。胡适自言:"吾喜摄影而不能工,以不能多费时日于此也。"③爬梳胡适与胡母往来通信可知,胡适留美时期曾多次寄赠自己的小影给胡母。在 1913 年 8 月 3 日致母亲信中,胡适即对自己寄送照片回家的事有过交代:"前日发第七号信后,承友人以代摄之影片见赠,此片虽不甚佳,然笑容可掬,又甚自然,无拘束之态、愁苦之容,故儿甚喜之,因以

　　① 　胡适:《胡适留学日记手稿本·藏晖劄记二》,1914 年 6 月 6 日;《胡适留学日记》第一册,第 248—249 页。
　　② 　胡适:《胡适留学日记手稿本·藏晖室劄记卷一》,第 60 页,1911 年 7 月 22 日记。
　　③ 　胡适:《胡适留学日记手稿本·藏晖劄记六》,1915 年 2 月 6 日;《胡适留学日记》第二册,第 543 页。

一片寄呈吾母,已嘱此友代印多张,俟印成时,当再多寄几张来也。"①由此不难看出胡适对自我小像的关注,首先具有"平安禀"的意义,母亲的要求与期待成为胡适时常拍摄小像的一大动力。胡母1913年9月6日谕胡适信中曾言:"此次寄来之影片,与上次寄来之片,笑容可掬之态相似,而面部却较前丰腴些,但嫌拍工不精,模糊不甚爽目耳。"②拳拳爱子之心透过对独子小像的细察可见一斑。胡母抱怨摄影师拍工不精,不能清晰地透过小像察见独子形状,而在1916年8月的另一封家书中,胡母即称赞胡适前次所寄照片"所附影片,亦极明了"③。胡母对于照片清晰度的高要求与"苛评"愈加凸显了照片所担承的情感传递功能。

胡适14岁即离家外出求学,十余年与母亲不得相见,因此拍摄和寄送小像回家,就成了其家书的重要构成,承担着"可视化"的亲情见证和情感传递的意义。在1914年5月28日的家书中胡适迫不及待地将任鸿隽给自己拍的"室中读书图"寄给母亲存览,"前日友人为儿摄一'室中读书图'小影,颇佳,急寄呈吾母一观"④。充分体现了胡适对自己离家数载,母亲盼归心切的心意的理解与体恤。胡母在1914年10月15日谕胡适信中提醒胡适要抽空给外祖母写信报平安,并提及胡适的小像带给了外祖母很大的安慰:"尔外祖母自得尔照片,心中甚为喜悦……嗣后尔得暇时,每年可作平安禀二三次致外祖母,以慰老人之渴望。"⑤与此同时,胡适小像亦具备了情感交际的

---

① 杜春和编:《胡适家书》,第37页。

② 杜春和编:《胡适家书》,第439页。此为1913年9月6日胡母谕胡适信中语。

③ 杜春和编:《胡适家书》,第450页。此为1916年8月22日胡母谕胡适信中语。

④ 杜春和编:《胡适家书》,第47页。

⑤ 杜春和编:《胡适家书》,第442页。此为1914年10月15日胡母谕胡适信中语。

功能。作为"重振家声"之希望的留洋准博士胡适,家中诸人和族中长辈、胡适岳家等亦对其怀抱了较大期望和关注,胡母即曾交代胡适多寄自己的照片回家分赠亲友:"尔之相片如能多印,可再寄数张,因各亲友多有索者。"①

对与之分别两地的挚友,胡适也会赠送自己的小像给他们。1913 年 11 月 30 日致许怡荪信中即载:"兹寄上影片一帧,为最近所摄,颇不恶,惟太年少,不类我晚近憔悴苍老之态也。"②

而"以物传情"在胡适寄送给江冬秀照片和题诗这一行为上更显其功。胡适与江冬秀订婚数年从未得见,在胡适的再三坚持下,江冬秀开始给胡适写信,尽管通信十分有限,但是江冬秀应胡适之邀寄上了自己的小影,胡适也将自己的照片赠予江冬秀。这对未曾谋面的未婚夫妇即通过为数不多的鱼往雁返和交换小像传递"Duty-made"之爱情。胡适在 1914 年 12 月 12 日致江冬秀信中即曾提到:"夏天得家慈寄来小影一幅,得之如晤对一室,欢喜感谢之至。"③这正是对胡适在"吾国婚制"演说中所提倡的未婚夫妻基于名分之上,因具有相爱之义务,而彼此各怀特殊之柔情,以养成"真实之爱情"④的自我实践。而胡适此举,对于待字闺中逾十载的江冬秀而言,确乎是一颗定心丸。胡适在小像背后为江冬秀题诗:"万里远行役,轩车屡后期。传神入图画,凭汝寄相思。"既遥寄了胡适的相思之情,更蕴藉了深深的自责之意。胡适即曾在寄出小像后在日记中自剖心曲,表达了对因自己万里求学延宕婚期十年之久的自责和抱憾:"冬秀长余数月,

---

① 杜春和编:《胡适家书》,第 451 页。此为 1916 年 8 月 22 日胡母谕胡适信中语。

② 梁勤峰、杨永平、梁正坤整理:《胡适许怡荪通信集》,第 35 页。

③ 杜春和编:《胡适家书》,第 63 页。

④ 胡适:《胡适留学日记手稿本·藏晖劄记一》,1914 年 1 月 27 日;《胡适留学日记》第一册,第 169 页。

与余订婚九年矣,人事卒卒,轩车之期,终未能践。冬秀时往来吾家,为吾母分任家事,吾母倚闾之思,因以少慰。《古诗十九首》云:'千里远结婚,悠悠隔山陂;思君令人老,轩车来何迟?伤彼兰蕙花,含英扬光辉;过时而不采,将随秋草萎。'吾每诵此诗,未尝不自责也。"①

胡适的努力"传情"尝试确乎收到了较好的效果,江冬秀在收到胡适的"室中读书图"和自题小诗后,于1915年春复信胡适称:"顷于婆婆处得接十二月十三日赐函,捧读欣悉秀小影已达左右,而郎君玉照亦久在秀之妆台,吾两人虽万里阻隔,然有书函以抒情悃,有影片以当晤对,心心相印,乐也何如。"②从中颇可见江冬秀寄予胡适之旖旎情思。

然而不得不言明的是,胡适之于江冬秀的示好和"传情",很大程度上出于对其母心意的洞察与满足。1913年胡适得胡母所寄全家照片一张,胡适的未婚妻江冬秀亦在其中。胡适心有所感,遂作《出门一首得家中照片作》诗。这首长诗中有关江冬秀的部分如下:

> 图左立冬秀,朴素真吾妇。轩车来何迟,累君相待久。十载远行役,遂令此意负。归来会有期,与君老畦亩。筑室杨林桥,背山开户牖。辟园可十丈,种菜亦种韭。闭户注群经,誓为扫尘垢。我当授君读,君为我具酒。何须赵女瑟,勿用秦人缶。此中有真趣,可以寿吾母。③

---

① 胡适:《胡适留学日记手稿本·藏晖劄记二》,1914年6月6日;《胡适留学日记》第一册,第249页。

② 杜春和编:《胡适家书》,第460页。此为1915年春江冬秀致胡适信中语。

③ 胡适:《胡适遗稿及秘藏书信21》,黄山书社,1994年,第33页。此为胡适1913年7月30日家信中语。

遍查胡适留美时期写给江冬秀的数封信,都不及此诗情思之真切,但显然胡适此举含有慰藉其母、讨母亲欢心之用意。胡适在诗中表达了对因自己之故一再拖延婚期的愧疚,亦憧憬了学成归来后与江冬秀闭户读书的乡居之乐,但真正的诗眼当在末句:"此中有真趣,可以寿吾母。"可见令母亲欣慰和满意,才是胡适心中真正所念。而且胡适不止一次地在信中向母亲传达过学成归来"归园田居"之意。从胡母 1913 年 9 月 6 日谕胡适信中即能看出:"另录诗一首……以吾儿将来志趣邱壑,欲步陶潜'归去来辞'之意,亦人生一乐之事耳。"①而从江冬秀 1915 年春致胡适信中不难看出,胡适是在收悉了江冬秀小像之后,才寄去了自己的相片。这里也不乏母亲的敦促之功:"前据汝来信云,拟为冬秀摄一放大影片寄家,后来信数次均未提及,不知已另为伊摄照否? 念念。"②对于母亲为自己安排的婚事,胡适尽管未曾明言反对过,然而亦不能不说存有不满与延宕之心,但是胡适的选择却是:"吾于家庭之事,则从东方人,于社会国家政治之见解,则从西方人。"③

　　这也正是胡适对自己身为"过渡之舟"即过渡时代人物历史使命的认定与洞悉。胡适日后重访美国在接受友人 Lewis Gannet 的采访时曾言:"如果我们要领导,我们就必须匍匐于传统。我们属于一个过渡的世代,必须为我们的父母和下一代牺牲。除非我们想失去所有的影响力,我们就必须听从父母之命,跟他们替我们所选、我们前所未见的女子结婚。为了下一代,我们必须去创造一个比较快乐、

---

　　① 杜春和编:《胡适家书》,第 439 页。此为 1913 年 9 月 6 日胡母谕胡适信中语。

　　② 杜春和编:《胡适家书》,第 437 页。此为 1913 年 7 月 7 日胡母谕胡适信中语。

　　③ 胡适:《胡适留学日记手稿本·藏晖劄记五》,1914 年 11 月 3 日;《胡适留学日记》第二册,第 443 页。

健康的社会。那就是我们的补偿、我们的慰藉。"①这里究竟有几分自愿自发,几分出于"Duty-made"之柔情,亦可想见。对作为情感交际与兼具"传情"功能的胡适小像进行互动考察,既有利于窥见胡适的内在心理与情感结构,对于其留美时期自我意识诸多层面的展现也颇多助益。

　　而胡适在日记中粘贴相片的习惯在其之后的日记记载中也得到了保留与延续:"在日记中他还时常附上自己的照片,如同画家的自画像,这也可以看作他自我观察、自我认识的一种方式。"②因此对留学日记中胡适小像的研究,或可作为窥察其自我意识的一处别致视角。

---

　　① Lewis Gannet,"Young Prophet of Young China"The New York Times Magazine,March 27,1927,p. 10. 引自江勇振:《舍我其谁:胡适(第二部 日正当中,1917——1927)》,浙江人民出版社,2013 年,第 346 页。

　　② 杨正润主编:《众生自画像——中国现代自传与国民性研究(1840—2000)》,上海人民出版社,2009 年,第 208 页。

第六章　阅读史视域下胡适留学时期的观念视野与问题意识

　　《胡适留学日记》中详细记录了胡适的阅读书目，将其连缀来看，无异于一部留美时期青年胡适的阅读史。从阅读史视域出发，考察胡适留学期间对于学问的方法关切所在，无疑颇具考辨价值。留美期间胡适"一直坚持自修中国旧学，经、史、子、集均有所涉猎"①，而且颇为注重对中国传统思想文化资源与西方经典名著的吸纳与批判，显露出游走于中西文化之间的思想动态。其对于中国文化的反思，对于西方文明的借鉴，已颇具比较文学视野与世界主义眼光；而其痴迷一生的"传记"兴趣也正萌生于留美时期，胡适在这一时期阅读了不少名人传记，并对中西方传记文学有了初步的认识、了解与对照分析；胡适的阅读兴趣不仅局限于文学、史学领域，对政治的关注也构成了其日常阅读的重要组成部分，报纸、杂志成为他重要的阅读媒介；对戏剧的看重尤其是对社会问题剧的推重，极大地影响了他文学革命时期对易卜生戏剧的推崇和他的戏剧创作实践。自留学时期始，胡适就颇为看重戏剧的社会价值，尤为注重问题戏剧的社会改革意义。

　　如若将留美阶段视作其未来事业的重要准备期，那么胡适的阅读实践与其文学革命事业之间亦形成了某种有效的互动与关照。胡适有意"误读"和"为我所用"的阅读提取亦为他日后的文学革命实践提供了必要的观念视野，一定程度上发挥了思想草稿的作用。

---

①　罗志田：《再造文明之梦——胡适传》，第 102 页。

（一）交错式阅读法与比较文学眼光

胡适在《留学日记》中对每日所读之书的记载可谓频密繁多，其阅读视野与所读内容也十分广泛，对中西文学经典的交错式和比较式阅读，是胡适习惯采用的方法。

以其 1911 年的阅读经历为例，在阅读莎士比亚戏剧的同时，胡适还阅读了达尔文的《物种起源》、爱默生的 *friendship*（即《论友谊》）、歌德的 *Hermann and Dorothea*（《赫尔曼与多萝西娅》）、柏拉图的 *Apology of Socrates*（《苏格拉底的辩护》）、乔治·艾略特的 *Silas Marner*（《织工马南》）、大仲马的小说、华兹华斯的诗、俄国短篇小说等诸多西方经典。这自然与胡适当时所修课程的课程要求密切相关，也源于他自身的文学兴趣。胡适即曾在口述自传中自陈："当我在康乃尔农学院（亦即纽约州立农学院）就读一年级的时候，英文是一门必修科，每周上课五小时，课程十分繁重，此外我们还要选修两门外国语——德文和法文。这些必修科使我对英国文学发生了浓厚的兴趣，我不但要阅读古典著作，还有文学习作和会话。学习德文、法文也使我发掘了德国和法国的文学。"[①]

有趣的是，胡适不仅阅读内容广泛，而且往往采用中西轮替的阅读方式。他在有选择地进行西方学术滋养的同时，还交叉阅读了诸多中国传统文学经典，这与他自身的古典文学修养和兴趣不无相关。胡适坦言："我在古典文学方面的兴趣，倒相当过得去。纵是在我十几岁的时候，我的散文和诗词习作，都还差强人意。"[②]据日记记载知 1911 年 2 月 8 日胡适阅读了《古诗十九首》，四月间先后阅读了《左传》《杜诗》《诗经》，五月继续阅读《诗经》，且对《诗经》之《豳风》《小雅》《彤弓》诸篇颇有心得。五月间阅读了《说文》、六月间阅读了《水浒》。而且在阅读的同时，胡适还在日记中随文记载了自己的阅读心

---

①②　［美］唐德刚译注：《胡适口述自传》，第 39 页。

得与读书识见:他认为白话小说的价值不可小觑,并提出若无《水浒》则不必有《红楼》。七八月暑假期间,胡适还浏览阅读了《陶渊明诗》《谢康乐诗》等。由此足见,胡适始终未曾放弃对中国传统文学的研读,正如他在《非留学篇》中集中呈现的思想一样,胡适认为"祖国之语言文字,乃留学生之帆也"[①],留学生必须对祖国之学术文明有基本的了解与研究,如果一味媚于西学而不懂祖国之文明,那么就无法发挥留学作为"过渡之舟楫"的作用,也无法达到输入文明之目的。因为"祖国文字,乃留学生传播文明之利器"[②],若对祖国之文化文明不够了解,日后学成归来,也很难著书立说,传播新文明。胡适在家书中谈到侄辈的教育问题时,也表达了这层意思:"儿以为诸侄年幼,其最要之事乃是本国文字,国文乃人生万不可少之物。"[③]而胡适自身所采取的即是立足于本国文明,努力吸收和融化新知,以使中西文化相融的努力路径。此外留学时期坚持阅读中国古代文学经典一定程度上也为他日后进行《水浒传》《红楼梦》及其他中国古典小说的考证工作和落实"整理国故,再造文明"的中国文艺复兴之梦做了必要的资料储备与思想积淀。

而胡适所采取的中西混杂、交替阅读的研读方式中最有特色处即是他的比较式阅读法。如在阅读《罗密欧与朱莉叶》时,胡适即注意到了其剧有楔子(prologue),认为其"颇似吾国传奇"[④]。在读俄人Gogol(果戈理)的《警察总监》时,又颇有慧心地认为其所写酷似李伯元的《官场现形记》。并将《五尺丛书》中的"Tales"类比为中国的《搜神志异》。在阅读托尔斯泰的《安娜卡列尼娜》之时,胡适又将《石

---

① ②　胡适:《非留学篇》,《留美学生年报》,1914 年。

③　耿云志、欧阳哲生编:《胡适书信集 1907—1933》(上),第 27 页,此为胡适 1912 年 5 月 19 日致胡母信中语。

④　胡适:《胡适留学日记手稿本·藏晖室劄记卷一》,1911 年 3 月 17 日;《胡适留学日记》第一册,第 15 页。

头记》与之联想勾连，认为此书"结构颇似《石头记》，布局命意都有相似处，惟《石头记》稍不如此书之逼真耳"①。尽管胡适在留学日记中所述不过只言片语，但并未囿于简单的相似性判断。他对中西文学之间的神似处把握极准，在感性阅读的层面下，已初步显露出比较文学眼光与打通中西文学文化的问题意识，并且有意识地在文化差异性的对照式阅读中养成了自己的学术兴趣与观念视野，而"以中国人眼光谈西洋事物，以后一直为胡适所发扬"②。而有意识的比较式阅读法背后则凸显了胡适融通中西文明的抱负与设想。

（二）传记阅读兴味浓

留学日记中的阅读记录还彰显了胡适对西方人物传记类作品的兴趣。同样以 1911 年的阅读经历为例，胡适在这一年先后阅读了莎士比亚传记、爱迪生传记等，而这一系列有关传记文学的阅读活动与胡适当时正担负着《康奈尔传》的撰写任务不无相关。1910 年初到美国后不久，胡适就在写给许怡荪的信中向他推荐《富兰克林自传》，胡适称："有一书（*Benjamin Franklin's Autobiography*）不可不读，此为美国第一人物。其文亦极高古，中自叙其一身所经历及其用功之方。"③胡适还特意为许怡荪寄去一册《富兰克林自传》，一再建议他阅读："今寄上 Benjamin Franklin 自传一册，兄试读之，当有大效力……此书可作为英雄传记读，可作为理学书读，可作为座右铭读，可作为美国立国精神史读。"④胡适赋予了《富兰克林自传》多重意

---

① 　胡适：《胡适留学日记手稿本·藏晖室劄记卷十》，1915 年 7 月 10 日；《胡适留学日记》第三册，第 691 页。

② 　罗志田：《再造文明之梦——胡适传》，第 104 页。

③ 　梁勤峰、杨永平、梁正坤整理：《胡适许怡荪通信集》，第 12 页。此为1910 年 10 月 29 日胡适致许怡荪信中语。

④ 　梁勤峰、杨永平、梁正坤整理：《胡适许怡荪通信集》，第 15 页。此为1911 年二月初七胡适致许怡荪信中语。

义,认为其兼具英雄传记、修身教科书、美国立国精神史等诸多价值,具有很大的参考意义与精神价值。而在之后的 1912、1913 年,胡适又先后阅读了《嘉富尔传》等,对传记阅读的兴致一直不减。

事实上胡适之于传记文学的兴趣由来已久。早在 1906 年胡适就读于上海中国公学时期,他就曾用白话创作了多篇传记作品在《竞业旬报》上发表,如《姚烈士传略》《中国第一伟人杨斯盛传》《世界第一女杰贞德传》,以及《中国爱国女杰王昭君传》等。结合胡适上海早期的传记创作经历及其留美时期的一系列传记阅读活动不难看出,胡适主要涉猎和感兴趣的是像富兰克林、嘉富尔等大政治家,莎士比亚等大文学家的名人传记,并且十分注重这些名人传记所携带的社会价值和精神心灵史意义。而这种主导思想亦对他日后所主张和推行的传记文学写作热形成了一定影响。

胡适反复强调创作传记文学也是需要具备资格的,在他看来"伟大人物"才有作传的资格,中国传记文学不兴乃是"缺乏崇拜伟大人物的风气"所致。在《四十自述·序》中胡适也重申过他看重伟大人物的传记写作,"希望社会上做过一番事业的人也会赤裸裸的记载他们的生活,给史家做材料,给文学开生路"①。而相较于文学价值,胡适更看重名人传记的社会意义与历史价值,胡适不仅自己涉笔成趣,对自传的提倡也可谓不遗余力。他常常劝说和动员周围的文化名人进行自传写作,在《四十自述》中就曾言及:"我在这十几年中,因为深深的感觉中国最缺乏传记的文学,所以到处劝我的老辈朋友写他们的自传。"②胡适就曾劝梁启超、林长民写自传,可惜二位很快过世,未能写成。除梁、林二人外,胡适还曾先后劝告过蔡元培、张元济、高梦旦、陈独秀、熊希龄等写自传。胡适留美时期结识的"我们三个朋友"之一的陈衡哲女士 1935 年出版的英文自传 *Autobiography of*

---

① 胡适:《四十自述·自序》,第 6 页。
② 胡适:《四十自述·自序》,第 1 页。

Chinese Young Girl（《一个年轻中国女孩的自传》）很大程度上即受到了胡适的影响。除了陈衡哲，胡适还"到处邀约其老朋友作传……陈衡哲、杨步伟、毛彦文、沈亦云等女性传者都曾在自传的序言中提到胡适先生对她们的鼓励"[①]。

（三）以报章杂志为媒介的政治阅读与训练

在中西文学经典、中西方名人传记之外，胡适亦对报章杂志等新兴媒介兴趣十足。他在 1912 年 10 月 19 日的札记中即提出了"读杂志有益"的观点，认为"此邦杂志太多，不能尽读，如每日能读一篇，得其大概，胜于翻阅全册随手置之多矣，胜读小说多矣。前此每得杂志，乱翻一过，辄复置之，真是失计"[②]。

胡适在阅读杂志时确实较为留心，凡遇到有所助益和给以启发的内容还会将其剪贴收入札记中。胡适 1914 年 10 月 30 日的札记中即粘贴有一则从杂志上剪取的材料，主要内容是关于"演说的规则"。胡适认为杂志上的这篇"演说的规则"与他自身对于演说所持之见甚为相合，因而将其剪下，附记于此。剪报上的相关内容是：

> （一）先要知道"演说术"（Oratory）已不合时宜了；（二）先把你要说的话一一想好；（三）把事实陈述完了，就坐下来；（四）不要插入不相干的笑话；（五）不要管手势声音等等；（六）个个字要清楚；（七）演说之前不要吃太饱，最好喝杯茶，或小睡；（八）小有成功，不可自满；当时时更求进步。[③]

---

① 韩彬：《现代中国作家自传研究》，第 10 页。

② 胡适：《胡适留学日记手稿本·藏晖日记》，1912 年 10 月 19 日；《胡适留学日记》，第 143 页。

③ 胡适：《留学日记手稿本·藏晖劄记五》，1914 年 10 月 30 日；《胡适留学日记》第二册，第 440 页。

演说作为胡适留美时期投入了颇多时间精力的社会实践方式和重要的思想训练手段,确实取得了不小的成绩与收获。正如胡适向母亲禀明的那样:"在此演说颇有名,故不时有人招请演说。演说愈多,工夫愈有长进,儿故乐此不疲也。"①而从胡适对于杂志所载"演说术"的认同上推想,胡适的演说技巧也必定较为可观。

在将杂志报章视作思想操练和政治训练的途径之外,胡适更是借助报章杂志等媒介阅读和了解了不少有关美国政治制度与国际政治军事形势的相关内容与资讯。胡适在口述自传中回忆过其于1912年修习政治学课程的有关经历。根据席云舒的考证:"1912年秋学期胡适本来选了精琪教授的'政治学62:企业管理原理'、'政治学53a:政治制度'两门课,但由于精琪教授调离康奈尔大学,胡适就改选山姆·奥兹教授的'政治学61a:美国政党制度'和他与塞比助理教授合开的'政治学53a:政治制度'。"②

因为1912年恰是美国的大选之年,山姆·奥兹教授在学期之初就要求选课学生都必须订阅三份纽约出版的报纸,即支持威尔逊的《纽约时报》、支持托虎托的《纽约论坛报》(The New York Tribune)和支持罗斯福的《纽约晚报》(The New York Evening Journal)。"在这三个月内,把每日每条新闻都读一遍。细读各条大选消息之后,要做个摘要;再根据这摘要作出读报报告……报纸算是本课目的必需参考书,报告便是课务作业……也要把联邦四十八州之中,违法乱纪的竞选事迹作一番比较研究,缴上来算是期终作业!"③《胡适留学日记》中留下了不少关于胡适阅读这三份报纸的痕迹。如在1913年10月20日的日记中,胡适即按照课程要求"把联邦四十八州之

① 杜春和编:《胡适家书》,第55页。

② 席云舒:《康奈尔大学胡适的成绩单与课业论文手稿》,《关东学刊》2017年第1期。

③ 〔美〕唐德刚译注:《胡适口述自传》,第32页。

中,违法乱纪的竞选事迹作一番比较研究,缴上来算是期终作业!"①他格外留心纽约州长 Williams Sulzer 因"选举用款"不实贿赂证人、利用职权影响公职人员投票和股票交易等被弹劾罢免的新闻报道,并将相关报道剪贴于日记中。通过对《留学日记》手稿本的校勘发现,胡适十分关注多方信息源的报道,除了关注报章媒体对 Williams Sulzer 贿赂、滥用职权的批评与揭露外,还同时对来自 Williams Sulzer 方的不同声音进行了追踪关注,并在日记中剪贴了 Sulzer "受劾后宣言"的自我辩护书。

胡适亦通过杂志这一阅读媒介保持着对国际政治军事形势的密切关注。在 1915 年 1 月 29 日的日记中胡适即记载了他通过阅读"Everybody"杂志了解英日同盟在远东之地位及青岛战役的相关问题。通过阅读伦敦每日电报远东访员 Gardener L. Harding 的《论青岛》一文,胡适对第一次世界大战远东战场尤其是青岛战役进行了较为深入的了解,他称"Everybody"杂志上所载的这篇《论青岛》"其论英国之地位,尤足发人深省"②。

（四） 戏剧阅读与对社会问题剧的特别关注

胡适对戏剧题材似乎格外痴迷,《胡适留学日记》中有关他阅读戏剧文本和观剧的记述颇多。胡适于 1911 年 2 月 16 日开始阅读莎士比亚传记,至此似乎萌发了对莎士比亚戏剧的浓厚兴趣,于是开始广泛阅读其剧作并专门创作了剧评:先后在 2 月 17 日、24 日、27 日、28 日持续阅读《亨利六世》;3 月 11 日开始读《罗密欧与朱莉叶》,3 月 14 日继续读之,直至 3 月 17 日读完,并专门撰文《Romeo and Juliet 一剧之时间的分析》,详加评述;3 月 30 日复又开始了对《哈姆雷

---

①　[美]唐德刚译注:《胡适口述自传》,第 32 页。

②　胡适《胡适留学日记手稿本·藏晖劄记六》,1915 年 1 月 29 日日记;《胡适留学日记》(二)第 534 页。

特》的阅读,并在四月中一直续读,还创作了《Hamlet 论》作为课程作业。胡适称:"连日读萧士璧戏剧,日尽一种,亦殊有趣。"①

除了连日阅读莎士比亚戏剧,胡适还广泛涉猎包括霍普特曼、梅特林克在内的诸多现代主义戏剧大师的戏剧作品。1914 年胡适就学康奈尔期间,曾发起一读书会,要求"会员每周最少须读英文文学书一部,每周之末日相聚讨论一次"②。读书会会员不多,有任鸿隽、梅光迪、张耘、郭荫棠和胡适五人。胡适为准备读书会的第一次活动所阅读的即是 Hauptmann 的 *Before Dawn*(即《东方未明》)。在 1914 年 7 月 18 日的阅读札记中胡适即注明 *Before Dawn* 乃霍普特曼"最初所著社会剧"③。而两天后的札记中胡适在阅读霍普特曼的同时还将其与《水浒传》相较,随处可见其比较文学眼光与问题意识:"读赫氏一剧,名《獭裘》,为谐剧,写一极狡狯之贼婆及一极糊涂之巡检,穷形尽致,大似《水浒传》。"④在阅读西方戏剧的过程中胡适总是有意建立起其与中国古代元杂剧创作的关联,并有意识地将两者进行比较。在 1914 年 9 月 13 日所写的《波士顿游记》中胡适即记录了他在图书馆翻阅法人 M. Bazin Aine 译介的元杂剧,并感叹:"元人著剧之多,真令人叹服。关汉卿著六十种,高文秀三十二种,何让西人乎?元曲之前无古人,有以哉!"⑤

---

① 胡适:《胡适留学日记·藏晖室劄记卷一》,第 69 页,1911 年 8 月 30 日日记。

② 胡适:《胡适留学日记手稿本·藏晖劄记三》,1914 年 7 月 18 日;《胡适留学日记》第二册,第 305 页。

③ 胡适:《胡适留学日记手稿本·藏晖劄记三》,1914 年 7 月 18 日;《胡适留学日记》第二册,第 306 页。

④ 胡适:《胡适留学日记手稿本·藏晖劄记三》,1914 年 7 月 20 日;《胡适留学日记》第二册,第 311 页。

⑤ 胡适:《胡适留学日记手稿本·藏晖劄记四》,1914 年 9 月 13 日;《胡适留学日记》第二册,第 408 页。

1914 年 12 月 20 日的札记中又出现了胡适集中阅读多部霍普特曼与梅特林克戏剧的记录：

> 连日读赫仆特满（Hauptmann）两剧：
> （一）《韩谢儿》（*Fuhrmann Henschel*）
> （二）《彭玫瑰》（*Rose Bernd*）
> 又读梅脱林克（Maurice Maeterlinck，梅氏为比利时文学泰斗，为世界大文豪之一）四剧：
> （一）*Alladine and Palomides*
> （二）*The Intruder*
> （三）*Interior*
> （四）*Death of Tintagiles*[①]

胡适在戏剧文本阅读之外，对作者本身的成就与贡献亦都有注解。他在记录自身阅读经历的同时，对于作者的近况与成绩也格外留心。他曾在札记中指出惠普特曼是德国文学泰斗，"前年得诺贝尔奖金，推为世界文学巨子"[②]，亦对梅特林克有所了解，称其为"比利时文学泰斗，为世界大文豪之一"[③]。胡适非常注意世界文学的发展趋势，之所以对戏剧颇为关注，亦是因为他敏锐地发现戏剧是当时西方最兴盛的文学体裁。在致《甲寅》编者通信中胡适即称："近五十年来欧洲文学之最有势力者，厥惟戏剧，而诗与小说皆退居第二流。名家如

---

① 胡适：《胡适留学日记手稿本·藏晖劄记六》，1914 年 12 月 20 日；《胡适留学日记》第二册，第 494—495 页。

② 胡适：《胡适留学日记手稿本·藏晖劄记三》，1914 年 7 月 18 日；《胡适留学日记》第二册，第 306 页。

③ 胡适：《胡适留学日记手稿本·藏晖劄记六》，1914 年 12 月 20 日；《胡适留学日记》第二册，第 495 页。

挪威之 Ibsen、德之 Hauptmann、法之 Brieux、瑞典之 Strindbury、英之 Bernard Shaw 及 Galswortly、比之 Macterlinck,皆以戏剧声闻全世界。今吾国剧界正在过渡时期,需世界名著为范本,颇思译 Ibsen 之 *Doll's Family* 或 *An Enemy of the People*,惟何时脱稿,尚未可料。"①而新文化运动时期胡适确实引入译介了易卜生的《玩偶之家》,并坚持称其"译剧的宗旨在于输入'范本'"②。

　　除了剧作阅读,胡适也十分热衷看戏,其日记中对此也多有记载。1911 年 3 月 31 日夜,"学生演是剧于兰息院,余往观之,景物布景,殊费经营,演者亦多佳处,而尤以扮 Dogberry 者为最佳"③。1911 年 9 月 16 日的日记中亦有与友人钟英至 Happy Hour 看戏的记录。1914 年 1 月 27 日(日记为 2 月 3 日补记)胡适还曾与任鸿隽、金仲藩同观白里而之剧《梅毒》,评价该剧"演者都佳。串医生者尤为特色。第二幕最佳矣"④。1915 年 7 月 4 日的日记中胡适复又记载下了自己与友人的观剧记录:"夜复与安狄两君同往观伊卜生之群鬼(Ghosts)影戏。此剧本不适于影戏,改头换面,唐突西子矣。"⑤由此可见胡适在观剧过程中亦十分注重对戏剧表演效果、舞台布景、演员表现力等诸要素的考察。

　　而在阅读和观赏的诸多剧作中,胡适对"问题剧"关注尤多。1915 年 3 月 23 日在写给韦莲司的信中也提及他当天"刚看完康奈尔戏剧俱乐部所演出的 Giuseppe Giacosa 的话剧《有如落叶》(Like

　　①　耿云志、欧阳哲生编:《胡适书信集 1907—1933》(上),第 61 页。

　　②　T. F. C.、胡适:《通信:论译戏剧》,《新青年》1919 年第 6 卷第 3 期。

　　③　胡适:《胡适留学日记·藏晖室劄记卷一》,第 19 页,1911 年 3 月 31 日日记。

　　④　胡适:《胡适留学日记手稿本·藏晖劄记一》,1914 年 2 月 3 日;《胡适留学日记》第二册,第 195 页。

　　⑤　胡适:《胡适留学日记手稿本·藏晖劄记第八册》,1915 年 7 月 4 日;《胡适留学日记》第三册,第 685 页。

Falling Leaves）。演出很成功，没有业余演员的缺点"①。胡适还特别指明这部《有如落叶》是讲述家庭关系的社会问题剧。

"五四时期，易卜生戏剧由于其所彰显的个性解放思想和关注现实之精神，既适应了五四的需要，也暗合了先驱者们的新戏剧观……易卜生热兴起，一发不可收，且尤以《娜拉》影响力最大。"②尤为值得注意的是《易卜生主义》并非横空出世，胡适"在康大时即以英文先写出，回国后又改写成中文发表的"③，正是凭借着留学时期即对易卜生的颇为熟稔与推崇，胡适先后翻译了《玩偶之家》，并创作了戏剧《终身大事》，开一时风气之先。但胡适对于社会问题剧的极大兴趣并非对其文学价值的关注，而是格外看重其社会意义与价值。在《新青年》1919 年第 6 卷第 3 期通信栏中胡适针对 T. F. C 的通信《论译戏剧》进行了回复："足下试看我们那本《易卜生号》便知道我们注意的易卜生并不是艺术家的易卜生，乃社会改革家的易卜生。第三，在文学的方面，我们译剧的宗旨在于输入'范本'。"④胡适更为关注的是作为"社会改革家"的易卜生，而并非文学家易卜生。"胡适在吸取思想时有浓厚的糅杂、挪用的倾向"⑤，将易卜生的戏剧创作归结为写实主义是胡适的有意"误读"，他是希望通过建构起对易卜生戏剧中个人与社会的对峙而突出个性解放、自由独立精神之意义，他所萦心的始终是个人与社会之关系。因此他有意将《玩偶之家》置于写实主义文学的逻辑下加以理解。胡适尤为推崇和强调写实主义文学，他指出："戏剧所以进步，最大的原因是由于十九世纪中欧洲文学受

---

① 周质平：《不思量自难忘——胡适给韦莲司的信》，第 50 页。

② 唐姆嘉：《众声喧哗背后：五四女作家的娜拉书写》，《中华女子学院学报》2019 年第 2 期。

③ 罗志田：《再造文明之梦——胡适传》，第 108 页。

④ T. F. C、胡适：《通信：论译戏剧》，《新青年》1919 年第 6 卷第 3 期。

⑤ 江勇振：《舍我其谁：胡适（第二部 日正当中，1917—1927）》，第 322 页。

了写实主义的洗礼。到了今日，虽有神秘的象征戏如梅特林（Meter-linck）的名剧，也不能不带写实主义的色彩，也不能不用写实主义做底子。"①诚如江勇振所言："胡适对易卜生的兴趣，根本就不在于他的戏剧艺术，而在于假借他在戏剧里所表达的思想来从事社会改革。"②立足于此宗旨，胡适所选定的易卜生戏剧的"范本"就必然是《玩偶之家》《国民公敌》一类。但是他显然十分清楚所谓社会问题剧并非易卜生戏剧创作的重要构成，而是其"借他人酒杯浇心中块垒"的有意误读与挪用。胡适也曾阅读过易卜生的其他剧作如《海姐传》等，"读伊卜生名剧《海姐传》（Hedda Gabler），极喜之。此书非问题剧也，但写生耳。海姐为世界文学中第一女蜮，其可畏之手段，较之萧氏之麦克伯妃（Lady Macbeth）但有过之无不及也"③。但是胡适似乎对易卜生在《海姐传》中展现的爱情与性格悲剧并不感兴趣，而只评价海姐为世界文学之林提供了"第一可畏之女蜮"的人物形象，似带有几分厌女倾向，其男性中心意识有所流露。但胡适对于《海姐传》之无兴趣，并非出于艺术角度的考量，乃是因为它比之于《玩偶之家》《国民公敌》这类更能掘发出社会性的问题剧来，就显得没有那么可资利用了。

　　胡适通过对西方社会问题剧的考察形成了较为系统的认识，梳理和建构了他所理解的社会问题剧发展趋势："自伊卜生（Ibsen）以来，欧洲戏剧巨子多重社会剧，又名'问题剧'（Problem Play），以其每剧意在讨论今日社会重要之问题也。业此最著者，在昔有伊卜生（挪威人），今死矣；今日名手在德为赫氏，在英为萧伯纳氏（Bernard

---

　　①　曹伯言整理：《胡适日记全编3》，第 291 页。

　　②　江勇振：《舍我其谁：胡适（第二部 日正当中，1917—1927）》，第 323—324 页。

　　③　胡适：《胡适留学日记手稿本·藏晖劄记三》，1914 年 8 月 9 日；《胡适留学日记》第二册，第 332 页。

Shaw)，在法为白里而氏。"①胡适指出自易卜生以来，主攻社会问题剧的戏剧大师辈出，在德国以霍普特曼为代表，英国以萧伯纳为代表，法国则以白里而为代表。除此之外胡适还广泛阅读了爱尔兰戏剧家绅吉的问题短剧《向海延伸的山脉》《在峡谷的阴影下》等。在其1914 年 2 月 3 日的日记中，胡适还着意将易卜生的问题剧《鬼》与白里而的《梅毒》相类比，认为他们都是依据"梅毒"病的问题所作社会剧之佳构。但比之于易卜生的《鬼》，白里而的《梅毒》"写此病之遗毒及于社会家庭之影响，为一最不易措手之题……全剧无一淫亵语，而于此病之大害——写出，令人观之，惊心动魄，真佳作也"②。而因为白里而之《梅毒》晚于易卜生之《鬼》三十年，"三十年来，医学大进，始知花柳之毒传染之烈而易，不独为一家绝嗣灭宗之源，乃足为灭国弱种之毒"③。对于梅毒所引发的社会问题的严重性认识得更为充分，因此白里而的《梅毒》"切中时势，宜其更动人也"④。

　　胡适对于社会问题剧的关注并不局限于西方戏剧，他同样从中国古代戏曲中寻找到了资源。但胡适谈论中国古代戏剧中的"问题剧"主要是为了给"活文学"寻找文本素材，而将中国古代戏剧视为"活文学"的标本。胡适在一则题为《谈活文学》的札记中即称："吾国'活文学'仅有宋人语录，元人杂剧院本，章回小说，及元以来之剧本，小说而已。吾辈有志文学者，当从此处下手。"⑤把元曲、元杂剧视作中国文学革命登峰造极的发展，视作最有生命力的"活文学"的集中体现。胡适以曲《琵琶记·描容》《孽海记·思凡》《孽海记·哭皇天》

---

　　①　胡适：《胡适留学日记手稿本·藏晖劄记三》，1914 年 7 月 18 日；《胡适留学日记》第二册，第 307 页。

　　②③④　胡适：《胡适留学日记手稿本·藏晖劄记一》，1914 年 2 月 3 日；《胡适留学日记》第一册，第 195 页。

　　⑤　胡适：《胡适留学日记手稿本·胡适劄记第十一册》，1916 年 5 月 29 日；《胡适留学日记》第四册，第 908 页。

和《长生殿》弹词中的《九转货郎儿》第六转为例，记录下了可资利用的"活文学"标本，在每首曲词后皆题有自跋。他尤其看重《孽海记·哭皇天》，称："吾钞此曲，非徒以其思想足取，亦以其畅快淋漓，自由如意，为文学中有数文字耳。即以思想而论，此亦一种革命文字也。作者盖有见于佛教僧尼之制不近人情，故作此剧，以攻击之。亦可谓'问题戏剧'（Problem Plays）之一也。在西方文学中，如卜朗吟之'Fra Lippo Lippi'命意与此相似。然卜氏之作，穆然远上，不可及矣。"[①]胡适别有识见地指出了《孽海记·哭皇天》的思想价值，认为其是为了攻击"佛教僧尼之制之不近人情"而作的问题戏剧，将其视作文学革命的表现。总的来说，胡适对于中西"问题剧"的关注着眼点各有不同。他对于西方现代社会问题剧的关注主要侧重于对个人与社会对立的反抗精神与社会改革意识的看重；而对中国古代戏剧中"问题剧"的发掘，则是有意探讨其作为"活文学"资源在文学价值之外所具有的思想意义，是服膺于胡适对中国古代历次文学革命论说逻辑的建构，是以其为标本与素材，为"活文学"张目，为文学革命寻求论据和立足点的尝试之举。

胡适阅读戏剧的兴趣贯穿了其留学活动的始终，他在归国途中还阅读了数种戏剧，且多为当时的新剧，《归国记》中即有记载：

(1) Oscar Wilde：*"Lady Windermere's Fan."*

(2) W. B. Yeats：*"The Hour-Glass."*

(3) Lady Gregory：*"The Rising of the Moon."*

(4) Hermann Sudermann：*"The Vale of Cotent."*

(5) Eugene Brieux：*"The Red Robe."*

---

① 胡适：《胡适留学日记手稿本·胡适劄记第十一册》，1916 年 5 月 29 日；《胡适留学日记》第四册，第 917 页。

（6）Bjornstjerne Bjornson：*"Beyond Human Power."*①

胡适的戏剧阅读态度是广泛涉猎，所采取的是泛读式的阅读法，且尤以莎士比亚戏剧、西方现代社会问题剧为主要阅读方向，除此之外胡适对于古希腊戏剧亦兴趣不小。《胡适留学日记》中即有其阅读古希腊戏剧家索福克勒斯的《俄狄浦斯王》的记载，在新发现的《归娶记》日记中，亦可见胡适对于索福克勒斯戏剧的系统阅读：

> 火车中读沙法克尼（Sophocles）戏曲五种：
> 一、葬兄记 *Antigone*
> 二、争甲记 *Ajax*
> 三、复仇记 *Electra*
> 四、归国记 *Philocletes*
> 五、英雄末路记 *Oedipus at Colonus*
> 《葬兄记》与《归国记》皆极佳。馀殊平平。
> 吾前读其《孽冤记》*King Oedipus*，又尝听英国希腊文学大家穆莱 Gilbert Murray 自诵其所译《孽冤记》。
> 沙法克尼与墨翟同时，为希腊名家之一。今所传仅七剧，上所记六剧之外，其一为《毒袍记》*The Trachinnian Maidems* 吾未之读。②

由此可知，胡适在留美时期只读过索福克勒斯的《俄狄浦斯王》（即《孽冤记》*King Oedipus*），而在归娶途中又补读了《葬兄记》（*An-tigone*）、《争甲记》（*Ajax*）、《复仇记》（*Electra*）、《归国记》（*Philo-*

---

① 胡适：《胡适留学日记手稿本·归国记》，上海人民出版社，2015 年；《胡适留学日记》第四册，第 1161 页。

② 胡适：《胡适留学日记手稿本·归娶记》，上海人民出版社，2015 年。

cletes)、《英雄末路记》(*Oedipus at Colonus*)五部戏剧。他认为只有《孽冤记》(*King Oedipus*)和《归国记》(*Philocletes*)极佳,其余则平平。而通过对《胡适留学日记》和《归娶记》中有关胡适戏剧阅读的考察不难发现,胡适的文学感知力似乎并不上佳,对于多部戏剧的阅读感受与观感都只笼统停留在"佳"与"不佳"或"平平"等评价上,并不留心对戏剧文学价值的分析,而更侧重于对其思想价值与社会意义的探测,这自然是由作为阅读者的胡适的眼光所决定的。

第七章 嘤其鸣矣，求其友声：个人生命史视角下的文学革命发生考论

胡适作为文学革命的发动者，以提倡白话文运动而暴得大名，其发表于《新青年》1917 年第 2 卷第 5 期的《文学改良刍议》一文，被视作白话文运动和文学革命的"导火索"；继《文学改良刍议》之后，《新青年》主编陈独秀的《文学革命论》应运而生，为文学革命再添柴一把；而为了打破社会舆论的沉默，《新青年》同人钱玄同、刘半农自编自导的"双簧信"事件，更使得文学革命的声势渐趋浩大。这些以《新青年》同人主导的经典文学革命发生论述在作为总结新文学第一个十年历史成绩的《中国新文学大系导言集》中得以确立，并成为后世文学革命发生论的经典叙述范式之一。但不容忽视的是，20 世纪 30 年代胡适以其个人生命经历为中心进行自我叙述，他通过撰写《逼上梁山——文学革命的开始》及《中国新文学大系·建设理论集导言》诸文，有意将文学革命的延长线推伸至其留美时期，着意建构和勾勒出有关文学革命的思想草图。胡适通过撰文和自编日记的方式不断自剖心曲，试图消解《新青年》同人思想主张的同一性，拆解《新青年》同人空间之于文学革命的重要意义，显露出他并不甘心仅仅以《新青年》同人的身份自居，有意为自己赢得新文学盟主地位、争取荣誉分配主动权的考量与动机。他将自己后来加入《新青年》，一定程度上归因于历史的巧合与偶然，其对文学革命历史的建构主要依据的是"个人之因"，也即他所说的："治历史的人，应该向这种传记材料里去寻求那多元的，个别的因素，而不应该走偷懒的路，妄想用一个'最后之因'来解释一切

历史。"①

　　无论《逼上梁山——文学革命的开始》还是《中国新文学大系·建设理论集导言》，胡适的文学革命历史叙述都是以个人史观为支撑，而其用以对抗陈独秀唯物史观的目的也十分明确："我想，如果独秀肯写他的自传，他的思想转变的因素也必定有同样的复杂，也必定不是经济史观包括得了的。"②王风在《文学革命的胡适叙事与周氏兄弟路线——兼及"新文学"、"现代文学"的概念问题》一文中提出可以通过个人生命史的研究，察考文学革命发生与内涵，即"逐一检讨每一个参与者的个人史，此前的和此后的，似乎是一个有效的思路。不把文学革命看作一个种子，而将其视为把不同的思路捆扎在一起的绳子，反而可以全面释放文学革命的内涵"③。这一理路无疑颇值得借鉴。刘克敌认为胡、梅在文学革命见解上的分歧和他们"不服输和争强好胜性格有关"④。此说也有一定合理性，但对胡、梅二人思想主张复杂性的估计不足，也未抓住胡适与梅光迪文学观念分歧的矛盾核心所在。

　　曹聚仁在其为《藏晖室劄记》所撰写的书评《一个学者的生活实录 胡适著：藏晖室劄记》中提出他阅读《藏晖室劄记》的核心关切是"究竟这位文学革命的导师，他的革命主张是怎样成熟起来的呢？"⑤《胡适留学日记》"保存了大量反对他、批判他甚至诋毁他的原始

　　①②　胡适：《〈建设理论集〉导言》，引自刘运峰编《中国新文学大系导言集1917—1927》，第 15 页。

　　③　王风：《文学革命的胡适叙事与周氏兄弟路线——兼及"新文学"、"现代文学"的概念问题》，《现代文学研究丛刊》2006 年第 1 期。

　　④　刘克敌：《民国学风》，九州出版社，2019 年，第 32 页。

　　⑤　曹聚仁：《一个学者的生活实录 胡适著：藏晖室劄记》，《前线日报1938.10—1945.9》1941 年 5 月 18 日第 6 版。

档……所以他的日记所折射的不仅仅是他一个人的生活世界"①，对于我们了解其文学革命主张的形成与发展具有重要意义。因此本章即希图以《胡适留学日记》为中心，通过对胡适与友人互动的考察，从日常事件入手，探究胡适及与之互动的留美诸君文学立场对其产生的影响，立足于个人生命史，探索胡适文学革命主张和思想观念的形成与发展思路，以期更为丰富与多面地呈现"文学革命"发生的动态历史过程。

（一）"济用"与"达意"："大文学"观的生成与胡适对文学应用性的重视

胡适在自己传记性的"文学革命"发生论述中追溯的导火索事件，即是公使馆秘书钟文鳌在邮寄给学生的信封中散发"多种树""不满 25 岁不娶妻""废除汉字"等小传单，而传单上有关废除汉字采用拉丁化字母的内容激怒了胡适。因为在胡适看来像钟文鳌这种未接受过优良教育、程度不够者是没有资格讨论这一问题的。尽管胡适很快为自己的冲动莽撞失悔，但有趣的是这段小插曲却激发了胡适对于中国语言文字问题的思索。其有关"文学革命"的诸番想法正式提上议事日程当始于 1915 年的夏季，正如胡适在《胡适留学日记·自序》中所言："一九一五年夏季以后，文学革命的讨论成了我们几个朋友之间一个最热闹的题目，剳记都被这个具体问题占去了。"②在《逼上梁山——文学革命的开始》③一文中，胡适援引了《留学日记》中 1915 年 8 月 26 日的札记《如何可使吾国文言易于教授》，此文后

---

① 余英时：《从〈日记〉看胡适的一生》，引自《重寻胡适历程 胡适生平与思想再认识》，生活·读书·新知三联书店，2012 年，第 2 页。

② 胡适：《胡适留学日记·自序》，第 5 页。

③ 胡适：《逼上梁山——文学革命的开始》，《东方杂志》1934 年第 31 卷第 1 期。

作为参会论文在 1915 年康州密德镇(Middletown Connecticut)举行的东美学生年会上由赵元任代为宣读①。但值得注意的是，20 世纪 30 年代胡适在重新编选《藏晖室札记》时，有意"去掉了梅光迪、任叔永寄来的书信中一些对自己不利的言论"。他自己也承认"我那时还没有想到白话可以完全替代文言"②，只是想"改良文言的教授方法，使汉文容易教授"③。这自然是胡适为了维系自己文学革命思想主张的一致性而做出的有意遮蔽，但其与日记记载间形成的张力，让我们更为清晰地把捉到，1915 年的胡适，并未敢明确提出以白话代替文言，其所主张的也只是改良文言的法子而已。

　　胡适有关文学革命的想法不断酝酿和形成于其留美时期，但事实上胡适很早即已注意到白话的重要性。在求学上海并负责主撰《竞业旬报》时期，胡适就已经很有意识地使用白话语体进行写作："《竞业旬报》一共出版了四十期，是当时'最长寿的白话报'。胡适为它撰稿，并做了一年多的主编，使他深切地认识到白话文工具的重要。这有助于他后来在文学革命运动里担任开路的先锋。"④《竞业旬报》一年多有意识的白话文训练，"对于胡适日后之提倡文学革命，起很大作用"⑤。正是在主持编辑《竞业旬报》时期，胡适意识到了自己写文章明白清楚的优势，但这一时期他对白话的重视主要还是侧重于对其作为语言文字工具意义上的认可。

　　胡适在留学时期格外留心记述自己对中国古代文学发展变迁的

---

　　① 　胡适对于此篇文章颇为看重，在 1915 年 8 月 25 日写给韦莲司的信中即提及此文，称："多年来，我对这一题目极感兴趣，但写作所耗时间比我预计的长。我夜以继日的在写这篇文章。"引自周质平：《不思量自难忘——胡适给韦莲司的信》，第 72 页。

　　②③ 　胡适：《逼上梁山——文学革命的开始》，《东方杂志》1934 年第 31 卷第 1 期。

　　④ 　殷志鹏：《赫贞江畔读胡适》，国家出版社，2005 年，第 16 页。

　　⑤ 　陈平原：《现代中国的述学文体》，第 314 页。

思考。他注意到中国古典文学中存在两大潮流："一，有所为而为之者；二，无所为而为之者。"①在胡适看来，有所为而为之的文学以新乐府、白居易、杜诗为代表，无所为而为之的文学以《诗经》为代表。据胡适所见，"无所为而为之之文学，非真无所为也。其所为，文也，美感也。其有所为而为之者，美感之外，兼及济用"②。胡适将传统文学区分成有美感而无济用之文学和美感与济用兼有的文学，而在胡适看来，以新乐府、白居易诗、杜诗为代表的兼及美感与济用的"有所为而为之"的文学才是更好的文学。胡适格外看重文学的"济用"属性，并且其所提出的文学美感也不是侧重审美意义上对美感的体认，而是建立在"达意"基础上的，即"凡言语要以达意为主，其不能达意者，则为不美"③。由此足见，胡适的文学观，无论是注重"济用"，还是追求"达意"之美，很大程度上都逸出了传统意义上对文学的评判标准，也有意识地扩张了文学的疆域。按照胡适的论说逻辑，凡符合"济用"与"达意"之文字，皆可视之为文学，这也就意味着将追求实用性的应用性文字也纳入文学范畴，某种程度上彰显了胡适的"大文学"观。

　　而他这一渐成于 1915 年夏秋之交的"大文学"观，在其日后的文学活动与学术研究实践中也得到了一致贯彻。在《五十年来中国之文学》中胡适借对章太炎文学观的论说蕴藉了其自身之持见。在胡适看来章太炎是"能实行不分文辞与学说的人，故他讲学说理的文章都很有文学的价值"④，他认为章太炎的《文学总略》推翻了古代一些

---

　　①　胡适：《胡适留学日记手稿本·胡适劄记第九册》，1915 年 8 月 18 日；《胡适留学日记》第三册，第 738 页。

　　②　胡适：《胡适留学日记手稿本·胡适劄记第九册》，1915 年 8 月 18 日；《胡适留学日记》第三册，第 739 页。

　　③　胡适：《胡适留学日记手稿本·胡适劄记第十一册》，1916 年 7 月 16 日追记；《胡适留学日记》第四册，第 940 页。

　　④　胡适：《五十年来中国之文学》，申报馆，1923 年，第 45 页。

狭陋的"文"论,而注意到了"文是起于应用的,是一种代言的工具"[①],"知道文辞始于表谱簿录,是应用的"[②]。胡适对章太炎大文学观(或者说"杂文学"观)的肯定也彰显了自己的"大文学"观念。

在 1916 年 4 月 5 日的札记中胡适总结和梳理了中国历史中的文学革命,他认为文学革命古已有之,就韵文而言,从诗经到楚辞为一变,从骚体变为五言七言古诗为第二大革命,由赋变为无韵骈文,是第三大革命,古诗变为律诗,是第四大革命,诗变为词,是第五大革命,词变为曲、剧本则为第六大革命。胡适认为:"文学革命,至元代而登峰造极。其时,词也,曲也,剧本也,小说也,皆第一流之文学,而皆以俚语为之。其时吾国真可谓有一种'活文学'出世。"[③]如果不遭明朝八股与明初七子复古之劫难,那么"吾国之文学必已为俚语的文学,而吾国之语言早成为言文一致之语言,无可疑也"[④]。胡适此处所指的"活文学"与"俚语的文学"和"言文一致之文学"或可划等,其对死文学与活文学的划分是以能否"听得懂"和能否达意为标准的。胡适在 1916 年 5 月 18 日的札记中记录下了数则"活文学"素材与标本,在胡适看来"仅有宋人语录,元人杂剧院本,章回小说,及元以来之剧本,小说而已"[⑤]。他认为文学革命的关键在于从这些"活文学"中汲取资源,而应用性则是胡适所看重的"活文学"最重要的属性。

(二) 胡适与留美诸君的文学革命论争

胡适在《〈尝试集〉自序》中即曾提到过其文学革命的主张端赖于

---

①　胡适:《五十年来中国之文学》,第 44 页。

②　胡适:《五十年来中国之文学》,第 47 页。

③④　胡适:《胡适留学日记手稿本·胡适劄记第十册》,1916 年 4 月 5 日追记;《胡适留学日记》第三册,第 866 页。

⑤　胡适:《胡适留学日记手稿本·胡适劄记第十一册》,1916 年 5 月 18 日追记;《胡适留学日记》第四册,第 908 页。

留学时期与留美诸君的往返讨论："我至今回想当时和那班朋友，一日一邮片，三日一长函的乐趣，觉得那是人生最不容易有的幸福。我对于文学革命的一切见解，所以能结晶成一种有系统的主张，全都是同这一班朋友切磋讨论的结果。"①在《五十年来中国之文学》中他再度进行自我建构，指出"文学革命的主张，起初只是几个私人的讨论"②，早已显露出以自身生命史叙述建构文学革命发生史的动机与兴趣，尽管这在一定程度上存在有意抬高自己不利于客观地对文学革命运动展开全面审视与观察等问题。及至 20 世纪 30 年代，胡适在《中国新文学大系·建设理论集导言》及《逼上梁山——文学革命的开始》中，细溯了自己文学革命的主张来源于留美时期和友人的辩论探讨，追认"文学革命"的口号就是来自 1915 年夏天同任鸿隽、梅光迪、杨杏佛等朋友的诸番乱谈。而"不管争论讨论，胡适都最善于整合别人观点，据为己有"③，并通过强大的叙述逻辑统合建构从而进行自我演绎。他将其与梅光迪的书信互驳，与任鸿隽的多番探讨，离开康奈尔转学哥伦比亚大学临行前写给任鸿隽的答诗中第一次明确提出"要须作诗如作文"的口号，视作其文学革命思想形成的先声，并提出正是因为与留美诸君的辩论探讨，使得"愈辩则牵涉愈多，内容也愈复杂愈精湛。我的朋友们也愈辩愈保守；我也就愈辩愈激进了"④。胡适在勾画自己的思想草图和思路形成轨迹时强调，正是基于留美时期的思想酝酿及与友人辩驳，才推动了他的白话诗创作实践。而留美诸君中给胡适大泼冷水和刺激最深的当数梅光迪，胡适晚年在口述自传中忆及此事时也称："梅君与我为文学改革引起了一

---

① 胡适：《尝试集·自序》，亚东图书馆，1919 年，第 37 页。
② 胡适：《五十年来之中国文学》，申报馆，1923 年，第 80 页。
③ 罗志田：《再造文明之梦——胡适传》，第 109 页。
④ ［美］唐德刚译注：《胡适口述自传》，第 141 页。

场辩论;也就是因为他对我改革观念的强烈反对,才把我'逼上梁山'的。"①

1. 胡适与梅光迪的争执与互驳

胡适 1915 年 9 月 17 日夜写下的《送梅觐庄往哈佛大学诗》可看作他与友朋关于文学革命争论的肇始,在这首带有试验性质的诗中胡适对其文学革命事业寄予了"嘤其鸣矣,求其友声"的期盼:"新潮之来不可止,文学革命其时矣。吾辈势不容坐视,且复号召二三子,革命军前杖马棰,鞭笞驱除一车鬼,再拜迎入新世纪。"②胡适热切呼吁友朋辈能同他一道在文学革命的试验园地中奋力奔驰。但是也许令青年胡适没有想到的是,他摩拳擦掌、跃跃欲试的文学革命事业,却在主张提出之初就接连遭到了友朋辈的反对与随之而来的连番轰炸。

其中,胡适与梅光迪的文学革命论争作为现代文学史上的一段公案,自是值得审察的重要视角。笔者认同刘克敌从日常事件入手,尤其是通过对"日常生活中有关联事件的刺激"的把握,从他们各自文学立场的隐形影响入手,立足于个人生命史,探索他们各自的文学革命主张和观念思路。但刘克敌提出的胡、梅在文学革命见解上的分歧和他们"不服输和争强好胜性格有关"③这一论说虽有一定合理性,但似乎对于胡、梅二人思想主张的复杂性分析稍显不足,也未抓住胡适与梅光迪文学观念分歧的矛盾核心。

胡适第一次明确提出以白话代文言的主张要追溯到 1916 年夏季。胡适通过对比文言与白话的优劣指出:"文言的文字可读而听不懂;白话的文字既可读,又听得懂。凡演说,讲学,笔记,文言决不能

---

① [美]唐德刚译注:《胡适口述自传》,第 140 页。

② 胡适:《胡适留学日记手稿本·胡适劄记第九册》,1915 年 9 月 17 日;《胡适留学日记》第三册,第 784 页。

③ 刘克敌:《民国学风》,第 32 页。

应用。今日所需，乃是一种可读，可听，可歌，可讲，可记的言语。要读书不须口译，演说不须笔译；要施诸讲坛舞台而皆可，诵之村姬妇孺而皆懂。不如此者，非活的语言也，决不能成为吾国之国语也，决不能产生第一流的文学也。"①胡适之所以认为白话是活的语言，文言是半死的文字，最重要的立论依据即是"文言里面有许多现在仍在通行的词汇，同时也有些已经废弃不用的词汇"②。胡适的白话文学主张很快遭到了友人梅光迪的批评，梅光迪最不能容忍的乃是胡适提出白话除了可以用来作戏曲小说，还可以用来作文作诗，这与梅光迪"文之文字"与"诗之文字"截然两途的持论发生了龃龉。

梅光迪在致胡适信中明确指出："足下谓诗国革命始于'作诗如作文'。迪颇不以为然。诗文截然两途，诗之文字（Poetic diction）与文之文字（Prose diction），自有诗文以来（无论中西）已分道而驰。"③梅光迪认为胡适之谬在于"仅移文之文字（Prose diction）于诗，即谓之改良，谓之革命"，将问题简单化了，事实上"吾国求诗界革命，当于诗中求之，与文无涉也"④。而在他看来，胡适如若要行诗界革命，应从诗事入手，不应简单地将文之文字移植入诗以图改良，梅光迪认为诗界革命的正途在于不模仿古人，不陈陈相因。

梅光迪之所以提出"文之文字"与"诗之文字"截然两途之论，与胡适作别绮色佳前往哥伦比亚大学之际所写的《别绮色佳》一诗中的主张有关。胡适在诗中明确提出："诗国革命何自始？要须作诗如作文。琢镂粉饰丧元气，貌似未必诗之纯。小人行文颇大胆，诸公一一

---

① 胡适：《胡适留学日记手稿本·胡适劄记第十一册》，1916 年 7 月 6 日追记；《胡适留学日记》第四册，第 943 页。

② ［美］唐德刚译注：《胡适口述自传》，第 140 页。

③④ 罗岗、陈春艳编：《梅光迪文录》，第 159—160 页。

皆人英。愿共僇力莫相笑,我辈不作腐儒生。"①胡适认为"琢镂粉饰"之形式丧失了诗之元气,主张"要须作诗如作文",而此一主张主要是针对"文胜质"之弊提出的。胡适认为:"今日文学大病,在于徒有形式而无精神,徒有文而无质,徒有铿锵之韵貌似之辞而已。"在写给梅光迪的信中胡适详陈救治文胜之弊之法,即"第一,须言之有物;第二,须讲文法;第三,当用'文之文字'"②。

胡适对梅光迪的回信相当重视,针对此封来信,胡适在 1916 年 2 月 3 日的札记中详细记录下了回应与评述。20 世纪 30 年代排印本中这一日的札记按照内容被分开隔断,章希吕分别将其命名为"与梅觐庄论文学改良(二月三日)"和"'文之文字'与'诗之文字'(二月三日)"。足可见胡适对于梅光迪批评的看重与回应内容之丰富。胡适批评梅光迪误会了自己,他解释自己"要须作诗如作文"的主张绝非仅仅是移"文之文字"入诗,乃是强调作诗应不避"文之文字"。胡适从根本上并不赞同对"文之文字"与"诗之文字"的人为区隔,认为文学革命的首要之务乃除文胜之弊。在胡适看来,"无论诗文,皆当有质。有文无质,则成吾国近世委靡腐朽之文学,吾人正当廓而清之"③。进而总结出吾国文学之三大病,即"一曰无病而呻……二曰摹仿古人……三曰言之无物……文胜之敝,至于此极,文学之衰,此其总因矣"④。胡适据此驳斥梅觐庄,指明自己的目的在于追求"言之有物",在于主张朴实无华的白描功夫,因而重点并不在"诗之文

---

① 胡适:《胡适留学日记手稿本·胡适劄记第九册》,1915 年 9 月 21 日追记;《胡适留学日记》第三册,第 790 页。

② 胡适:《胡适留学日记手稿本·胡适劄记第十册》,1916 年 2 月 3 日;《胡适留学日记》第三册,第 844 页。

③ 胡适:《胡适留学日记手稿本·胡适劄记第十册》,1916 年 2 月 10 日;《胡适留学日记》第三册,第 846 页。

④ 胡适:《胡适留学日记手稿本·胡适劄记第十一册》,1916 年 4 月 17 日;《胡适留学日记》第三册,第 893 页。

字"与"文之文字"的区隔上。

　　出于专业化的思维惯性，梅光迪在对胡适的文学革命主张大泼冷水时常爱援引西方文学理论和文学史论述作为自己的立论依据。如在表达自己对于诗界革命当从何处入手的看法时，梅光迪就指出应该借鉴欧西诗界革命的经验，"当先研究英法诗界革命家，比较 Wordsworth or Hugol（华兹华斯或雨果）之诗与十八世纪之诗"①，作为我国诗界革命之借镜。而在针对胡适答其"诗之文字"的复函中亦称："鄙意'诗之文字'问题，久经古人论定，铁案如山（*Alden's Introduction to Poetry*《阿顿的诗歌导读》，pp. 128—154），至今实无讨论之余地。"②胡适对于梅光迪言必援引西方文艺批评颇有微词，甚至不无尖刻地指出："觐庄治文学有一大病：则喜读文学批评家之言，而未能多读所批评之文学家原著是也。如此道听途说，拾人牙慧，终无大成矣。"③而梅光迪的老友吴宓后来在回忆梅光迪时也曾表达过类似的意思："梅君好为高论，而完全缺乏实行工作之能力与习惯，其一生之著作极少，殊可惜。"④

　　事实上梅光迪并不反对文学革命，而且对胡适所提出的文学革命当从俚俗文学入手也并不排斥，他认为胡适的问题在急于求成。在梅光迪看来，文学革命之事业非一朝一夕之功，"至于文学革命，窃以为吾辈及身决不能见。欲得新文学或须俟诸百年或二百年以后

---

　　①　罗岗、陈春艳编：《梅光迪文录》，第 159—160 页。

　　②　罗岗、陈春艳编：《梅光迪文录》，第 161 页。此为 1916 年 3 月 14 日梅光迪致胡适信中语。

　　③　胡适：《胡适留学日记手稿本·胡适劄记第十一册》，1916 年 7 月 13 日追记；《胡适留学日记》第四册，第 955 页。

　　④　吴学昭整理：《吴宓自编年谱》，生活·读书·新知三联书店，1995 年，第 230 页。

耳"①,"文学革命自当从'民间文学'(folklore, popular poetry, spoken language, etc)入手,此无待言;惟非经一番大战争不可,骤言俚俗文学,必为旧派文家所讪笑攻击"②。梅光迪认为胡适的主张过于急功近利,因此在多封书信中讥刺胡适"然以足下之奇才兼哲人、文人之长,苟努力为之,或能合康德(因渠为哲学界革命家,故云)Wordsworth 于一人,则迪当从旁乐观其成耳"③,"至于振起为一代作者,如'华茨华斯'、'嚣我',为革命成功英雄,则非所敢望也"④。在梅光迪看来,文学革命绝非短期内即可实现,应循序渐进、稳步推进:"稍输入西洋文学知识,而以新眼光评判固有文学,示后来者以津梁。"⑤

　　梅光迪与胡适一来一往数封信函之间已渐有针锋相对之势,但是双方似乎有意克制,不欲使学术讨论演变为意气之争从而影响到彼此间的友谊。梅光迪在几封信函中大谈相左之意见后也都再三谦称自己"力薄才疏,自今与文学专业断绝关系,不过素有好文之癖,将于文学中稍得人生哲学(Philosophy of life),以为救世之具耳"⑥,"自知天才平庸,不配作文学家。自今以后,大约以文学当一种学问,不敢当一种美术;当自家是一个文学界学生,不是一个文学界作者"⑦。双方对于彼此间分歧的表达也尽量维持在相对克制的状态下。1916 年夏胡适"去俄亥俄州的克利佛兰城参加'第二次国际关系讨论会',来回都要路过绮色佳(在那里一共住了八天),因而和在那里渡暑假的老朋友任叔永(鸿隽)、唐钺(擘黄)和后来中央研究院发起人之一的杨杏佛(铨)重叙旧交"⑧,并讨论文学革命的相关

---

　　①③⑥　罗岗、陈春艳编:《梅光迪文录》,第 161 页。此为 1916 年 3 月 14 日梅光迪致胡适信中语。

　　②④⑤⑦　罗岗、陈春艳编:《梅光迪文录》,第 162—163 页。此为 1916 年 3 月 19 日梅光迪致胡适信中语。

　　⑧　[美]唐德刚译注:《胡适口述自传》,第 143 页。

问题。

　　真正引爆胡适与梅光迪之争甚至一度危及双方友谊的讨论则源于任鸿隽寄给胡适泛湖即事诗这一桩意外。同样是 1916 年的暑假,任鸿隽、陈衡哲等一群中国留学生在绮色佳消夏,一日泛舟于凯约嘉湖之上而中途遇雨,任鸿隽事后写成此诗:

> 荡荡平湖,漪漪绿波。言棹轻楫,以涤烦疴。既备我糇,既偕我友。容与中流,山光前后。俯瞩清涟,仰瞻飞艘。桥出荫榆,亭过带柳。清风竞爽,微云蔽暄。猜谜赌胜,载笑载言。行行忘远,息楫崖根。忽逢波怒,鼍犁鲸奔。岸逼流回,石斜浪翻。翩翩一叶,冯夷所吞。舟则可弃,水则可揭。湿我裳衣,畏他人视。湿衣未干,雨来倾盆。蒙蒙远山,漠漠近澜。乃据野亭,蓐食放观。"此景岂常?君当加餐。"日斜雨霁,湖光静和。晞巾归舟,荡漾委蛇。①

任鸿隽对此诗颇为自得,并寄给胡适请其品评,却不承想遭到了胡适的痛批,胡适指斥任鸿隽泛湖即事诗中"写翻船一段,所用字句,皆前人用以写江海大风浪之套语。足下避自己铸词之难,而趋借用陈言套语之易,故全段一无精采……再者,诗中所用'言'字'载'字,皆系死字,又如'猜谜赌胜,载笑载言'二句,上句为二十世纪之活字,下句为三千年前之死句,殊不相称也"②。然而有趣的是胡适的回信恰巧被梅光迪看到,胡适的批评未招致任鸿隽的强烈抗议,

---

　　① 胡适:《胡适留学日记手稿本·胡适劄记第十二册》,1916 年 7 月 29 日;《胡适留学日记》第四册,第 974—975 页。

　　② 胡适:《胡适留学日记手稿本·胡适劄记第十二册》,1916 年 7 月 29 日;《胡适留学日记》第四册,第 976 页。

但梅光迪却"路见不平来拔刀相助,写了一封十分激动的信向我反击"①。梅光迪颇为任鸿隽打抱不平,致信胡适反驳:"足下所自矜为'文学革命'真谛者,不外乎用'活字'以入文,于叔永诗中稍古之字皆所不取,以为非'二十世纪之活字'……夫文学革新,须洗去旧日腔套,务去陈言固矣;然此非尽屏古人所用之字,而另以俗语白话代之之谓也。"②在梅光迪看来胡适以白话俗语替代诗中古字的做法实不足取,只不过白话俗语素不为文学大家所取,胡适乍以此入诗作文觉得新奇而已。梅光迪认为以俗语白话所作文学无永久之价值,因为俗语白话"未经美术家之锻炼,徒逶诸愚夫愚妇无美术观念之口,历世相传,愈趋愈下,鄙俚乃不可言"③。而据梅光迪之观点,"欲加用新字,须先用美术以锻炼之,非仅以俗语白话代之即可了事者也"④。他认为问题不在于用文言创作,而是在创作过程中存在模仿古人、滥用雕饰之弊端,也即"大抵改革一事,只须改革其流弊,而与其事之本体无关"⑤。而这正是梅、胡之争的关键所在,胡适认为文字无雅俗,而有死活之分,并发见:"一整部中国文学史,便是一部中国文学工具变迁史——一个文学或语言上的工具去替代另一个工具。中国文学史也就是一个文学上的语言工具变迁史。"⑥也即"一部活文学逐渐代替死文学的历史。我认为一种文学的活力如何,要看这一文学能否充分利用活的工具去代替已死或垂死的工具。当一个工具活力逐渐消失或逐渐僵化了,就要换一个工具了"⑦。在胡适看来,文字是文学的基础,因此文学革命

---

① ［美］唐德刚(译注):《胡适口述自传》,第 146 页。

②③ 罗岗、陈春艳编:《梅光迪文录》,第 164 页。此为 1916 年 7 月 17 日梅光迪致胡适信中语。

④⑤ 罗岗、陈春艳编:《梅光迪文录》,第 165 页。此为 1916 年 7 月 17 日梅光迪致胡适信中语。

⑥⑦ ［美］唐德刚译注:《胡适口述自传》,第 142 页。

的第一步即是文字的革命，应该用白话来做文学的工具。但是梅光迪却认为文言作为文学之本体并无问题，只是创作环节存在流弊。梅光迪始终对中国文学怀有极大信心，在梅氏看来，"除了科学技术等社会上实用知识，欧美较有长处外，其余皆不如中国远甚"①。

梅光迪对白话俗语作为文学工具的否定很大程度上折射出其精英主义文学观。在他看来，文学价值的衡定当由文学大家的作品来裁度，而白话俗语只不过是村农伧父之流之作，文学革命到底要靠诗人、美术家之锻炼方能推进。这正是胡适与其观点分歧所在，不同于梅光迪对"村农伧父"文学与"诗人美术家"文学之划归，胡适正是希望所谓诗人、美术家能够以白话进行文学创作试验，以使俗语白话能够得到锻炼、得到承认。这也正是胡适赋予"尝试"的意义所在，即以自己的"实地试验"为将来的"诗人""美术家""文学大家"作先驱之用。

针对梅光迪的驳斥，胡适连作了五首白话诗，于戏谑之间对梅光迪的观点逐一进行了批驳。尤其是针对梅光迪提出的文学当经过文学大家之美术锻炼才能有价值之论，胡适提出："正要求今日的文学大家，把那些活泼泼的白话，拿来一锻炼（原书中屡用此二字），拿来琢磨，拿来作文演说，作曲作歌：——出几个白话的嚣俄，和几个白话的东坡。那不是'活文学'是什么？那不是'活文学'是什么？"②胡适对自己的主张颇为自信，在信中称："文章须革命，你我都有责。我岂敢好辩，也不敢轻敌。有话便要说，不说过不得。诸君莫笑白话诗，胜似南社一百集。"③

梅光迪则立足于文类高下、各有职志对胡适以白话作诗作文的

---

① 　耿云志：《胡适研究十论》，复旦大学出版社，2019 年，第 283 页。

②③ 　胡适：《胡适留学日记手稿本·胡适劄记第十二册》，1916 年 7 月 22 日；《胡适留学日记》第四册，第 973—974 页。

主张进行了批驳。梅氏指出胡适引述的杜甫、白居易等白话诗之杰作只是诗界大家"偶一为之,且非诗中之佳者,足下奉以为圭臬,窃以为厚诬古人矣"①。梅光迪坚称诗与白话文学,品类高低悬殊,"文章体裁最须分辨……诗者,为人类最高最美之思想感情之所发宣,故其文字亦须最高最美,择而又择,选而又选,加以种种格律音调以限制之,而后始见奇才焉,故非白话所能为力者"②。白话文学"其源多出于市井伧父之口,不合文字学之根源与法律,且其用途与意义取普及、含糊、无精微之区辨,故有教育者摈之于寻常谈话之外惟恐不及,岂敢用之于文章哉! 文章之愈高者,其用字愈主有精细之区别,愈主广博"③。梅氏据此得出结论:"文章体裁不同,小说、词曲固可用白话,诗文则不可。"④

在反驳胡适观点之外,梅光迪也提出了自己的文学革命方案:"一曰摒去通用陈言腐语……二曰复用古字以增加字数……三曰添入新名词,如科学、法政诸新名字,为旧文学中所无者……四曰选择白话中之有来源、有意义、有美术之价值者之一部分,以加入文学,然须慎之又慎耳。"⑤梅光迪所言摒去陈言腐语并非胡适所言作为"死文字"之文言,乃是俗套之文字。从梅氏提出的改革方案来看,其第四条主张似乎采纳了胡适的观点,同意将部分白话纳入文学之中,但是却为此添加了数条限定,要求"有来源、有意义、有美术之价值"的白话才可被纳入,且即便纳入也须"慎之又慎",而且还在文后附言:"以上二、三、四三者为建设的,而以第二为最要最有效用,以第四为最轻,最少效用。"⑥由此可见梅光迪提出的四条意见,仍以第四条最为次要,因此梅光迪的所谓让步其实是极其有限甚至只是徒具形式的。并且他全然不将白话视作文学的构成,因为在他看来白话缺乏

---

①②③⑤⑥　罗岗、陈春艳编:《梅光迪文录》,第 170—171 页。此为 1916 年
8 月 8 日梅光迪致胡适信中语。

④　罗岗、陈春艳编:《梅光迪文录》,第 168 页。

文学审美价值，所以他格外强调"有美术之价值"的白话才可纳入文学。

　　此外，梅光迪还一再强调文学革命非一日之功，需要循序渐进："天下事最忌简易与速成，吾人如欲文学革命必须取极迂远之途，极困难之法，为极大之精神与脑力上之牺牲，始可有成耳。"①而按照梅光迪的设计方案，他理想中的文学革命的操作步骤应当是"第一件须精通吾国文字，多读古书，兼及汉以来之百家杂史、说荟笔记等，为从来 Orthodox 文学②所不介意者；再一面输入西洋文学与学术思想，而后可言新文学耳"③，强调须从中国古书、传统文学和民间文学中汲取养分，再输入西洋文学与学术方法，之后才有可能推行文学革命。梅光迪非但不认可应以"活文学"之白话取代"死文学"之文言，更十分强调对中国古代文学经典的吸收与借鉴，认为文学革命必须以此为根基方能有所成效。

　　而由泛湖即事诗引发的胡适对梅光迪的戏谑白话诗及梅光迪复信中的大抒不满可见，梅、胡之间的争执事实上已经愈演愈烈。在针对胡适的几首戏谑白话诗的复函中，梅光迪对胡适的批评也就显得相当不客气了。他直斥胡适"读大作如儿时听'莲花落'，真所谓革尽古今中外诗人之命者，足下诚豪健哉！"④并且将胡适的文学革命主张上升到哗众取宠、故以惊骇之语炫人耳目为己博名的程度，称胡适"皆喜以前无古人后无来者自豪，皆喜诡立名字，号召徒众，以眩骇世人之耳目，而己则从中得名士头衔以去焉，其流弊则鱼目混珠，真伪无辨，taste 及 standard 尽亡"⑤。并将胡适提倡用白话作诗作文与当时美国流行的小说、杂志、戏曲相比，称胡适此举无异于是将文学

―――――――――――

　　①③　罗岗、陈春艳编：《梅光迪文录》，第 172 页。此为 1916 年 8 月 8 日梅光迪致胡适信中语。

　　②　正统文学。

　　④⑤　罗岗、陈春艳编：《梅光迪文录》，第 167 页。

之糟粕输入祖国,贻害无穷也。

事实上,除了得到陈衡哲的支持与鼓励,胡适在其他留学生群体中收获的同盟军是相当少的。"胡适在留学生朋友那里得不到支持,自然转而向国内谋求同道,于是他把文章寄给《新青年》就是顺理成章的行为了。"①但有趣的是胡适对各位反对者的态度各有不同,对于梅光迪,胡适的态度表现得相当强硬。《胡适留学日记》手稿本中一段胡适借他人之口对梅光迪进行品评的材料颇值得注意:"偶问郑春君梅觐庄如何。君曰:'rather impulsive,but not quite logical.'吾以为知人知言。"②而这段评价并不见于排印本中,显然是胡适意识到此条评语有些刻薄且有臧否他人之嫌,于是着意删去了。但据此我们不难见出胡适对于梅光迪的真实态度,尽管胡适日后一再强调正是与梅光迪针锋相对的争执使得他一步步坚定和完善了文学革命的相关主张,但是胡、梅之间的关系确实也因此发生着微妙的改变。1917年春假梅光迪与唐钺同游纽约,与胡适会面,两位重逢老友又就文学改良问题日日争论,然而胡适认为:"觐庄别后似仍不曾有何进益,其固执守旧之态仍不稍改。夫友朋讨论,本期收观摩之益也,若固执而不肯细察他人之观点,则又何必辩也?"③隐隐流露出"道不同不相为谋"的失望与无奈之感。胡、梅有关文学革命的争论日后被建构成了现代文学史上最重要的争论之一,但之于胡、梅二人而言却不能说仅仅止步于良好的学术讨论范畴内。胡、梅二人渐渐从相交怡怡、变成了陷于学术探讨的针锋相对,再到不乏意气之争的颇有微词,直至到归国之后的一度冰冷、渐为疏远,诚然令人唏嘘不已。

---

① 刘克敌:《民国学风》,第 39 页。

② 意即"有点冲动,但不太符合逻辑"。

③ 胡适:《胡适留学日记手稿本·胡适劄记第十四册》,1917 年 4 月 11 日追记;《胡适留学日记》第四册,第 1125—1126 页。

　　梅光迪与胡适在有关文学革命问题的看法上一直各执一端，胡适认为梅光迪"固执己见"，梅光迪认为胡适急功近利。胡适先梅光迪回国任教于北京大学，当梅光迪从哈佛毕业时，胡适邀请梅光迪同来北大执教，对此邀约梅光迪心存顾虑，在多封复胡适信函中表达了这层担忧。1918 年 7 月 24 日复胡适函中梅光迪提到："嘱来北京教书，恨不能从命。一则今夏决不归国，二则向来绝无入京之望。"①因为距离梅光迪回国还有一段时日，来北大教书之请似乎暂时被搁置。直到 1919 年 3 月梅光迪信中再度提及此事，其态度亦可见一斑："弟来北大授课事究竟为足下所欢迎否？弟朴诚人，决不愿挟朋友之情而强足下以所难。若足下真能容纳'异端'，英文科真需人，则弟自愿来，否则不必勉强也。"②信中称自己为"异端"，已显见地表达出对新文学的态度，并不忘再度申明自己的主张同时也警示胡适："弟意言学术者，须不计一时之成败，尤须不期速成，不从多数故。弟之不服之，欲与足下作战者以此。若足下以为一学说之兴能风行一时，即可称其成功，不惧反对者之崛起，则误矣。"③梅光迪于 1920 年初回国，他最终未执教于北大，而是去了天津的南开大学。

　　归国后梅光迪依然不改其志，在复胡适函中表明态度："我仍旧相信作小说、戏剧，可用白话；作论文和庄严的传记（如历史和碑志等）不可用白话。"④而当此之时胡适恰要来天津演讲，梅光迪在信函中称："若你始终拿世俗眼光看我，脱不了势利观念，我只有和你断绝

---

　　①　罗岗、陈春艳编:《梅光迪文录》，第 177 页，此为梅光迪 1918 年 7 月 24 日致胡适信中语。

　　②　罗岗、陈春艳编:《梅光迪文录》，第 179 页，此为梅光迪 1919 年 3 月 2 日致胡适信中语。

　　③　罗岗、陈春艳编:《梅光迪文录》，第 178 页，此为梅光迪 1919 年 3 月 2 日致胡适信中语。

　　④　罗岗、陈春艳编:《梅光迪文录》，第 181 页，此为梅光迪 1920 年 2 月 9 日致胡适信中语。

关系而已。（你这回来，我或请你吃饭或不请，到那时看我的兴趣如何再定。）"①从中也不难察见梅光迪之固执与狂狷，因意见相左影响到彼此间友谊似乎是很显见的了。1921 年梅光迪转赴东南大学执教，并和胡先骕以及即将回国的吴宓一起，创办《学衡》杂志，正式向新文学宣战，欲与其分庭抗礼。

被梅光迪引以为同道的胡先骕早在 1919 年就曾发表过《中国文学改良论》，对胡适、陈独秀的文学革命之说大加批判，罗家伦为此还专撰文《驳胡先骕君的中国文学改良论》与之对话、互驳。胡先骕坚决反对为主张白话而推倒文言，而且认为胡适以"达意"为文学价值高低之标准是混淆了"文字"与"文学"。在胡先骕看来，"文字仅取其达意，文学则必达意之外，有结构，有照应，有点缀。而字句之间，有修饰，有锻炼……今之言文学革命者，徒知趋于便易，乃昧于此理也"②。并提出今日欲创造新文学，"必以古文学为根基而发扬光大之"③。而在《学衡》创刊之际，梅光迪旗帜鲜明地竖起了反对的大旗，向新文学发动进攻："若古文白话之递兴，乃文学体裁之增加，实非完全变迁，尤非革命也……盖文学体裁不同，而各有所长，不可更代混淆，而有独立并存之价值，岂可尽弃他种体裁，而独尊白话乎。"④并指斥新文化者"非思想家乃诡辩家"，"非创造家乃模仿家"，"非学问家乃功名之士"，"非教育家乃政客"⑤。胡适对此不能不说是介怀的，1921 年暑期胡适应商务印书馆高梦旦之邀来沪考察，郭秉文曾建议其留在商务印书馆，并兼任东南大学事，胡适却坚称："东南大学是不能容我的。我在北京，反对我的人是旧学者与古文家，这

---

　　①　罗岗、陈春艳编：《梅光迪文录》，第 181 页，此为梅光迪 1920 年 2 月 9 日致胡适信中语。

　　②③　胡先骕：《中国文学改良论》（上），《东方杂志》1919 年第 16 卷第 3 期。

　　④⑤　梅光迪：《评提倡新文化者》，《学衡》1922 年第 1 期。

是很在意中的事;但在南京反对我的人都是留学生,未免使人失望。"①其中的介意与失望之情难掩,胡适亦曾做过一首题为《学衡》的打油诗:

老梅说:
"《学衡》出来了,老胡怕不怕?"(迪生问叔永如此)?
老胡没有看见什么《学衡》,
只看见了一本《学骂》!②

虽是诙谐调侃,但亦可见观念分歧已然不可避免地影响到了彼此的交谊。胡适对《学衡》反对白话文学之态度也是颇不以为然的,称他们"也只能谩骂一场,说不出什么理由来"③。尽管胡适将《学衡》之价值降格为"学骂",但他对于《学衡》杂志以及评述《学衡》的相关评论亦是颇为留心的:"东南大学梅迪生等出的《学衡》,几乎专是攻击我的。出版之后,《中华新报》(上海)有赞成的论调,《时事新报》有谩骂的批评,多无价值。今天《晨报》有'式芬'的批评,颇有中肯的话,末段尤不错。"④胡适还将他认为评论颇中肯的式芬的《评〈尝试集〉匡谬》粘贴附于日记中,足可见其关注与在意。

梅光迪与胡适最初相识于 1910 年,梅光迪当时就读于复旦公学,其室友胡绍庭是胡适的小老乡,经由胡绍庭介绍二人始订交。梅光迪与胡适一同参加了 1910 年的庚子赔款赴美留学考试,然梅光迪

① 曹伯言整理:《胡适日记全编 3》,第 386 页。
② 曹伯言整理:《胡适日记全编 3》,第 549 页,此为胡适 1922 年 2 月 4 日日记中所载。
③ 胡适:《五十年来中国之文学》,第 91 页。
④ 曹伯言整理:《胡适日记全编 3》,第 546—547 页,此为胡适 1922 年 2 月 4 日日记中所载。

因英文不佳而落榜,于是比胡适迟一年赴美。梅光迪在清华预备班读书之时与已然赴美的胡适之间书信从未断绝,梅光迪赴美之后,二人之间也一直书信相传,往来不绝。事实上尽管他们二人对于程朱学说的看法大异其趣,但梅光迪依然颇为欣赏胡适的学问才华。梅光迪所抱持的是"古学救国"①"合中西于一"的主张,希望能做到"于国学则当洗尽二千年来之谬说;于欧学则当探其文化之原与所以致盛之由,能合中西于一,乃吾人之第一快事"②。梅光迪对胡适的期待也主要是寄望于其能在古典文学和传统学术上有所发展:"深望如足下者为吾国复兴古学之伟人,并使祖国学术传播异域,为吾先民吐气。"③因为在梅光迪看来,"除了科学技术等社会上实用知识,欧美较有长处外,其余皆不如中国远甚"④。

　　胡适于 1915 年夏季大张文学革命之旗,通过对传统文学的批判来彰显白话文学之价值与使命。而梅光迪一直期许胡适能在中国传统学术上有所成,与自己一道以西方文学理论与学术方法研究中国传统文学以开新文学之新局面。胡适的举动与他的设计显然南辕北辙,因此梅光迪对于胡适的批评最为激烈其实是顺理成章且其来有自的。梅光迪对于胡适的寄望和自以为志同道合的学术期许的落空,激起了他很大的不满与不甘,因此愤怒、痛惜与不解充斥其间,制造出了可以称得上现代文学史上最有名的学术争论之一。通过对胡适与梅光迪各自文学革命方案与各自主张和立场的剖析不难见出,在个人经历的偶然性背后确实隐蓄着历史的必然,而这种丰富性的

---

　　①　罗岗、陈春艳编:《梅光迪文录》,第 115 页,此为梅光迪 1911 年 10 月 8 日致胡适信中语。

　　②　罗岗、陈春艳编:《梅光迪文录》,第 120 页,此为梅光迪 1912 年正月十七致胡适信中语。

　　③　罗岗、陈春艳编:《梅光迪文录》,第 122 页,此为梅光迪 1912 年正月十九致胡适信中语。

　　④　耿云志:《胡适研究十论》,第 283 页。

获得也是个人生命史研究下文学空间得以打开的佳处所在。

2. 胡适与任鸿隽、朱经农诸君的争论与互动

据《胡适留学日记》和《逼上梁山——文学革命的开始》及《中国新文学大系·建设理论集导言》诸文的自我建构不难看出,留美时期胡适所提出的文学革命主张遭到了包括梅光迪、任鸿隽、朱经农、杨静佛、唐钺等在内的诸多友人的质疑与反对,唯有陈衡哲对胡适的主张表示同情和支持。陈衡哲虽未参与论战,但据胡适在《小雨点序》中称:"但她对于我的主张的同情,给了我不少的安慰与鼓舞……她是我的一个最早的同志。"陈衡哲与胡适相识于胡适留美生活的后期,他在日记中有过记录,"吾于去年十月始与女士通信"(去年指1916 年),然而据胡适统计,其与陈衡哲往来通信颇为频密:"五月以来,论文论学之书以及游戏酬答之片,盖不下四十余件。在不曾见面之朋友中,亦可谓不常见者也。"①在陈胡通信中出现了不少白话打油诗,虽然主要内容多是朋友间的打趣与亲密情感的交流,但亦可视作早期的白话诗尝试。陈衡哲更是以白话小说创作实绩声援了胡适的白话文学主张,其所创作的白话短篇小说《一日》发表在了胡适所负责主编的《留美学生季报》上。陈衡哲的《一日》"虽在国内影响甚微,却毕竟是文学革命讨论时期最先用白话创作的短篇小说"②。学者易竹贤即从陈衡哲与胡适个人交往史的角度做出过深入探讨,提出:"如果说,胡适作为文学革命的急先锋,着重以革命的号召和理论的鼓吹,呼唤着中国新文学的春天;那么,陈衡哲便是新文学队伍初起时一位默默的耕云播雨者,她以自己的情感和心血,酿造成晶莹的'小雨点',滋润着新文学春天里的幼苗。他们都是开创新文学春天

---

① 胡适:《胡适留学日记手稿本·胡适劄记第十四册》,1917 年 4 月 11 日追记;《胡适留学日记》第四册,第 1125 页。

② 易竹贤:《终生不渝的友情——陈衡哲与胡适之》,引自李又宁主编:《胡适与他的朋友》,第 232 页。

的有功之臣。"①但笔者以为此论似有将陈衡哲的历史作用拔高之嫌。作为五四一代新文学家与第一代庚款赴美女留学生的陈衡哲,很看重自己作为中国现代文化交流者的身份,她在1935年用英文撰写的自传 AUTOBIOGRAPHY OF A CHINESE YOUNG GIRL 中有意将自己塑造成一个中国文化和中国现代女性的代言人。她认为自己作为过渡时代和转型时期的中国第一代女留学生,经历过民元政治经济的剧烈斗争与社会革命,因此有资格也渴望以自我的人生经历为借镜,以自身为中介桥梁,向西方世界介绍和展现中国文化。她多次担任太平洋国际会议的中方代表,代表中国赴美日参会,但事实上她在文学革命中所发挥的影响力是较为有限的。

　　相较于胡适与梅光迪之间的剑拔弩张,胡适与任鸿隽之间的讨论显得温和许多,胡适对待任鸿隽和对梅光迪的态度也很不一样。与梅光迪一样,针对胡适戏谑梅光迪的几首白话诗,任鸿隽也有复函,并且对胡适的白话诗试验也很不以为然。但在给任鸿隽的复信中胡适却说:"足下来书忠厚质直,谆谆恳恳,所以厚我者深矣。"②胡适称他与任鸿隽之间的讨论为"质直的辩论"③,在信的末尾也表示:"愿叔永勿以论战之文字视之,而以言志之文字祝之,则幸甚矣。"④并再度强调"足下又非视我为'诡立名目,号召徒众,以炫骇世人之耳目,而己则从中得名士之头衔以去者'"⑤,在肯定任鸿隽提出的批评真诚恳切之外,更表达了对梅光迪的不满。

　　任鸿隽在复函中将白话与京腔高调等而视之,其结论是:"白话

---

　　①　易竹贤:《终生不渝的友情——陈衡哲与胡适之》,引自李又宁主编:《胡适与他的朋友》,第233页。

　　②③⑤　胡适:《胡适留学日记手稿本·胡适劄记第十二册》,1916年7月30日补记;《胡适留学日记》第四册,第985页。

　　④　胡适:《胡适留学日记手稿本·胡适劄记第十二册》,1916年7月30日补记;《胡适留学日记》第四册,第994页。

自有白话用处（如作小说演说等），然却不能用之于诗。"①因为在任鸿隽看来，文学革命绝非仅仅只是文言与白话之争，如果按照胡适以白话代文言之主张，则"将令吾国作诗者皆京调高腔，而陶谢李杜之流，永不复见于神州，则足下之功又何如哉！心所谓危，不敢不告。……足下若见听，则请他方面讲文学革命，勿徒以白话诗为事矣"②。任鸿隽的反对之辞可谓与梅光迪颇有相通之处，他们都认为胡适过分拘执于文言与白话之争是失之简单和相当片面的。但是不同于梅光迪的不可用白话作诗作文的主张，任鸿隽主要反对的是用白话作诗。

胡适在充分肯定任鸿隽本于学术讨论的质直态度后，分别针对任鸿隽来函中的三大质疑展开批驳，以求各个击破。其一是针对任鸿隽"白话自有白话用处（如作小说演说等），然却不能用之于诗"③的观点，胡适援引了陆游的七首诗进行反驳，认为白话入诗古已有之，且创作不在少数，又言"至于词曲，则尤举不胜举"④，黄庭坚的《望江东·江水西头隔烟树》、辛弃疾的《寻芳草·有得许多泪》、柳永的《画夜乐》都被胡适用作引证说明，而这些用以征引的证据正是胡适此前抄录于札记中的备用素材资料。胡适还特别举例《琵琶记》，指出"此次作白话长诗，其得力处都在'杂剧'"⑤。胡适据此得出结论："白话未尝不可以入诗，但白话诗尚不多见耳……白话之能不能作诗，此一问题，全待吾辈解决。解决之法，不在乞怜古人，谓古之所

---

①③　胡适：《胡适留学日记手稿本·胡适劄记第十二册》，1916 年 7 月 30日补记；《胡适留学日记》第四册，第 983 页。

②　胡适：《胡适留学日记手稿本·胡适劄记第十二册》，1916 年 7 月 30 日补记；《胡适留学日记》第四册，第 984 页。

④　胡适：《胡适留学日记手稿本·胡适劄记第十二册》，1916 年 7 月 30 日补记；《胡适留学日记》第四册，第 988 页。

⑤　胡适：《胡适留学日记手稿本·胡适劄记第十二册》，1916 年 7 月 30 日补记；《胡适留学日记》第四册，第 989 页。

无今必不可有,而在吾辈实地试验。"①

　　胡适进而对任鸿隽的第二个观点"如凡白话皆可为诗,则吾国之京调高腔何一非诗?"②也展开了批驳。他指出:"京调高腔未尝不可成为第一流文学……适以为但有第一流文人用京调高腔著作,便可使京调高腔成第一流文学。病在文人胆小不敢用之耳。"③为了对立论进行再度自我合理化,胡适还提出:"以适观之,今日之唱体的戏剧有必废之势,(世界各国之戏剧都已由诗体变为说白体),京调高腔的戏剧或无有升为第一流文学之望,然其体裁,未尝无研究及实验之价值也。"④从世界文学的发展趋势和文体价值角度出发,胡适肯定了京调高腔的文学并不低人一等,亦有发展上升为第一流文学之可能与希望,因此是值得尝试与研究的。

　　而对任鸿隽所言"今且假定足下之文学革命成功,将令吾国作诗者皆京调高腔,而陶谢李杜之流,永不复见于神州,则足下之功又何如哉"⑤,胡适又展开了第三轮驳斥。言及"绝对不认'京调高腔'与'陶谢李杜'为势不两立之物"⑥,并且化用了任鸿隽提出的'京调高腔'的说法发表了自己的文学革命宣言:"(一)文学革命的手段,要令国中的陶谢李杜皆敢用白话高腔京调做诗;(二)文学革命的目的,要令中国有许多白话……高腔京调的陶谢李杜。换言之,则要令

---

　　①　胡适:《胡适留学日记手稿本·胡适劄记第十二册》,1916 年 7 月 30 日补记;《胡适留学日记》第四册,第 989—990 页。

　　②③　胡适:《胡适留学日记手稿本·胡适劄记第十二册》,1916 年 7 月 30 日补记;《胡适留学日记》第四册,第 990 页。

　　④　胡适:《胡适留学日记手稿本·胡适劄记第十二册》,1916 年 7 月 30 日补记;《胡适留学日记》第四册,第 992 页。

　　⑤　胡适:《胡适留学日记手稿本·胡适劄记第十二册》,1916 年 7 月 30 日补记;《胡适留学日记》第四册,第 984 页。

　　⑥　胡适:《胡适留学日记手稿本·胡适劄记第十二册》,1916 年 7 月 30 日补记;《胡适留学日记》第四册,第 993 页。

陶谢李杜出于白话高腔京调之中。（三）……若陶谢李杜生于今日而为陶谢李杜当日之诗，必不能成今日之陶谢李杜。何也？时世不同也。（四）我辈生于今日，与其作不能行远不能普及的五经两汉六朝八家文字，不如作家喻户晓的《水浒》《西游》文字。与其作似陶似谢似李似杜的诗，不如作不似陶不似谢不似李不似杜的白话高腔京调。"①

这四条宣言中的第一条是针对文人学士的，提出文人学士须破除陈见，能用白话作诗；第二条即指明用白话作诗的目的是促其成为风潮，而为世人所接受；第三条即"一时代有一时代之文学"，是着眼于历史进化论的观点呈现；第四条则是从白话文学的功用与意义角度出发提出白话文学之所以重要，之所以需要提倡乃在于其利于普及，能使受众听懂。

胡适在1916年8月4日的《再答叔永》札记中再度立足于文学工具论确认了白话作为文学革命利器的意义。胡适称："文字者，文学之器也。我私心以为文言决不足为吾国将来文学之利器。施耐庵曹雪芹诸人已实地证明作小说之利器在于白话。今尚需人实地试验白话是否可为韵文之利器耳。"②

除了梅光迪和任鸿隽，朱经农也明确反对胡适以白话作诗。朱经农认为进化论"不足以为白话诗之护符也。凡理论必须与事实相符，然后足以服人，若以进化之空谈抹杀古文之好处，弟终期之以为不可"③。并明白指出："弟谓白话诗无甚好处，兄其毋以进化之说相

---

① 胡适：《胡适留学日记手稿本·胡适劄记第十二册》，1916年7月30日补记；《胡适留学日记》第四册，第993页。

② 胡适：《胡适留学日记手稿本·胡适劄记第十二册》，1916年8月4日；《胡适留学日记》第四册，第996页。

③ 杜春和、韩荣芳、耿来金编：《胡适论学往来书信选》（上册），第398页，此为朱经农1916年某月7日致胡适信中语，根据《胡适留学日记》推测当为7或8月。

难也。"①并在往来信函中再三言及其主张:"白话诗无甚可取。吾兄
所作孔丘诗乃极古雅之作,非白话也。古诗本不事雕斫。六朝以后,
始重修饰字句。今人中李义山獭祭家之毒,弟亦其一,现当力改。兄
之诗谓之返古则可,谓之白话则不可。盖白话诗即打油诗。"②胡适
对于朱经农提出的"返古"之说相当不以为然,他在复信中声明:"适
极反对返古之说,宁受'打油'之号,不欲居'返古'之名也……今吾人
亦当自造新文明耳,何必返古?"③

　　胡适发现无论是梅光迪还是任鸿隽或是朱经农都持一种共同论
调,即"白话文的生动可以用到许多别的写作上去,如评话、故事和长
篇小说,但是就是不能用在诗里面"④。胡适意识到其与友朋们一年
多的争论已逐渐集中到一个中心议题,"这个中心议题便是:白话文
用在文学其他任何部门都很适合,就是不能'用之于诗'。诗一定要
用有锻炼的文字来写"⑤。用白话作诗成为胡适文学革命主张争议
最大之处,对此胡适认为多辩无益,遂决定以创作白话新诗作为回应
反对之声的尝试。

　　胡适此举也是受到杜威实验主义的影响,他有意将实验主义的
理论运用到文学改良的实践中来。胡适认定"只有实践证明才是检
验真理的唯一标准。同时要证明一个理论之是否有真理的唯一方
法,也便是想出这个理论在实际运用上牵涉到各种情况;然后在实验
中观察这一特殊理论是否能解决某一问题的初步困难,从而进一步

───────────

　　①　杜春和、韩荣芳、耿来金编:《胡适论学往来书信选》(上册),第399页,
此为朱经农1916年某月7日致胡适信中语,根据《胡适留学日记》推测当为7
或8月。

　　②　胡适:《胡适留学日记手稿本·胡适劄记第十二册》,1916年8月4日;
《胡适留学日记》第四册,第998页。

　　③　胡适:《胡适留学日记手稿本·胡适劄记第十二册》,1916年8月4日;
《胡适留学日记》第四册,第998—999页。

　　④⑤　[美]唐德刚译注:《胡适口述自传》,第147页。

找出一个原来所要寻找的解决方案。"①经过与留美诸君的讨论,胡适认识到白话作为活文学的理论已经在小说、元曲、民歌等文学领域得到实际证明与接受,而只有在"白话诗词"这一领域遭到最大阻力,因此胡适决定通过创作白话诗这一尝试来对"用白话作诗"这一假设进行证明。

胡适归国后所编的《尝试集(一编)》集中收录了他这一时期实地试验白话新诗的成果,而《去国集》则是胡适留美时期文言诗词的集中收录。从《去国集》到《尝试集》,并非简单地从文言到白话的语言工具的革新,也并非对旧体诗词的完全弃置,《尝试集》中的白话诗依然沿用了相当多旧体诗词曲调,而且创作水平并不稳定,文言与白话混杂。这种含有割裂之感的诗体实验,在笔者看来,其思想史价值是远远大于其文学价值的。胡适蕴蓄其间的文学革命思想的日趋形成及抑制不住的"敢为天下先"的豪气,使得其诗词创作本身即与文学革命思想观念的发展与更新相关联。

但毋庸讳言的是,面对友人们的同声反对,胡适其实是颇为沮丧的。在向任鸿隽宣誓自己要以白话诗创作开掘文学新地时,胡适的语气是颇为闪烁和不确定的,胡适言及:"吾去志已决。公等假我数年之期。倘此新国尽是沙碛不毛之地,则我或终归老于'文言诗国'亦未可知。倘幸而有成,则辟除荆棘之后,当开放门户,迎公等同来莅止耳!"②但功夫不负有心人,胡适的白话诗试验在当时确也收到了一定效果。在 1916 年 9 月 15 日的札记中胡适以欣喜的笔触记下:"余初作白话诗时,故人如经农、叔永、觐庄皆极力反对。两月以来,余颇不事笔战,但作白话诗而已。意欲俟'实地试验'之结果,定

---

① [美]唐德刚译注:《胡适口述自传》,华东师范大学出版社,1993 年,第 148 页。

② 胡适:《胡适留学日记手稿本·胡适劄记第十二册》,1916 年 8 月 4 日;《胡适留学日记》第四册,第 996—997 页。

吾所主张之是非。今虽无大效可言,然《黄蝴蝶》《尝试》《他》《赠经农》四首,皆能使经农、叔永、杏佛称许,则反对之力渐消矣。经农前日来书,不但不反对白话,且竟作白话之诗,欲再挂'白话'招牌。吾之欢喜何待言也!"①

初见成效的白话诗试验使得胡适逐渐建立起信心,随着创作白话诗和对友人旧体诗的消解与戏仿,胡适的文学革命观念也渐趋成熟。《去国集》中的文言诗词,束守格律,但已显露出实行文学革命的迫切之意。如在《送梅觐庄往哈佛大学》中,胡适即宣称:"新潮之来不可止,文学革命其时矣。"大有为文学革命造势之感。和《去国集》中借用词调多写自述其志、与友人送别和出游之作不同,胡适此一时期的白话新诗试验(后收入《尝试集》一编)往往通过戏仿、闲话、打趣、打油等形式试验,以期消解旧诗严肃、雅正的文类地位。《赫贞旦答叔永》一诗是胡适回应任鸿隽的五言长诗,任鸿隽反对用白话作诗,胡适此诗有一种以创作应对挑战之意。该诗白描了"赫贞江"清晨之景和自己早上的行止用餐,虽还意在兼顾并未放弃押韵,但是如同写信一般,末尾几句"老任倘能来,与你分一半"更有如闲话家常。闲话、打趣、调侃之感,消解了诗体的严肃性,制造了一种日常的轻松与油滑的亲切自然。

此外,胡适还格外注重从小处着眼和进行细部观察。《蝴蝶》诗是典型以小写大的思路,胡适从细微处着眼,看似咏物,却是以此书写孤单的内在感受与情感动力。又如 1916 年 12 月 5 日所作的《十二月五夜月》,写月照无眠之情境,但之所以无眠不是因为月色勾起了"我"的情思,而是"我"自己"卧看不肯睡",就因为想看月光,而且"更不想什么",以口语入诗,"月可使人愁,定不能愁我"。等到夜色更晚,月冷寒江静时,我想睡觉了,那么月亮你得照着我,让我一夜无

---

① 胡适:《胡适留学日记手稿本·胡适劄记第十二册》,1916 年 9 月 15 日;《胡适留学日记》第四册,第 1032—1033 页。

梦到天明啊！这是诗人自由意志在调动书写,拒斥掉的是月色引发
愁绪,情随景动的传统审美经验与情感结构,诗人完全以自我意志为
转移,体现出的也是内面性的自我主体性的放大与高扬。

胡适喜以日常见闻、小细节、琐事、片段入诗,描写的都是细部的
感受与刹那瞬间的情感经验。围绕自我日常、出游、赏雪、看月、送别
友人、回忆往日生活等题材,重视新诗在表达自我与个人叙事方面的
价值,常以写实性的日常性经验入诗。胡适认为白话新诗具有旧体
诗表达不出的情致和旧体诗无法细腻表达出的情感与思想的复杂细
密,而达意上的明白清楚和自我主体性的凸显更是胡适所始终践行
和坚持的白话诗理想。但是胡适的一番"尝试"之举似乎也并未完全
得到其意想中的留美诸君的态度改观。1918 年 11 月 3 日,任鸿隽
自美归国,是日在上海写信给胡适,在信中谈论了他读《新青年》的一
些想法与感受,任鸿隽仍然认为:"兄等的白话诗(无体无韵)绝不能
称之为诗。"①

（三） 主张的明晰与系统化：从《沁园春·誓诗》到《文学改良刍议》

胡适在与诸多友人的互辩中逐渐意识到其以白话代文言的主张
是最不易被人所接受的,而以白话作诗更是成为众矢之的,因此他决
定以作白话诗作为文学革命的突破。在 1916 年 4 月 5 日的日记中
胡适呼喊:"文学革命何可更缓耶? 何可更缓耶?"之后未久,即在 4
月 12 日的日记中写下一首《沁园春》词,并在词中写道:"文章革命何
疑! 且准备搴旗作健儿。要前空千古,下开百世,收他臭腐,还我神
奇。为大中华,造新文学,此业吾曹欲让谁? 诗材料,有簇新世界,供

①　耿云志:《胡适年谱》,四川人民出版社,1989 年,第 66 页。

我驱驰。"①此后胡适又于 1916 年 4 月 14 日、16 日、18 日、26 日对此诗先后进行过修改。查《胡适留学日记》手稿可知,胡适于 4 月 26 日当天写定《沁园春》词如下:

> 更不伤春,更不悲秋,与诗誓之。任花飞叶落,何问人事?莺娇草软,不为卿迟。无病而呻,壮夫所耻,何必与天为笑啼!吾狂甚,谓哀音亡国,更不须疑。　　文章贵有神思,到琢句雕词意已卑。要不师汉魏,不师唐宋,但求似我,何效人为?语必由衷,言须有物,此意寻常当告谁?从今后,待划除臭腐,还我神奇。②

之后胡适又对 26 日日记中所录的《沁园春》再改动过两次,主要修改集中在"谓哀音亡国,更不须疑"两句。胡适先以朱笔将此两句修改为"吾狂甚,更无肠可断,无泪堪挥",之后又以朱笔对其进行修改,改作"颇肠非易断,泪不轻垂"。排印本中此条日记标题被拟为《沁园春·誓诗》(四月廿六日第五次改稿)》,而事实上胡适对此词已经不止修改过五次了。胡适之后也称这首词前后修改约有十次,"但后来回头看看,还是原稿最好,所以《尝试集》里用的是最初的原稿"③。而胡适之所以如此看重《沁园春》词,是因为它不只是一首普通的白话创作,更是"一篇文学革命宣言书"④。《沁园春》词作为《去国集》的压轴之作,又被胡适在《尝试集·自序》中全文引用:

---

①　胡适:《胡适留学日记手稿本·胡适劄记第十册》,1916 年 4 月 12 日;《胡适留学日记》第三册,第 889 页。

②　胡适:《胡适留学日记手稿本·胡适劄记第十一册》,1916 年 4 月 26 日。

③　胡适:《胡适留学日记手稿本·胡适劄记第十一册》,1916 年 4 月 26 日;《胡适留学日记》第四册,第 902—903 页。

④　胡适:《尝试集·自序》,第 27 页。

更不伤春，更不悲秋，以此誓诗。任花开也好，花飞也好；月圆固好，日落何悲！我闻之曰，"从天而颂，孰与制天而用之？"更安用，为苍天歌哭，作彼奴为！　　文章革命何疑！且准备搴旗作健儿。要前空千古，下开百世；收他臭腐，还我神奇！为大中华，造新文学。此业吾曹欲让谁？诗材料，有簇新世界，供我驱驰。[①]

对照 1916 年 4 月 12 日日记中的《沁园春》词，确与胡适《尝试集·自序》中引用的《沁园春》词是一致的。而比较可知，《尝试集·自序》中的《沁园春·誓诗》（也即 4 月 12 日的原稿）与 4 月 26 日留学日记中最后改定的《沁园春》词之间实际上存在较大差异。日记手稿中 26 日改定的《沁园春》词着意强调作诗如"无病而呻"则是"壮夫所耻"之行为，重点强调"要不师汉魏，不师唐宋，但求似我，何效人为？"，着力批判"摹仿古人""雕句琢词"，提倡作诗应"语必由衷，言须有物"。事实上已然涵盖了其之后在"新文学之八事"中所提倡的"不作无病之呻吟""不摹仿古人""须言之有物"等侧重文学内容方面的主张了。而《尝试集·自序》中的《沁园春》（即原稿版本）与 26 日日记手稿中的改订版之间最大的不同集中在词的下半阕。《尝试集》提供的下阕版本中，无论是"文章革命何疑！"还是"为大中华造新文学"，都颇合"誓诗"的口吻。但实际上"誓诗"是后来出版《尝试集》时胡适所加的诗题，原词题仅为《沁园春》，并无"誓诗"二字，一定程度上是胡适追溯自己倡导文学革命思想轨迹时所进行的有意建构。相较于日记手稿中侧重从内容层面出发对新文学提出期待，《尝试集·自序》中则更多是围绕作为"一篇文学革命宣言书"的要求进行定位的，"文章革命""造新文学"，以及"准备搴旗作健儿""此业吾曹欲让谁？诗材料，有簇新世界，供我驱驰"的舍我其谁的抱负与气势洋溢其中，这也就

---

① 　胡适：《尝试集·自序》，第 27 页。

难怪胡适最终会采用原稿了。但是"造新文学"之意图绝非后见之明的有意营构,胡适在 1916 年 7 月 13 日追记的日记中,即提及其"再过绮色佳时,觐庄亦在,遂谈及'造新文学'事"①。

胡适真正系统提出"造新文学"之主张,则是在其 1916 年 8 月 21 日的日记中,他提出新文学之要点,约有八事:

> (1) 不用典。
> (2) 不用陈套语。
> (3) 不讲对仗。
> (4) 不避俗字俗语。(不嫌以白话作诗词。)
> (5) 须讲求文法。
> ——以上为形式的方面
> (6) 不作无病之呻吟。
> (7) 不摹仿古人。
> (8) 须言之有物。
> ——以上为精神(内容)的方面。②

而这新文学之八事,胡适在 1916 年 8 月 19 日写给朱经农的信中即已提出。在笔者看来,这是胡适为文学革命设置的"最大公约数",因为从胡适在八条件之后所作结语不难看出胡适的留有余地与商榷口吻。"能有这八事的五六,便与'死文学'不同,正不必全用白话。白话乃是我一人所要办的实地试验。倘有愿从我的,无不欢迎,却不必

---

① 胡适:《胡适留学日记手稿本·胡适劄记第十一册》,1916 年 7 月 13 日追记;《胡适留学日记》第四册,第 955 页。

② 胡适:《胡适留学日记手稿本·胡适劄记第十二册》,1916 年 8 月 21 日;《胡适留学日记》第四册,第 1002—1003 页。

强拉人到我的实验室中来"①。而文学革命八条件作为胡适文学改良思考的雏形，又经历了两个不同版本：一是 1916 年 8 月 21 日写给陈独秀信中的文学革命之八事，这封信在《新青年》1916 年第 2 卷第 2 期的通信栏登出；一是后来作为文学革命先声的《文学改良刍议》。《文学改良刍议》实际上胡适是"一稿多投"，同时刊载于《留美学生季报》1917 年第 4 卷第 1 期。然而在异域并未掀起太多水花的《文学改良刍议》却悄无声息地在中国内地奏响了文学革命之前奏。罗志田认为胡适与陈独秀的遇合意义重大，意味着"留美学生与国内思想言说的衔接"②。

胡适与陈独秀本不相识，二人的结缘源自胡适的皖籍同乡——亚东图书馆老板汪孟邹的引介。"汪孟邹先是把胡适介绍给《甲寅》的章士钊，当时陈独秀在《甲寅》编辑部。《甲寅》的通信栏已开始讨论'新文学'的问题……《甲寅》被迫停刊后，未及刊用的稿件，均由汪孟邹代为处理……后陈独秀在上海创办《青年》杂志后，汪孟邹又将胡适介绍给陈独秀。"③后汪孟邹多次代陈独秀向胡适约稿，《胡适留学日记》中对此亦有记载。

而胡适之所以将目光转向国内，是因为"多少令胡适感到有些灰心的是，他的主张在他这些最好的朋友那里几乎遭到众口一词的反对，只有莎菲一人表示赞同，而且还用创作白话小说的方式给予胡适最大的支援"④。根据季剑青《文学革命的另一条来路——从胡适 1915 年末的波士顿之行说起》一文提供的线索，我们可以知道胡适

---

　①　胡适：《胡适留学日记手稿本·胡适劄记第十二册》，1916 年 8 月 21 日；《胡适留学日记》第四册，第 1003 页。

　②　罗志田：《再造文明之梦：胡适传》（修订本），社会科学文献出版社，2015 年，第 146 页。

　③　沈寂：《胡适与汪孟邹》，引自李又宁主编：《胡适与他的朋友》，第 362—363 页。

　④　刘克敌：《民国学风》，第 39 页。

提倡白话文的主张不仅招致了包括梅光迪、任鸿隽、朱经农等一班老友的攻击,也遭到了麻省理工学院学生群体的反对与嘲谑。胡适1915 年冬季在一次哈佛和麻省理工中国学生庆祝圣诞节的联谊会上表达了提倡白话文的主张,被麻省理工学生目为"神经病"①。因此胡适当日思想之"孤独"可以想见,在留学界屡屡碰壁,抱负得不到施展的胡适,转而向国内谋求同道,则似乎是顺理成章的选择。

　　胡适在 1916 年 8 月 21 日致陈独秀信中提出,今日欲言文学革命,须从八事入手:

> 一曰,不用典。
>
> 二曰,不用陈套语。
>
> 三曰,不讲对仗。(文当废骈,诗当废律。)
>
> 四曰,不避俗字俗语。(不嫌以白话作诗词。)
>
> 五曰,须讲求文法之结构。
>
> 此皆形式上之革命也。
>
> 六曰,不作无病之呻吟。
>
> 七曰,不摹仿古人,语语须有个我在。
>
> 八曰,须言之有物。
>
> 此皆精神上之革命也。②

对照胡适 8 月 19 日写给朱经农信中提出的新文学要点之八事,不难看出,胡适致陈独秀信中的文学革命宜从八事入手在内容上基本一致,但更为详尽和重点突出。对照朱经农信版和陈独秀信版可以察

---

　　①　季剑青:《文学革命的另一条来路——从胡适 1915 年末的波士顿之行说起》,《文汇学人》2020 年 8 月 21 日。

　　②　杜春和、韩荣芳、耿来金编:《胡适论学往来书信选》(下册),第 750—751 页。原载《新青年·通信》1916 年第 2 卷第 2 期。

见，第一、二、五、六、八条完全一致，而第三、四、七条则更为明确地做出了一些补充说明。胡适在第三条"不讲对仗"后面加了"文当废骈，诗当废律"具体地提出了对诗文的要求，要求废除文之对仗与诗之格律；第四条"不避俗字俗语"后追加了"不嫌以白话作诗词"的解释说明，是意在强调不应将白话视作俚俗之语而否定其可创作第一流文学之资格，不应以雅俗高下之分武断地否定白话之价值；对第七条"不摹仿古人"给出的补充说明是强调"语语须有个我在"，即指明不摹仿古人是为了突出创作主体的个性价值。

　　发表于《新青年》1917 年第 2 卷第 5 期的《文学改良刍议》一文，则从"破坏"的层面出发，提出了今日文学改良，须从八事入手：

　　　　一曰、须言之有物。
　　　　二曰、不摹仿古人。
　　　　三曰、须讲求文法。
　　　　四曰、不作无病之呻吟。
　　　　五曰、务去滥调套语。
　　　　六曰、不用典。
　　　　七曰、不讲对仗。
　　　　八曰、不避俗字俗语。[①]

对照与朱经农信及陈独秀信不难察见，《文学改良刍议》中叙及的八不主义与前信中提及的新文学要点之八事、文学革命宜从八事入手在内容上基本完全吻合，只是在给朱经农和陈独秀信中，胡适是按照形式、内容的区隔进行了划归。而《文学改良刍议》中，许是胡适为了从"质"的层面着手，对"文胜"之祸进行纠偏，故而将"须言之有物""不摹仿古人"这些"质"的内容置顶于前，以示其意义之重大。而"不

---

①　胡适：《文学改良刍议》，《新青年》1917 年第 2 卷第 5 期。

避俗字俗语",单单归为形式一栏明显不妥,胡适最终也将其调整为第八条,作为"八不主义"之结论提出,并在提出理论之外,也进行了白话新诗的创作实践。而且按照胡适的自我建构,正是因为梅光迪不承认可以用白话作诗与作文,任鸿隽不承认可以用白话作诗,因为受到了梅、任二人的批评,才激发了胡适努力去尝试和锻炼自己写作白话新诗。通过与日记的对读,所呈现的就不再是单一扁平的文学革命发生论,而是充满了丰富历史细节的,从"吾国文学之三大病"对"文胜之祸"的批判到"与梅觐庄论文学改良"倡导文学工具之革新,再到"文学革命八条件"主张文学革命的胡适思想的发展脉络与动态形成过程。

胡适正是在与友人的多番互动、辩驳、讨论,甚至指斥中,不断理清和调整着自己的思路。他强调文字工具之死限制了文章的表情达意,历史上的文学革命往往都起自于文学工具的革命,并认为俗文学才是中国文学的正统。胡适所意在建构的,正是通过与梅光迪、任鸿隽等人的数次讨论、争辩,才使得自己有关文学革命的思路主张更为明晰、坚定。在致挚友许怡荪的信中,胡适也提及近时所作札记"于吾年来之文学观念颇详言之,惟有时颇以一得自矜,足下或笑我过夸,然当此文学革命时代,一点剑拔弩张之气,正不可少。我亦革命军前一健儿也,颇思愿为祖国人士输入一种文学上之新观念,以为后起之新文豪辟除榛莽而已"①。从中亦可见胡适欲做文学革命军前马前卒之豪情与雄心。胡适对这种既构成刺激与挑战,又构成鞭策与鼓励的良性讨论与互动十分珍惜与感念,他在留学日记中留下了这一感喟:"因念吾数年来之文学的兴趣,多出于吾友之助。若无叔永杏佛,定无《去国集》。若无叔永觐庄定无《尝

---

① 梁勤峰、杨永平、梁正坤整理:《胡适许怡荪通信集》,第 61 页,此为胡适 1916 年 4 月 19 日致许怡荪信中语。

试集》。"①

　　胡适一再宣称自己事实上是一个保守分子,在《五十年来中国之文学》中论及文学革命主张的提出时,也坦率承认其《文学改良刍议》只是"很和平的讨论",而其所抱持的对于文学的态度,"始终只是一个历史进化的态度",是自己历史癖太深的缘故,"故不配作革命的事业"②。这从《文学改良刍议》的结论表达即可看出,胡适言及:"远在异国,既无读书之暇晷,又不得就国中先生长者质疑问难,其所主张容有矫枉过正之处……谓之刍议,犹云未定草也,伏惟国人同志有以匡纠是正之。"③而胡适之所以以"和平的讨论"的姿态提出自己的文学八事,很大程度上与因和留美诸君一年多以来往还讨论招致了颇多否定、批评与质疑,使得其对"文学革命"的信心稍显不足有关,因此他在看到陈独秀的《文学革命论》的睥睨众生之气与坚定不移之决心时一方面称自己"奉读大著《文学革命论》,快慰无似!足下所主张之三大主义,适均极赞同",另一方面也对自己在《文学改良刍议》中的语多谨慎、惟求改良的不彻底的改革精神作了解释,称自己"私意不过欲引起国中人士之讨论,征集其意见,以收切磋研究之益耳"④。不过胡适对于陈独秀大刀阔斧扬言文学革命,甚至不容他人置喙的豪迈之态其实是持保留意见的,他在写给陈独秀的信中表明:"吾辈已张革命之旗,虽不容退缩,然亦决不敢以吾辈所主张为必是而不容他人之匡正也。"⑤这是因为胡适与留美诸君关于文学革命的讨论招致了不少打击与挫败。因此当胡适撰写文章,送往国内发表时,从

---

　　①　胡适:《胡适留学日记手稿本·胡适劄记第十四册》,1917 年 6 月 1 日;《胡适留学日记》第四册,第 1145 页。

　　②　胡适:《五十年来中国之文学》,第 80—81 页。

　　③　胡适:《文学改良刍议》,《新青年》1917 年第 2 卷第 5 期。

　　④⑤　杜春和、韩荣芳、耿来金编:《胡适论学往来书信选》(下册),第 753 页,此为 1917 年 4 月 9 日胡适致陈独秀信中语。

《文学改良刍议》的文题上即不难看出,题目是"文学改良",而非"文学革命","刍议"也只是可资讨论的建议,而非教条式的结论。这种温和谦逊的改良式作风与口吻是源于胡适"考虑到那无可怀疑的老一辈保守分子的反对,我觉得我要把这一文题写得温和而谦虚"①。

　　而陈独秀对胡适温和改良渐进的态度同样不以为然,陈独秀在复信中言明:"改良中国文学,当以白话为文学正宗之说,其是非甚明,必不容反对者有讨论之余地,必以吾辈所主张者为绝对之是,而不容他人之匡正也……吾辈实无余闲与之作此无谓之讨论也!"②而这正展现了陈独秀极富个人风格的独特魅力与坚定立场,正如陈平原所言:"新文化运动时期的陈独秀,最让后人追怀的,不是具体论点,而是其坚定的立场与勇猛的身姿。"③相较而言,"陈独秀富于革命的冲动和敏锐的观察力;胡适则持论坚定而态度稳健"④。但当文学革命取得了意想不到的成就时,胡适对于陈独秀过于激进的批评亦改换了态度,转而称自己的态度太过平和,若照这个态度做下去,"文学革命至少还须经过十年的讨论与尝试。但陈独秀的勇气恰好补救这个太持重的缺点"⑤。在《五十年来中国之文学》中胡适更是着意强调若没有陈独秀不容他人置喙的精神,"文学革命的运动决不能引起那样大的注意"⑥。而这些结论的得出当然是胡适的后见之明和后置视角使然。胡适与陈独秀态度上的差异其实也正彰显了各自目的与个性面貌之差异,尽管胡适从未忘怀于政治,但以学术为本

　　①　[美]唐德刚译注:《胡适口述自传》,第149页。

　　②　杜春和、韩荣芳、耿来金编:《胡适论学往来书信选》(下册),第755—756页,此为1917年5月1日陈独秀致胡适信中语。

　　③　陈平原:《作为一种思想操练的五四》,北京大学出版社,2018年,第22页。

　　④　余英时:《中国近代思想史上的胡适》,引自欧阳哲生:《解析胡适》,社会科学文献出版社,2000年,第84页。

　　⑤⑥　胡适:《五十年来中国之文学》,第82页。

业确是其立场与态度所在,而陈独秀之立意则更倾向于革命与政治。相较于胡适立足于学理和文学形式的温和讨论,陈独秀所展现的"不是要求进行学术商讨而是要求打倒传统的革命劲头"①。20 世纪 30 年代在《逼上梁山——文学革命的开始》与《新文学大系·建设理论集导言》中,胡适的文学革命发生史叙述又发生了微妙改变。他以多元的、传记的"个人之因"对抗陈独秀以经济史观作为解释社会发展的"最后之因",有意将自己从《新青年》同人群体中剥离出来,淡化了陈独秀的文学革命之功而凸显其个体性的影响与历史作用,亦含有对文学革命历史功绩进行荣誉再分配的自我考量。

　　而早在《新青年》刊发《文学改良刍议》之时,为扩大《文学改良刍议》一文的社会影响力与宣扬文学革命的主张,陈独秀曾特意在文末附上一段跋,谓之:"白话文学,将为中国文学之正宗。余笃信而渴望之。"②其决心与态度也与胡适之"商榷"存在暧昧的相异。陈独秀与胡适有关文学革命的主张与各自主旨目的自存在着微妙的耦合与错位,他们的遇合促成了文学革命的开幕,但各自的态度主张乃至立场从一开始其实已隐现着不同与危机,《新青年》同人的聚合离散并非意外,在开演之初已现各自为政的崩离之势。

---

①　李泽厚:《中国现代思想史论》,第 103 页。
②　胡适:《文学改良刍议》,《新青年》1917 年第 2 卷第 5 期。

第八章　胡适的婚礼与婚恋观兼及与江冬秀关系再考

——以《归娶记》为中心

2015 年上海人民出版社推出的《胡适留学日记手稿本》在《藏晖室劄记》之外,亦同时披露了胡适归国之初所记的两册日记:《北京杂记》(一)和《归娶记》。这一发掘对于胡适研究而言无疑意义重大,诚如陈子善先生所言:"现存胡适日记,在《归国记》1917 年 7 月 10 日结束之后,一下子就跳到了 1919 年 7 月 10 日,其间有整整两年的空白。而这两年于胡适而言,正是他酝酿和倡导新文学及新文化运动的极为重要的两年。因此,于胡适研究而言,这两年的日记空白也是极为遗憾的。而《北京杂记》(一)和《归娶记》的重见天日,正好部分地填补了这一空白,其不可替代的学术价值也就不言而喻。"①《北京杂记》(一)记录的是胡适 1917 年 9 月 11 日至 11 月 30 日的日记,《归娶记》记录的是胡适 1917 年 12 月 16 日至 1918 年 2 月 21 日的日记。细察时间不难发现,《北京杂记》(一)内容所涉主要是胡适归国后回家探亲继而返京尚未完婚的一段时光,《归娶记》所录则是胡适回乡完婚再自家中返京这段时间的生活。其中《北京杂记》(一)所记甚杂,多为胡适的读书心得与论学片段,但胡适的婚事共同构成了这两册日记的核心。胡适于 1917 年 9 月 12 日补记的两首白话词即明确道出了其为婚事萦心之态:

---

① 　陈子善:《胡适留学日记手稿本·序二》,第 12 页。

白话词

如梦令

一

他把门儿深掩，不肯出来相见。难道不关情，怕是因情生怨。休怨，休怨，他日凭君发遣。

二

几次曾看小像，几次传书来往。见见又何妨。休做女孩儿相。凝想，凝想，想是这般模样。

九月十二晨补记①

胡适在《北京杂记》（一）中虽然只指出这两首白话词是从家中北上"芜湖路上作此"，却并未言明具体是为谁而作、为何事而发，这一谜面在《归娶记》中被揭破："吾去夏归国，以种种原因，未能迎娶。惟颇欲与冬秀一见，故以书与江宅，欲冬秀来吾家小住几日。时冬秀已病，故不能来。吾匆匆即须北去，故不能待其病愈。因以书与其兄约，自往其家一见。吾于旧历七月七日至江村，宿一夜。冬秀坚不肯出见。吾虽怏怏失望，然殊不欲使人难堪，故次晨作一书与之，嘱其勿以此事介意，亦不责之也……吾当时虽欲一见，然并不曾存必欲见之之心。盖吾于此婚一切皆已随便将就，何必作此最后之为难？吾自江村归后数日即北去。道上作小词两首自嘲。"②由此足见胡适去江村欲见江冬秀而不得正是他创作这两首不乏自嘲意味的白话词的因由，这两首白话词后来在《新青年》1918 年第 5 卷第 4 期上刊出。

---

① 胡适:《胡适留学日记手稿本·北京杂记（一）》，上海人民出版社，2015 年。

② 胡适:《胡适留学日记手稿本·归娶记》。

胡适于 1917 年 7 月 27 日[①]归家,与阔别十数年的母亲相见,但因急于就北大教职之故,婚事尚须延宕。因此胡适此番探访江家,显见地带有安抚江家人使其安心之意,诚如胡适在 1917 年 11 月 21 日致韦莲司信中所言,他造访江家是为了"向她家里的每一个人保证了我(娶她)的意向"[②]。胡适到家两天后在 7 月 29 日致信江冬秀,表达了自己欲来江村探望之意。

《北京杂记》(一)除补录了两首因江冬秀推拒、未婚夫妇未得相见的白话词外,并未有更多与婚事直接相关的记载。而《归娶记》几乎围绕婚事展开,小到胡适婚礼的座次、具体的流程都一一可查。胡适在致密友韦莲司的信中称:"我自创了婚礼的仪式,废除了所有旧习俗中不合理的陋规。我们没有拜天地,这是废除的陋习中最重要的一项。"[③]但别有意味的是胡适对自己婚礼的评价却存在龃龉,在致韦莲司信中胡适称"我自创了婚礼的仪式,废除了所有旧习俗中不合理的陋规"[④],但在《归娶记》中却认为其婚礼只是在细枝末节处进行了改良,算不上是"新式"婚礼。而据《归娶记》中的记载,胡适是有意将改革婚礼旧俗当作其思想革命的试验之一种,因此考察胡适婚礼对于理解胡适的婚恋观和他此一时期的思想观念无疑颇有助益。

胡适一生异性情缘颇丰,除了留美时期即引为精神伴侣的韦莲司女士,更在 1923 年于杭州烟霞洞养病期间出轨曹诚英,一度危及胡适与江冬秀的婚姻。学者江勇振在其专著《星星·月亮·太阳:胡

---

① 杜春和编:《胡适家书》,第 108 页,1917 年 7 月 29 日胡适致江冬秀信中称"已于阴历六月初九日到家",1917 年阴历六月初九即 1917 年 7 月 27 日。

② 胡适著,周质平编译:《不思量自难忘——胡适给韦莲司的信》,第 135 页。

③④ 胡适著,周质平编译:《不思量自难忘——胡适给韦莲司的信》,第 138 页。

适的情感世界》①中即详细论述了胡适与包括陈衡哲、陆小曼、徐芳等在内的十余位绯闻女友的情感经历，其情感世界之丰富，可谓"情涉中西"，兼及友人与学生。但如若将胡适对婚姻的不忠归结为不幸的包办婚姻或因为与江冬秀之间毫无爱情所致②，则不免有些失之简单。前研究中的不少观点认为胡适出轨很大程度上是出于对苦闷传统封建婚姻的反抗，因而往往将江冬秀塑造为悍妒无知的传统妇女，刻意忽略其人格魅力而造成了对其形象的扁平化处理，而对胡适与韦莲司、曹诚英等婚外恋的有意美化与诗意渲染，客观上也换得了胡适对婚姻不忠在道德上值得原宥与同情的推论。周质平的《爱慕与矜持之间：胡适与韦莲司》③（初版题为《胡适与韦莲司：深情五十年》④）、《胡适的情缘与晚境》⑤等俱是此一思路。因此重新探讨胡适与江冬秀之关系，重新审视江冬秀之形象，对于准确理解胡适的情感世界和胡适的婚恋观是十分必要且重要的。本文即希望以新发现的《归娶记》日记为中心，在对胡适婚礼及与江冬秀关系的考证基础上重新考察胡适的婚恋观及其对自己婚姻的真实态度，兼及考察其对妇女问题的相关看法。

（一）在"辩护"与"批判"之间：胡适的婚恋观与妇女问题观

胡适上海求学时期曾为《竞业旬报》撰稿并负责主编该刊物，发表过不少批判传统婚制的文章，"他的批评则集中在早婚、近亲结婚

---

①　江勇振：《星星·月亮·太阳：胡适的情感世界》（增订本），新星出版社，2012年。

②　沈卫威："不幸的包办婚姻，和由此而形成的没有爱情的家庭，使胡适产生了外遇。"参见《无地自由·胡适传》，河北人民出版社，2015年，第95页。

③　周质平：《爱慕与矜持之间：胡适与韦莲司》，华文出版社，2013年。

④　周质平：《胡适与韦莲司：深情五十年》，北京大学出版社，1998年。

⑤　周质平：《胡适的情缘与晚境》，黄山书社，2008年。

及相信阴阳八字等迷信这几点上。这些批评散见于《真如岛》章回小说及《婚姻篇》等早期的文字中"[1]。

留美时期胡适也未曾搁置对中国婚姻制度的思考。The Cornell Era 1914 年 6 月登载了胡适题为"Marriage customs in China"的演说稿(即胡适在留学日记中所提到的《吾国婚制》的演说词)。胡适在演说中大谈中国婚制的合理性,认为"中国婚姻制度的合理性也正是建立在婚姻不只是夫妇双方的事,也关涉到整个家庭"[2]。从家庭伦理出发构建了中国婚制的合理性,指出"妻子不仅仅是丈夫的终身伴侣,还是公婆的帮手与安慰者"[3]。胡适同时还指出了中国婚制的优越性,认为"吾国旧婚制实能尊重女子之人格"[4],女子不需要"向择偶市场求炫卖,亦不必求工媚人悦人之术"[5]。并且毫不掩饰地为中国旧婚制辩解,认为夫妻之间因有相爱之义务,彼此各怀特殊之柔情,因而可以基于名分之上,养成"真实之爱情"[6]。

周质平从"国界与是非"的角度对胡适为中国旧制度与风俗辩护的行为进行了阐释,认为胡适"对这个受到他深深责难的祖国文化,多了许多回护和曲为解释的痕迹,尤其是对中国传统的婚制和妇女的地位,他不止一次地表示了他'不忍不爱'的一种亲切和偏见。胡适这点'为宗国讳'的用心,我们与其在文字上玩定义的把戏,争论这

---

[1] 周质平:《胡适的情缘与晚境》,第 324 页。

[2] Hu Shih: Marriage customs in China. The Cornell Era. June, 1914. pp. 610 - 611. Cornell Papers. 原文为:"the rationality of the Chinese marriage system is to be found in the fact that marriage concerns not only the young couple but the whole family as well."

[3] Hu Shih: Marriage customs in China. The Cornell Era. June, 1914. pp. 610 - 611. Cornell Papers. 原文为:"The wife is not alone the life companion of her husband, but is also the helper and comforter of her parents-in-law."

[4][5][6] 胡适:《胡适留学日记手稿本·藏晖劄记一》,1914 年 1 月 27 日;《胡适留学日记》第一册,第 168 页。

是'爱国主义'还是'民族主义',不如说胡适始终有着很深的'中国情怀'"①。而在禀具"中国情怀"之外,亦不乏出于某种精神胜利法般的自我疗愈与自我催眠心理的内在驱动。胡适不忍违逆母亲之意,同时对江冬秀因苦等自己蹉跎青春亦怀有愧疚与不忍,这种复杂的情绪在致许怡荪的信中曾有流露:"丧兄姊之月,即适聘妻江氏丧母之月。闻岳氏弥留之际,犹以未了儿女婚嫁之愿为憾,适之罪深矣!有时恨极,竟欲束装归去。人非草木,岂能忘情?"②因此与其说胡适在"为中国婚制辩护,不如说他为自己在辩护,为他自己极不合理的婚姻找出一个理由"③。

　　但胡适在外邦人士面前为吾国婚制辩解,并非着意于对婚姻制度优劣的探讨,其目的乃在于使外邦人士加深对中国文化的了解,消除误会与隔膜,正如他在演说开头时所宣示的原则一样:"一个不了解外国风俗的人,连赞扬那个风俗都是不够资格的,更不必说取笑或嗤之以鼻了。我是本着这句格言的精神来谈中国的婚俗的。"④因此辩护并非目的,希图"加深了解"才是真正意旨所在。

　　事实上胡适对于吾国婚制并非一味回护,而是既有认同,亦有批评。胡适在 1915 年 5 月 19 日致胡母家信中言及:"今之少年,往往提倡自由结婚之说,有时竟破坏已订之婚姻,致家庭之中龃龉不睦,有时其影响所及,害及数家,此儿所大不取。自由结婚,固有好处,亦

---

　　①　周质平:《光焰不熄——胡适思想与现代中国》,第 352—353 页。

　　②　梁勤峰、杨永平、梁正坤整理:《胡适许怡荪通信集》,第 58—59 页。此为胡适 1916 年 4 月 7 日致许怡荪信中语。

　　③　周质平:《光焰不熄——胡适思想与现代中国》,第 354 页。

　　④　Hu Shih：Marriage customs in China. The Cornell Era. June, 1914. pp. 610 - 611. Cornell Papers. 原文为："He who does not understand a foreign custom is not qualified even to praise it, and much less to laugh or sneer at it. With this maxim in mind I purpose to discuss the marriage custom in China."

有坏处，正如吾国婚制由父母媒妁而定，亦有好处，有坏处也。"①明确指斥了自由恋爱结婚的弊端，同时也言明了吾国旧婚制既有好处也存在问题，只是此处所言过于笼统，并未指明旧婚制的坏处究竟何在，在《归娶记》中才有了更为明确的阐释与分析。

胡适在《归娶记》中大谈吾国婚制的根本大谬不在于"父母之命媒妁之言"，而在于"定婚者，皆取决于无目的算命先生，及泥塑木雕的菩萨"②。他认为如果能够做到不寄希望于泥菩萨与算命先生，"不废耳目之观察"③，那么"父母之命媒妁之言"并不会影响到婚姻幸福，反而颇有好处。胡适以自己的婚事为例，称"吾之婚事，乃由两家母亲亲自留意打听而成。作媒者初为敏斋丈，后丈去世，吾母舅敦甫公代之"④，是在充分了解和观察之后的慎重决定。这也正合胡适此前在美演说中所言理想的"父母之命媒妁之言"的婚姻模式，即"一个中国女孩在 13 岁到 15 岁之间的时候，她的父母和他们的朋友会四处打听找个女婿，在经过适当征询之后，订婚在媒人的中介下举行。媒人一般来说，是双方共同的朋友"⑤。因此在胡适看来，尽管他的婚姻是遵循父母之命媒妁之言，却并非盲婚哑嫁，所以他"十余年不思翻悔"⑥，并指出"倘此系瞎子菩萨之婚约，则吾决不承认也"⑦。从胡适的论说逻辑不难看出，他将寄希望于瞎子菩萨的盲婚哑嫁式的婚姻视作中国式婚姻的一般行为而对其大加批判，却将自己的婚

---

①　耿云志、欧阳哲生编：《胡适书信集 1907—1933》（上），第 60 页。

②③④⑥⑦　胡适：《胡适留学日记手稿本·归娶记》，上海人民出版社，2015年版。

⑤　Hu Shih：Marriage customs in China. The Cornell Era. June，1914. pp. 610 - 611. Cornell Papers. 原文为："When the Chinese girl is about 13 or 15 years old，her parents and their friends inquire around for a possible son-in-law. After all proper inquiries have been made，engagement takes place through the medium of the introducer，generally the mutual friend of the engaging parties. "

姻视作理想的"父母之命媒妁之言"模式而将其摘出。这种本质化批判中国传统婚姻而主观上肯定个人选择的思维方式，很大程度上显露出其对中国婚姻问题社会性、文化性和文明惯性思考的欠缺，亦暴露了胡适婚恋观上的矛盾与龃龉。

　　而留学时期胡适对两性关系的认识也确实经历过转折与裂变。1914 年 6 月 8 日的日记中胡适记载了第一次访问女士宿舍的经历，追溯了自己从幼年至今因"长于妇人之手"而导致性情腼腆内敛和十数年偏重智识训练而导致情感体验荒疏的生命经历。但自此之后胡适的两性观似乎发生了很大转变，在之后的日记中，平添了不少与女士交游的相关记载，出现最频的即为韦莲司女士，除此之外还有陈衡哲、克鸾女士、瘦琴女士等数位。通过与这些新女性的接触，胡适的妇女问题观发生了转变，在其 1915 年 10 月 30 日的日记记载中，胡适吐露了自己因与韦莲司的交往，而使得其对于女子问题、对于两性关系的认识大变。他承认自己先前所执女子教育之目的乃在于"为国人造贤妻良母以为家庭教育之预备"①的观念是颇为偏狭的，而指明"女子教育之最上目的乃在造成一种能自由能独立之女子"②，并将女子教育之重要性与国人道德人格之完备、民族奋起等重大意义相关联。妇女问题观发生了内在转变的胡适，对妇女参政问题也给予了颇多关注，在其后的日记记载中，有关女子参政大游街、女子参政之演讲的记录颇多，胡适对妇女参政的态度也是倍加支持与同情的。不遑说，五四时期，胡适在《李超传》等文中所表达的对于确保女性教育权利、自由平等人格之铸就的倡导，即与这一时期胡适妇女问题观之变化、涵泳与确立是密不可分的。

　　胡适在留学日记中多次表达过对其所接触过的这些新女性才学、见识之高的肯定与叹服，并大为欣赏她们的落拓不羁、自由独立

　　①②　胡适：《留学日记手稿本·胡适劄记第九册》，1915 年 10 月 30 日；《胡适留学日记》第三册，第 806 页。

之精神。在 1915 年 2 月 18 日致胡母信中胡适即曾对韦莲司的学识品性大加称赞:"女士思想深沉,心地慈祥,见识高尚,儿得其教益不少。"①然而胡适对西方女性学问、智识、独立人格的肯定与激赏却引发了远在绩溪老家的胡母的不安,而且这种不安其实由来已久,留学期间胡适在致胡母和江冬秀的信中曾多次提出过令江冬秀放足与读书的要求。1912 年 4 月 22 日胡适第一次给江冬秀写信时就指出过江冬秀的"字迹亦娟好可喜,惟似不甚能达意,想是不多读书之过"②,并提出了令其多读书的请求:"甚愿有工夫时,能温习旧日所读之书。如来吾家时,可取聪侄所读之书,温习一二;如有不能明白之处,即令侄辈为一讲解,虽不能有大益,然终胜于不读书坐令荒疏也。"③在同年 6 月 22 日致胡母信中,胡适也曾言明希望与江冬秀通信的原因即"欲藉此销我客怀,又可令冬秀知读书识字之要耳"④。这恰恰证明,胡适确如其再三言明的并未存悔婚之意,他是决心要履行母亲为他择定的婚约的,但是他对于终身伴侣亦有期待,希望她能够读书识字,能够与之拥有共同话题。

　　在 1914 年 7 月 8 日致江冬秀信中,胡适又再三言及读书与放足之事:"前曾得手书,字迹清好。在家时尚有工夫读书写字否? 如有暇日,望稍稍读书识字。今世妇女能多读书识字,有许多利益,不可不图也。前得家母来信,知贤姊已肯将两脚放大,闻之甚喜,望逐渐放大,不可再裹小。缠足乃是吾国最惨酷不仁之风俗,不久终当禁绝。贤姊为胡适之之妇,正宜为一乡首倡,望勿恤人言,毅然行之,适日夜望之矣。"⑤同年 12 月 12 日致江冬秀信中胡适再次敦促江冬秀

---

　　①　杜春和编:《胡适家书》,第 67 页。

　　②③　杜春和编:《胡适家书》,第 22 页。

　　④　杜春和编:《胡适家书》,第 25 页,此为 1912 年 6 月 22 日胡适致胡母信中语。

　　⑤　杜春和编:《胡适家书》,第 52—53 页。

放足,称"适前有书嘱卿放足,不知已放大否? 如未实行,望速放之,勿畏人言,胡适之之妇,不当畏旁人之言也"①。

而且几乎在每封致江冬秀信中胡适都反复提及和再三强调,望其能多读书,坚持放足,在听闻江冬秀已放足的消息后,在 1915 年 4 月 28 日的书信中胡适毫不掩饰自己的欣喜与快慰:"来书言及放足事,闻之极为欣慰! 骨节包惯,本不易复天足原形,可时时行走,以舒血脉,或骨节亦可渐次复原耳。"②并不忘再次叮嘱其多多读书识字:"近来尚有工夫读书写字否? 识字不在多,在能知字义;读书不在多,在能知书中之意而已。"③

尽管胡适措辞委婉,言语多含鼓励,但是每于信中反复申及此二事,不能不说是心存介意,胡母、江冬秀及胡适岳母对此事也都心中有数。更兼之 1915 年还曾发生过一桩讹传事件,胡母听人说胡适已在美国另娶他人,因此迟迟不愿归国。尽管胡适后来在家信中再三解释④化解了误会,但此种谣言既有滋生之壤又使得胡母平添疑惧,确乎触及了胡母和江冬秀等人心中的担忧与疑虑。为了使母亲安心,胡适在 1915 年 5 月 19 日家书中再三表明其志:"儿于第三号书中所言冬秀之教育各节,乃儿一时感触而发之言,并无责备冬秀之意,尤不敢归咎吾母,儿对于此事从无一毫怨望之心。盖儿深知吾母对于儿之婚事,实已尽心竭力,为儿谋一美满家庭。儿如有一毫怨望之心,则真成不明时势,不通人情,不识好歹之妄人矣……女子能读书识字,固是好事。即不能,亦未必即是大缺陷。书中之学问,纸上之学问,不过人品百行之一,吾见有能读书作文而不能为令妻贤母者

---

① 杜春和编:《胡适家书》,第 63 页。

②③ 杜春和编:《胡适家书》,第 72 页。

④ 杜春和编:《胡适家书》,第 79 页。参见胡适 1915 年 10 月 3 日致胡母信。

多矣。吾安敢妄为责备求全之念乎?"①胡适同时还通过指摘"博士派"女子学问太多,很难成为贤妻良母而在家书中宽慰母亲并进行自我安慰:"伉俪而兼师友,固属人生一大幸事。然夫妇之间,真能学问平等者,即在此邦亦不多得,况在绝无女子教育之吾国乎?"②

　　而胡适对于爱情婚姻的看法则存有东方观念与西方思维之别。1918 年 5 月 8 日病中的胡适在致陶孟和信中谈及阅读《苔丝》的感受:"前日老兄说 Tess 的事迹有点像《老洛伯》中之锦妮。果然,果然。但锦妮是十八世纪中人,故仅'让他亲了一个嘴便打发他走路',又'不敢想着他',还能'努力做一个好家婆'。Tess 是十九世纪下半的人,受了新思潮的间接感化,故敢杀了他所嫁而不爱的男子,以图那空屋几日夜的团圆、快乐……中国的我,可怜锦妮,原谅锦妮;而西洋廿世纪的我,可怜 Tess,原谅 Tess。"③从胡适对"中国的我"和"西洋廿世纪的我"的划分足可见其对待婚姻的复杂态度。而根据胡适处世所依凭的"容忍迁就"原则来看,则确如其所言:"于家庭之事,则从东方人,于社会国家政治之见解,则从西方人。"④分裂的自我对照下,胡适最终依然选择遵循中国传统的婚姻家庭模式。1914 年 11 月 2 日在写给韦莲司的信中胡适详细阐明了其作为东方人的"容忍"的态度,他指出:"容忍是对他所爱的人或爱他的人的一种体贴或尊重。要是我们在突然之间摧毁对我们来说已经死亡,而对他们来说却极为重要的神圣事物,这对他们是个大痛苦。在观念上,我们年轻并富有创造的能力,但是他们已经过了人生之中成形的时期,所以他们已无法接受我们的新偶像来取代他们的旧偶像。正是在这个基础上,我们本着自己的自由意志,容忍他们的信仰和观念。〔但这样的

---

①② 　耿云志、欧阳哲生编:《胡适书信集 1907—1933》(上),第 60—61 页。

③ 　耿云志:《胡适年谱》,第 63 页。

④ 　1914 年 11 月 3 日札记,第 443 页。

容忍〕以不至于造成对自己的个性和人格的发展有害为限度。"①在胡适看来,"容忍"不是懦弱和伪善,而是一种利他的宽容与爱。而且胡适还现身说法,提到自己的"容忍"原则在对与母亲情感关系上的表现与选择:"在家庭关系上,我采取东方的看法。这主要是因为我有一个非常非常好的母亲,她对我的深恩是无从报答的。我长时间离开她,已经使我深感愧疚,我再不能硬着心肠来违背她。"②胡适虽未言明不愿以何事违背母亲,但婚姻问题确实是母亲对于远游在外的独子最上心之事,此点可说是毋庸置疑的。针对此问题胡适也曾对友人刘易斯·甘尼特(Lewis Gannett)倾诉过:"我们这一代是必须奉献给我们的父母和我们的孩子的一代中间人。除非我们能摆脱一切影响,我们就必须要按父母的愿望与他们为我们选择的姑娘结婚,尽管这些姑娘在我们的婚典那天之前我们可能都没看见过——我们必须要使我们的孩子要在其中生活的社会中过得更幸福和更健康。就让这种理想作我们的报酬和安慰吧。"③

(二) 由白话词《如梦令》二首察考胡适婚约的最大"风波"

《归娶记》中关于胡适的婚礼程序、胡适对江冬秀在婚礼上的表现、婚后胡适陪江冬秀归宁江村、返京途中为江冬秀所作《生查子》词等的细节记载,对于改变既有研究中胡适对于江冬秀的刻板印象无疑是颇有助益的。胡适在《归娶记》中尽管也流露出对婚姻的随便、

---

① 胡适著,周质平编译:《不思量自难忘——胡适给韦莲司的信》,第1页。

② 胡适著,周质平编译:《不思量自难忘——胡适给韦莲司的信》,第2页。

③ 路易斯·甘尼特:《胡适:青年中国的青年预言家》("Hu Shih:Young Prophet of Young China"),《纽约时代杂志》(The New York Times Magazine),1927 年 3 月 27 日。

将就、无所谓之态,称"吾于此婚一切皆已随便将就"①,但更多展现的却是新婚时期胡适对江冬秀难掩的柔情。结合"新婚离家"之际胡适写给江冬秀的书信,不难看出其中的关切与思念。这绝非被动遵从母命而对妻子毫无感情之人所能写出的诗词书信。通过对《归娶记》等材料中胡适对江冬秀印象、胡适与江冬秀关系的考察,无疑可为胡适情感研究和婚恋观研究提供一个更为生动的视角与思路。

首先,《归娶记》手稿的"出土"无疑为胡适婚礼提供了最确切的时间证明,尽管胡适在《新婚杂诗(一)》中也曾有过暗示:

> 十三年没见面的相思,如今完结。
> 把一桩桩伤心旧事,从头细说。
> 你莫说你对不住我
> 我也不说我对不住你——
> 且牢牢记取这十二月三十夜的中天明月!②

末句"且牢牢记取这十二月三十夜的中天明月!"暗示了十二月三十夜乃为新婚之夜,但诗歌创作未必追求事实真实,故此,胡适的结婚日期也只能算是推测。而《归娶记》中的记录为我们留下了确证:"十二月廿九日,送轿。用大轿,不用花轿。卅日,下午,轿至。新妇由女宾六人迎入新房小憩。下午三时行结婚礼。"③据此可知胡适的结婚日期确为 1917 年 12 月 30 日。

胡适在归国返乡之际曾去江村探访,欲见未婚妻江冬秀一面,但是江冬秀却拒绝了胡适的见面要求。据胡适日后在《归娶记》中对此

---

①③　胡适:《胡适留学日记手稿本·归娶记》。
②　胡适:《新婚杂诗》,《新青年》1918 年第 4 卷第 4 期,最初见于胡适:《胡适留学日记手稿本·归娶记》中。

事的记载来看,胡母为此很生江冬秀的气:"吾母甚怒,以为他有意使我下不去。吾离家后,吾母不复令人去问冬秀病状,亦不复令人去接他来吾家。冬秀病愈后,殊不自安,乃亲来吾家,为吾母道所以不见之故。"①因为早在胡适归国之前就曾多番致信胡母,申明了其欲在返乡之际见江冬秀一面的打算,并拜托母亲与江家人说明情由。回国后胡适也曾多次致信江冬秀及江冬秀兄长江耘圃表白其意,不可谓不郑重其事,因此胡母对于独子登门求见遭拒的待遇显然心怀不满。

但当事人胡适虽略有遗憾失望,却在临走之际还是留下书函表达了对江冬秀的理解与体谅:"昨天之来,一则因欲与令兄一谈,二则欲一看姊病状。适以为,吾与姊皆二十七八岁人,又常通信,且曾寄过照片,或不妨一见。故昨夜请姊一见,不意姊执意不肯见。适亦知家乡风俗如此,决不怪姊也。"②为宽其心还特意向江冬秀做出了有关婚期的承诺:"适现虽不能定婚期,然冬季决意归来,婚期不在十一月底,即在十二月初也。"③既体现了胡适不欲予人难堪和令人为难的宽容气度,也蕴含着对江冬秀的关怀和体谅,胡适在信中还不忘叮嘱其"好好保养"。

从里中返京的胡适于 1917 年 9 月 12 日补作了两首白话词,更是详述此事。《如梦令》(一)中"他把门儿深掩,不肯出来相见。难道不关情,怕是因情生怨"④尽显待嫁女不肯与未婚夫相见的娇羞,"因情生怨"一句则是胡适的自我揣度,猜测江冬秀之拒而不见是对胡适

---

①　胡适:《胡适留学日记手稿本·归娶记》。

②③　杜春和编:《胡适家书》,第 110 页,1917 年 8 月 25 日胡适致江冬秀信中语。

④　胡适:《胡适留学日记手稿本·北京杂记(一)》。此为胡适 1917 年 9 月 12 日的日记补记。

十余年求学不归、一再延宕婚期的埋怨,"他日凭君发遣"[1]则含有对来日夫妻闺房之乐的期许与拟想。此一阕词不可谓不缠绵,透露出未婚夫妻婚期在即互相试探与揣度的细腻心思。

《如梦令》(二)中"几次曾看小像,几次传书来往"[2]是对胡适留美时期与江冬秀鱼往雁返之事的叙写,"见见又何妨。休做女孩儿相。凝想,凝想,想是这般模样"[3]则含有对未婚妻拒而不见许是因为女孩儿面皮薄之故的猜想,亦含有几分对江冬秀"娇羞"之态的揶揄与调侃。1917 年 11 月 21 日胡适在写给韦莲司的信中也提及了其造访未婚妻被拒绝见面之事。面对江冬秀的拒而不见,胡适的态度是"她实在太矜持了一点儿!"在致韦莲司信中胡适透露了自己的婚期将定在 12 月 30 日,还将新婚后欲与妻子一道返京的打算告知了韦莲司。对于与江冬秀的婚礼,胡适坦诚:"我不能说,我是怀着愉快的心情,企盼着我们的婚礼。我只是怀着强烈的好奇,走向一个重大的实验——生活的实验!"[4]尽管未见满心期待,却也可见胡适对与江冬秀的结合并无勉强之感,而是合乎其自身考量的。婚后一个多月之际胡适也曾致信韦莲司,更表达了其对婚姻的满意与愉快之感,胡适在信中坦言:"我高兴的告诉你我妻子和我都相当愉快,而且相信往后能相处得很好。"[5]

从《归娶记》的零星记载中,亦可见出江冬秀的"手腕"与个人魅力。胡适在《归娶记》中补叙江冬秀之所以拒而不见,乃是因其"家嫂

---

① 　胡适:《胡适留学日记手稿本·北京杂记(一)》。此为胡适 1917 年 9 月 12 日的日记补记。

②③ 　胡适:《胡适留学日记手稿本·北京杂记(一)》,上海人民出版社,2015 年版。此为胡适 1917 年 9 月 12 日的日记补记。

④ 　胡适著,周质平编译:《不思量自难忘——胡适给韦莲司的信》,第 136 页。

⑤ 　胡适著,周质平编译:《不思量自难忘——胡适给韦莲司的信》,第 138 页。

与婶皆不赞成此举,故冬秀不便出见。此乃无母之苦。使其母在时,当可一见矣"①。但须得注意的是,胡适提供的理由,乃是江冬秀去胡适家中说与其母的解释。她以"家嫂、家婶"不允作为未能与胡适相见的理由,既与婚前未婚夫妇不得相见的旧礼不相违背,又言及"使其母在时,当可一见矣"②,尽诉自己"失恃之苦"的辛酸与无奈,如此说辞当真于情于理皆无懈可击,尤其对遵守旧礼极严的胡母而言,是甚合其脾胃且能够体谅同情,并难于责备的。

　　江冬秀之拒见胡适也正展现了其为人处世之精明,胡适虽与江冬秀订婚多年,但之前从未见过面,尽管胡适留美时期二人互通过几封信函且也曾互赠过相片,但是毕竟未曾得见真人。从美国学成归来的胡适,已然不再是订婚之时前途未卜的"穷小子",而是已然被北京大学聘为文科教授荣归故里的"洋翰林",学问与智识之上的差距,确乎是横亘于胡适与江冬秀之间难以逾越的鸿沟。因此笔者认为江冬秀拒见胡适,除了有出于未婚女儿的娇羞,有因家嫂、家婶的不允之难,更是怕仓促见面印象不佳对她坚守了十几年的婚约造成不可挽回的损失的自我保护心理的体现。

　　胡适对江冬秀的这番"扭捏"之态也许亦心中有数,在《归娶记》中胡适对此即曾明确表达过自己的态度:"吾于此婚一切皆已随便将就,何必作此最后之为难?"③胡适确实未曾真的打算违背婚约,在致江冬秀的多封信中也曾表达过对一再延宕婚期的自责与内疚:"适去家十载,半生作客他乡,归期一再延展,遂至今日,吾二人之婚期,亦因此延误,殊负贤姊。"④"每念去国日久,归娶之约一再延误,何以对卿?"⑤

---

①②③　胡适:《胡适留学日记手稿本·归娶记》。

④　杜春和编:《胡适家书》,第52页。此为1914年7月8日胡适致江冬秀信中语。

⑤　杜春和编:《胡适家书》,第63页。此为1914年12月12日胡适致江冬秀信中语。

　　然而不管出于何故,胡适对于江冬秀先前所表现出的"扭捏拒见"颇有几分担心,担心她的拘谨会妨碍到新式婚礼的推行。吊诡的是,胡适居然将自己与江冬秀的这场婚礼比为"做戏",他在写给江冬秀之叔江子僎的信中着意叮嘱:"此次所用婚礼,乃系新式。第一须要新妇能落落大方,不作寻常新娘子态。望丈以此意叮嘱令侄女。……此种事譬如做戏。新郎新妇都是正角色。若正角色不能撑场面,戏便做不成了。"①不过本文认为"做戏""撑场面"并非胡适对其婚礼的漠视无谓,相反胡适对其婚礼寄予了更高的追求与期待,他希望通过对婚礼的改良,"借此也可开开风气"②,而不仅仅只将其视作个人生命史中的重要经历。

　　江冬秀在婚礼上的表现无疑是令胡适满意的,胡适在《归娶记》中着意对其进行了评价:"此次冬秀乃极大方,深满人意。"③寥寥数语,亦可见江冬秀并非怯场扭捏之人,相反却是极端大方的,可以说,江冬秀在婚礼上落落大方的表现是赢得了胡适的尊重和肯定的,也为他们婚姻生活的开始增色不少。苏雪林日后在回忆胡适的纪念文章《适之先生和我的关系》中也提到了她在公开场合初次见到胡适带江冬秀参加活动时的印象:"记得某晚有个晚会,招待杜威,胡先生携夫人出场。胡夫人那时年龄尚不到三十。同学们以前对我说她比胡先生大上十岁,并立一起有如母子,那晚见了师母容貌,才知人言毫不正确。师母的打扮并不摩登,可是朴素大方,自是大家风范。"④连一向以刻薄酷评闻名文坛的苏雪林都如是说,江冬秀的大方风仪及其与胡适的夫妻融洽相怡似可见一斑。

---

　　①③　胡适:《胡适留学日记手稿本·归娶记》。

　　②　杜春和编:《胡适家书》,第103页。此为1917年4月19日胡适致胡母信中语。

　　④　苏雪林:《适之先生和我的关系》,引自欧阳哲生选编:《怀念胡适》,第345页。

（三）"新"耶?　"旧"耶?：改革旧礼与胡适眼中"最近理"的结婚

胡适在《归娶记》中曾对自己的婚礼做出过这样的评价："此次婚礼所改革者,其实皆系小节。吾国婚礼之坏,在于根本法之大谬。吾不能为根本的改革而但为末节之补救,心滋愧矣。"①部分肯定了自己婚礼之"新",但并不认为从根本上进行了改革,只是局部的小修小补。胡适在归国之前,欲举办新式婚礼以开风气的计划就已经开始徐徐图之了。1917 年 4 月 19 日胡适在致胡母信中即表明了自己希望废除旧式婚礼中诸多迷信仪节与规矩："吾乡婚礼,有许多迷信无道理的仪节,儿甚不愿遵行。故拟于归里时与里中人士商议一种改良的婚礼,借此也可开开风气。"②

1917 年 8 月 6 日胡适在致许怡荪信中也曾向其透露："适不久将往江村一行,先图与聘妻一见,此亦是开风气之一种。"③在举行婚礼前探访未婚妻欲与之会面,本就是突破旧礼法"开风气"的新举,而他这一"开风气"之心实早有筹谋。胡适尚未归国时,就曾致信胡母："前书言欲于归里时与冬秀一见……望吾母早与江氏言之。"④在去江村之前,胡适也曾分别致信江冬秀之兄江耘圃与江冬秀言明欲婚前探访之意,并向江耘圃表达："适素不信拣日子之事,正不须算命先生择吉日,但求两家均无不便之日足矣。"⑤"不拣日子"的新式办法确实在胡适婚礼中得到了执行,胡适在《归娶记》中详细总结了其婚

---

①　胡适:《胡适留学日记手稿本·归娶记》。

②④　杜春和编:《胡适家书》,第 103 页。此为 1917 年 4 月 19 日胡适致胡母信中语。

③　梁勤峰、杨永平、梁正坤整理:《胡适许怡荪通信集》,第 75 页。

⑤　潘光哲主编:《胡适中文书信集1》,"中央研究院"·近代史研究所·胡适纪念馆,2018 年,第 220 页。

礼"所废旧礼之大者"①,其中第一条就是"不择日子。是日为吾阴历生日,适为破日"②。除此之外,在婚前胡适就已与胡母言明:"亲友送贺礼一概不收,惟可收贺联耳。"③也在邀请许怡荪参加婚礼的信中叮嘱其不要准备贺礼:"适定于十二月三十日在里中结婚。约十二月二十日可到家。兄此时想在家,能来岭北一游否?但望千万勿送礼。此系俗套,非为吾辈设也。"④

在《归娶记》中胡适详细记录了其婚礼废除旧礼主要的七个方面:

一、不择日子。是日为吾阴历生日,适为破日。

二、不用花轿、凤冠、霞帔之类。

三、不拜堂。以相见礼代之。

四、不拜天地。

五、不拜人。以相见礼代之。

六、不用送房、传袋、撒帐诸项。

七、不行拜跪礼。

胡适所言废除旧礼之处确非虚言,以第二条"不用花轿、凤冠、霞帔之类"⑤为例,按照徽州婚礼旧俗,"在绩溪,迎娶前一天晚上,太阳将落之际,男方将迎娶新娘的花轿送至女家,谓之'送轿'"⑥。不过尽管胡适的婚礼确实未曾用"花轿",但依然行了"送轿"之礼,只是他所送

---

①②⑤ 胡适:《胡适留学日记手稿本·归娶记》。

③ 耿云志、欧阳哲生编:《胡适书信集 1907—1933》(上),第 119 页。此为胡适 1917 年 11 月 26 日致胡母信中语。

④ 梁勤峰、杨永平、梁正坤整理:《胡适许怡荪通信集》,第 80—81 页。此为胡适 1917 年 12 月 1 日致许怡荪信中语。

⑥ 卞利:《徽州民俗》,安徽人民出版社,2005 年,第 163 页。

之轿为"大轿"，而非"花轿"。《归娶记》中对此即有记录："十二月廿九日，送轿。用大轿，不用花轿。卅日，下午，轿至。"①第三项"不拜堂。以相见礼代之"，即《归娶记》中所载新郎新娘一鞠躬，新郎新娘向新郎长亲一鞠躬以代拜堂也。与证婚人、主婚人、来宾等亦以鞠躬代拜，即第五条所言"不拜人，以相见礼代之"。

第六项"不用送房、传袋、撒帐诸项"也确实是废除旧礼之举，因为徽州旧婚俗有"送房"与"传袋"之礼，在绩溪，这种风俗尤为浓厚。所谓"送房"与"传袋"即"夜将半，烈双衫烛前导，以青囊铺地。新郎、新人由青囊上步行入房，谓之'送房'。其经过青囊时，以一人将后囊抛至前方，又一人接之，仍铺地上，谓之'传袋（代）'。传代者，多取福人，其传第一袋时，传者唱曰：一袋高一袋。第二袋则接者唱曰：'代代高'"②。

胡适在《归娶记》中还详细记录了其婚礼流程：

> 请男女长亲入座。
> 请来宾入座。
> 请证婚人及主婚人入座。
> 请新妇新郎入座
> 乐止
> 司礼人宣告行结婚礼。
>
> （以下由司礼人一一宣告）
> 新妇新郎就礼案前立。
> 司礼人宣读结婚证书（商务印书馆之本）

①　胡适：《胡适留学日记手稿本·归娶记》。
②　民国《绩溪庙子山王氏谱》卷九《宅里略二·风俗·婚嫁》，引自卞利：《徽州民俗》，第164页。

请新妇新郎用印

请男家女家主婚人用印

请证婚人用印

请证婚人授婚约指环与主婚人。

请主婚人授婚约指环与新郎新妇。

新妇新郎行相见礼,一鞠躬。

新妇新郎谢证婚人,一鞠躬。

新妇新郎谢主婚人,一鞠躬。

新妇新郎见男女长亲,一鞠躬。新妇新郎见来宾,一鞠躬。

新妇新郎受贺,贺者合一鞠躬,新妇新郎答一鞠躬。

演说

来宾许怡荪

曹子才

柯泽舟

胡衡卿

新郎演说

礼成,散坐。

奏乐①

胡适的婚礼流程与仪轨很大程度上与当时民国时期流行的文明婚礼的流程是颇相类似的:"民国的文明婚礼⋯⋯每届婚礼开始,司仪、男女来宾、双方主婚人及亲属、证婚人、介绍人等在乐曲声中依次入席;接着,男女傧相引新郎新娘入席,证婚人宣读证书,证婚人、介绍人、新郎新娘依次用印。新郎新娘交换戒指,行礼,相对双双鞠躬。然后,主婚人、证婚人、来宾代表或致词,或赠花,新人则以鞠躬谢证婚

---

① 胡适:《胡适留学日记手稿本·归娶记》。

人、介绍人及来宾,并致答词。最后,举行新人谒见双方主婚人及全体亲属仪式,并用茶点或筵席款待宾客。"①特别值得一提的是作为新郎的胡适在自己婚礼上的演说,因为尽管"演讲也是婚礼中必不可少的环节,多数情况为证婚人、介绍人的演讲"②,但是新郎自己在婚礼上演讲也确称得上是开风气之先的。

以上种种,包括婚前欲见未婚妻、婚礼时废除种种迷信旧仪、行新式结婚礼流程仪轨,均是胡适为了开风气之所为。而事实上胡适改革旧礼以开风气,不唯表现在婚礼上,也同时表现在对丧礼改革的倡导上。胡母于 1918 年 12 月 23 日病逝于老家,胡适 12 月 25 日从北京动身回家奔丧,原本定于 12 月 27 日在北京通俗讲演所讲演"丧礼改良"的演说未成,胡适却以亲身实践主导和参与了母亲的丧礼改革并写成长文《我对于丧礼的改革》。尽管该文主要围绕丧礼改革展开,但寄寓其间的有关旧礼改革的意图与指导思想,却可说是一脉相承的,以此来解释胡适改革婚礼的意图与主张,无疑也是颇为适当的。

胡适认为改革旧礼最要紧处乃在于对"古代宗法社会遗传下来的风俗"的革除,这也是其立足于建设新道德、批评"做热闹,装面子,摆架子"的旧道德主张的体现。对封建宗法制的批判是胡适的主要着眼点,这也是其坚持不拜祖先不进祠堂,却因"吾母坚嘱不可废……遂于三朝见庙"③而深感"吾重违其意"④耿耿于怀的原因所在。对封建宗法制的否弃和对"古代遗留下来的许多虚伪仪式删除干净"⑤即是胡适认为新式丧礼欲除旧弊的关键所在。新文化运动

---

① 易叡:《中国各朝代婚礼文化》,吉林大学出版社,2017 年,第 228 页。

② 赵妍杰:《家庭革命:清末民初读书人的憧憬》,社会科学文献出版社,2020 年,第 291 页。

③④ 胡适:《胡适留学日记手稿本·归娶记》。

⑤ 胡适:《我对于丧礼的改革》,《新青年》1919 年第 6 卷第 6 期。

时期对封建宗法制和旧道德的批判也一直是胡适妇女问题观的核心立足点。胡适在《贞操问题》中指斥"烈女殉夫、守节"①乃是剥夺个人自由的"杀人"的不道德行为;《李超传》更是不惜以六七千字长文为一位普通女学生作传②,希望以李超这一个案作为研究中国家庭制度与女性问题的借镜。胡适认为正是因为宗法制的存在,才致使李超受到压迫,正是因为封建家庭专制和"有女子不为有后"的封建伦理观念,限制和剥夺了李超的受教育权与财产继承权,而令其走上了绝路。胡适认为正是家庭制度之弊害阻滞了妇女解放之进程,正是因为家庭专制的不合理制度存在,使得出走的娜拉们无处可走,"不是堕落,就是回来"③。

胡适的婚礼,尽管"乃斟酌现行各种礼式而成,期于适用"④,也曾做出一些形式上的改良,但程式仪轨却依然较为复杂,而且胡适亦有妥协和退让:"吾初意本不拜祖先。后以吾母坚嘱不可废,吾重违其意,遂于三朝见庙,新夫妇步行入祠堂,三鞠躬而归,不用鼓乐。"⑤拜祠堂显然与胡适反对封建宗法制的主张冲突,而且是更为根本性的冲突,因此胡适的婚礼可说是亦"新"亦"旧"的。

和婚礼未能做到坚持抵抗"宗法制遗绪"类似,胡适对于母亲的丧礼改革也承认:"我这时候用的丧服制度,乃是一种没有道理的大杂凑。"⑥自陈其在北京接到母亡凶电后按照旧习惯置备丧服等行为,袒露和批评自己在习惯心理和旧道德作祟下的行为选择"还是脱不了旧风俗无形的势力,——我还是怕人说话"⑦。

有趣的是,胡适对自己婚礼的评价存在龃龉。在致韦莲司信中

---

① 胡适:《贞操问题》,《新青年》1918 年第 5 卷第 1 期。
② 胡适:《李超传》,《新潮》1919 年第 2 卷第 1 期。
③ 鲁迅:《娜拉走后怎样》,《妇女杂志》(上海)1924 年第 10 卷第 8 期。
④⑤　胡适:《胡适留学日记手稿本·归娶记》。
⑥⑦　胡适:《我对于丧礼的改革》,《新青年》1919 年第 6 卷第 6 期。

胡适对其婚礼有过详细评述,尽管他承认自己还是去拜了祖先,但主要是出于对母亲的爱与尊重,不愿令母亲失望。他对自己婚礼的革新意义评价还是比较高的,称:"我自创了婚礼的仪式,废除了所有旧习俗中不合理的陋规。我们没有拜天地,这是废除的陋习中最重要的一项。"[1]但在《归娶记》中的评价却显得更为苛刻,认为只是在细枝末节处进行了改良,算不上是真正的"新式"婚礼,那么对于胡适而言,如何才算得上是"好的婚礼"? 他改革旧礼的目的和着眼点有哪些呢?

胡适所看重的新式婚礼最重要的标准应该是"简单"且"尽理"的。胡适认为:"人类社会的进化,大概分两条路子:一边是由简单的变为复杂的,如文字的增添之类;一边是由繁复的变为简易的,如礼仪的变简之类。"[2]而他认为新式婚礼最重要的改革即应求婚礼程式之简单,即其所言的"适合现代生活状况"[3]。

胡适在 1921 年 5 月 31 日的日记中即曾记录过一次其所认为的"世界——不但是中国——的一种最简单又最近理的结婚式",即其留美时期的同学朋友赵元任和妻子杨步伟女士的婚礼。赵元任与杨步伟女士的结婚是我国历史上第一对双博士的婚礼,这本就足以称奇,但胡适对其婚礼作出如此高的评价则主要出于对其"近于人情"的婚恋模式和"简单"的婚礼程式的肯定与赞同。

胡适在日记中指出:"赵元任与杨步伟女士……相爱已久,自今日起,同移居小雅宝胡同,成为终身伴侣。"[4]而且赵元任和杨步伟在婚后还进行了一场蜜月旅行。胡适肯定了他们基于相爱且相互了解的基础上缔结的婚姻,认为这是"近于人情"且"合理"的。

---

① 胡适著,周质平编译:《不思量自难忘——胡适给韦莲司的信》,第138 页。

②③ 胡适:《我对于丧礼的改革》,《新青年》1919 年第 6 卷第 6 期。

④ 曹伯言整理:《胡适日记全编 3 1919—1922》,第 286 页。

而赵元任和杨步伟简单的结婚礼,更是引发了胡适的赞叹,胡适在 1921 年 5 月 31 日当晚的日记中全文抄录了赵元任与杨步伟的结婚通知书:

赵元任杨步伟结婚通知书

赵元任博士和杨步伟女医士恭敬的对朋友们和亲戚们送呈这件临时的通知书。

告诉诸位,他们两个人在这信未到之先,早已经在十年六月一日(就是西历 1921 年 6 月 1 日)下午三点钟东经百二十度平均太阳标准时在北京自主结婚。

告诉诸位,他们结婚的仪式是如下:第一节第一段甲,本人和证婚人签名。证婚人:胡适博士,朱征女医士。

告诉诸位,因为要破除近来新旧界中俗陋的虚文和无谓的繁费的习气,所以他们申明,除底下两个例外,贺礼一概不收:

例外一,抽象的好意,例如表示于书信,诗文,或音乐等,由送礼者自创的非物质的贺礼。

例外二,或由各位用自己的名义捐款给中国科学社。该社各处的住址如下:

南京成贤街中国科学社胡刚复博士,

上海大同学校胡明复博士,

北京西四牌楼羊肉胡同四十五号任叔永社长,

又告诉诸位,他们两个人旅行到六月底回来之际,很希望朋友们亲戚们常常到北京小雅宝胡同四十九号敝舍来茶谈叙旧知新。[1]

赵元任与杨步伟的婚礼未邀请宾客,而是他们两位于 1921 年 5 月

---

① 曹伯言整理:《胡适日记全编 3 1919——1922》,第 287——288 页。

31 日当天下午三时自行举办的,婚礼当晚也只邀请了胡适与朱征女医士作为男方和女方的证婚人,仅在赵杨的新居小雅宝胡同 49 号一起吃了晚餐,并未通知其他亲友宾客。因为赵元任和杨步伟希望他们的婚礼能够"破除近来新旧界中俗陋的虚文和无谓的繁费的习气"①,而且他们申明,除了诗文、音乐等抽象的精神礼物和捐给中国科学社的捐款外,其他一切贺礼一概不收,这引发了胡适的赞叹与推崇。胡适在 1921 年 5 月 31 日当晚特意将赵元任与杨步伟的结婚通知书全文录于其当天的日记中。这种革除掉一切虚伪和繁杂仪式的简单的、"近于人情,适合于现代生活状况"②的婚礼即是胡适眼中"最简单又最近于理"③的婚礼,而笔者认为简单且近于人情正是胡适所主张的改革旧礼的关键所在。

（四）　胡适与江冬秀婚姻关系再考——以《新婚杂诗》与胡近仁书为中心的考察

胡适婚后只在家待了短短 28 天便启程北上了,这次北返胡适未能带江冬秀同行,约定暑假归家省亲再接冬秀同去北京。胡适在旧历十二月十五(1918 年 1 月 25 日)启程,夜宿三溪时还专门做了一首"新婚别",这首诗后来作为《新婚杂诗》第五首(最末一首)在《新青年》上发表:

> 十几年的相思,刚才完结;
> 没满月的夫妻,又匆匆分别。
> 昨夜灯前细语,全不管天上月圆月缺。
> 今宵别后,便觉得这窗前明月,格外清圆,格外亲切!

---

①③　曹伯言整理:《胡适日记全编 3 1919—1922》,第 287 页。
②　胡适:《我对于丧礼的改革》,《新青年》1919 年第 6 卷第 6 期。

　　你该笑我，饱尝了作客情怀、别离滋味，还逃不了这个
时节！①

不过两天之后，胡适又在夜行船上再做了一首《生查子》：

　　前度月来时，你我初相遇；
　　相对说相思，私祝长相聚。
　　今夜月重来，照我荒洲渡。
　　中夜梦回时，独觅船家语。

离家两三天，胡适就连续为江冬秀作诗词两首，且满纸尽诉相思，"十
几年的相思"，"相对说相思，私祝长相聚"。同时也表达了对新婚妻
子的依依不舍，如"没满月的夫妻，又匆匆分别"，"你该笑我，饱尝了
作客情怀、别离滋味，还逃不了这个时节！"及至回京近一月后，胡适
又补作了一首《新婚杂诗》：

　　记得那年，
　　你家办了嫁妆，
　　我家备了新房，
　　只不曾提到我这个新郎！
　　这十年来，
　　换了几朝帝王，
　　看了多少世态炎凉；
　　锈了你嫁奁中的刀剪，
　　改了你多少嫁衣新样；

------

　　①　胡适:《新婚杂诗(五)》,《新青年》1918年第4卷第4期,最初见于胡
适:《胡适留学日记手稿本·归娶记》1918年1月25日所记。

更老了你和我人儿一双！

只有那十年陈的爆竹呵，越陈偏越响！①

这首补作的《新婚杂诗》在《新青年》上发表时被调整至组诗的第四首，但是按照写作时间来看的话，这首应当是最后一首。笔者认为，胡适之所以调整了《新婚杂诗·十几年的相思》和《新婚杂诗·记得那年》的出场顺序，乃是因为《新婚杂诗·记得那年》所写内容更像是以婚礼当天当事人口吻追忆往昔，更符合新婚时期夫妇聚首谈心的心境，而《新婚杂诗·十几年的相思》所写内容则是刚刚成婚不久就匆匆"新婚别"的心境。《新婚杂诗》作为组诗，从"新婚"到"新婚别"，按照事件的发生逻辑来看，胡适在发表《新婚杂诗》时作出这番调整也似较为合理。

　　通过对《归娶记》的爬梳不难发现，胡适的《新婚杂诗》组诗可称得上是"情意绵绵"，结婚七日后胡适陪江冬秀回江村归宁，更前去江母坟前祭拜，并为岳母写诗收入《新婚杂诗》中。北返途中胡适所作的《生查子》词等更是一再倾诉相思与离情。尽管写作《新婚杂诗》《生查子》词等一系列操作，很大程度上也带有为博胡母之欢心而有意"做戏"的表演成分，但是认定胡适对江冬秀缺乏真心实意，完全是被逼无奈之婚姻，则是有失公允的。

　　胡适于1918年2月2日到京，2月7日即写信给江冬秀，关心其身体状况，细心叮嘱私密事体："你自己的病，可好了没有？昨天我看见一书上说，女子月经来时，切不可有发怒、忧郁、气恼诸事。我想你前两月不痛经，是因为心事宽了之故，本月又痛经，想是因为心事不宽之故。下月月经将来时，可以先扫除一切心事，再看还痛不痛。

---

　　①　胡适:《新婚杂诗（四）》,《新青年》1918年第4卷第4期,最初见于胡适:《胡适留学日记手稿本·归娶记》1918年2月21日所记。

无论如何,望你写信时,也细说自己身体如何。"①并再三提醒江冬秀:"千万要写信,不可忘记。"②而且怕江冬秀身为新妇面皮薄不敢频繁给自己写信,还为江冬秀寻到了一个妥当的写信由头,即通过写信的方式向胡适汇报胡母的身体状况:"请你时时写一封信来,老老实实的说母亲的身体如何,使我好放心。"③而在 2 月 28 日的家书中胡适感叹:"昨日为吾婚后两月之期,日子过得真快!"从其对于"婚后两月"时间的敏感上来看,很难想见他对自己的婚姻是厌恶不满的。

而 1918 年 3 月 6 日胡适写给江冬秀的信中更是不乏几丝宠溺:"你看见你的照片了,可好不好?你多写几封信与我,我便替你多印几张回家去送人。"④胡适以印照片为饵诱使江冬秀多多写信给他,这无疑可称得上是"闺房之乐"其一了。3 月 13 日又写信给妻子,令其"没有事时,可以多多的写几封信与我"⑤。

一直以来对胡适与江冬秀的情感关系持保留意见的研究,最常依凭的便是胡适在婚后不足半年之际写给族叔胡近仁的一封书信:"吾之就此婚事,全为吾母起见,故从不曾挑剔为难(若不为此,我决不就此婚,此意但可为足下道,不足为外人言也)。今既婚矣,吾力求迁就,以博吾母欢心。吾之所以极力表示闺房之爱者,亦正欲令吾母欢喜耳。"⑥胡近仁虽名分上为胡适族叔,然只比胡适年长四岁,童年时期即被胡适目为益友,胡适在《四十自述》中即记载了其与胡近仁比赛阅读小说等有趣的成长经历。胡近仁同时还是胡适与江冬秀婚礼的司礼人,是胡适母亲丧礼上为胡母写灵位者,由此足可见胡适与胡近仁关系之亲密,因此不少学者认为胡适写给胡近仁书信中所言

---

①②③ 　杜春和编:《胡适家书》,第 135 页。

④ 　杜春和编:《胡适家书》,第 153 页。

⑤ 　杜春和编:《胡适家书》,第 157 页。

⑥ 　颜振吾:《胡适研究丛录》,第 210 页。此为胡适 1918 年 5 月 2 日致胡近仁信中语。

可信度极高,更何况胡适还专门在信中叮嘱胡近仁:"此事已成往迹,足下阅此书后,乞拉烧之,亦望勿为外人道,切盼切盼。"①然而问题在于胡适如此叙说是别有他故的,前研究不见对此问题有深入分析者,所引胡适书信中语也多为断章取义也。

胡适致信胡近仁是为了向其解释自己在前信中怀疑母亲不欲江冬秀前来北京而假称"有病"之事。胡适对患病的母亲很不放心,又怀疑母亲是为了能让自己暑假归家而有意说自己患病,于是曾为此"写信给其族叔胡近仁先生。近仁复信颇作直率责备之语,说明其母病是实"②。因此胡适这封写于1918年5月2日的复信正是为了向胡近仁解释自己怀疑母亲故意称病是事出有因,希望求得族叔的谅解。胡适在信中称:"前得第五号书,言母病状,吾实不料病是真情。吾初疑此必系家庭中如秕嫂一方面有为难之处,而家母不愿明言之,故以病为言。(此节既非实事,望勿为他人言之。)盖家信从未言吾母病发,又时冬秀方在江村未即召回,故不疑吾母真发病甚'沉重'也。"③胡适之所以颇为罕见地在书信中直言自己与江冬秀的婚姻问题,实含有为自己辩护的意味,胡适因疑母假病写信向胡近仁询问真相已让胡近仁出言指责,而当确知母亲确实有病在身,妻子当此之时还要离开病重的婆母来京与自己团聚,胡适对此深怀愧疚与不安,在亲友面前亦可能招致"不孝"母亲的不良声誉。胡适一生极爱重其母,胡老夫人青春寡居,辛苦经营没落的大家庭,含辛茹苦将独子抚养成人,并极力支持其出洋读书,在漫长的分离和等待中,对于胡适与江冬秀的婚事一拖再拖也持默许和支持态度,深明大义的胡母在家族中颇受人尊敬,因此胡近仁作为族叔指责胡适不敬其母是颇为正当合理的。

---

　　①③　颜振吾:《胡适研究丛录》,第210—211页。此为胡适1918年5月2日致胡近仁信中语。

　　②　耿云志:《胡适年谱》,第64页。

据胡适 1917 年 11 月 21 日致韦莲司信可知，胡适本来是打算婚后和江冬秀一道回北京的，但因为婚礼结束后不久，胡适的母亲就因为操劳婚礼而病了，于是胡适决定让江冬秀留在胡母身边照料她几个月，再加之考虑到"北京的政局已经糟到令人担忧的程度"①，于是胡适并未按照原计划带江冬秀同行。而在新婚离家回京后的 2—4 月间胡适即在多封致胡母的家信中婉转表达了自己独居不便，希望妻子能够前来北京帮忙照管家事的意思。如胡适在 1918 年 2 月 19 日家书中借寄给永侄棋子的包裹未缝而被退回事向母亲抱怨"此地又没有妇人可做此事"②；同年 2 月 23 日在致胡母信中又再度暗示家中因没有女主人的诸多不便："吾乡俗话说：'徽州朝奉，自己保重。'我现在真是自己保重了，一笑！"③胡适本打算暑假回乡省亲，再顺道带江冬秀北返，但因为大学改革诸事紧忙，胡适分身乏术，于是在书信中透露出请江冬秀之兄江耘圃顺道带江冬秀北上之意。胡母起初并不同意，主要原因是担心不能在暑假中见到儿子，于是以自己病重需儿媳照料为由，不同意江冬秀来京。但是胡适再三解释因大学事务繁忙无暇归乡，不愿令儿子失望的胡母最终同意江冬秀随其兄江耘圃一起来京。

　　1918 年 5 月 2 日的这封信是在胡母已经同意江冬秀来京，并且胡适确认了母亲确实身患疾病的情况下所写，因此此时的胡适显然置于极为尴尬的道德境地，很容易让族人亲友误会其为了个人小家庭的享乐而不顾年高病重的母亲的安危。于是胡适再三向胡近仁解释自己希望江冬秀来京并非耐不住寂寞、不顾母亲死活，而正是为了令母亲开心，所以"极力表示闺房之爱"之举，他还为自己辩解，称：

---

　　①　胡适著，周质平编译：《不思量自难忘——胡适给韦莲司的信》，第 139 页，此为胡适 1918 年 2 月 19 日致韦莲司信中语。

　　②　杜春和编：《胡适家书》，第 141 页。

　　③　杜春和编：《胡适家书》，第 142 页。

"吾十余年独居,岂不能耐此几个月之岑寂耶?"①因此胡适在信中类似"诉苦"般的对于自己婚姻的抱怨:"吾之就此婚事,全为吾母起见,故从不曾挑剔为难(若不为此,吾决不就此婚……)今既婚矣,吾力求迁就,以博吾母欢心。吾之所以极力表示闺房之爱者,亦正欲令吾母欢喜耳,岂意反此以令堂上介意乎!"②必须置于胡适极欲在亲友面前树立自己孝敬母亲的形象这一逻辑线索下加以理解。

　　然而仔细窥察不难发现,胡适的解释实则是难经推敲的,因为胡适在信中反复申说希望江冬秀能速来北京已然引起了母亲的不满,胡适却并未因此而退让。在得知母亲不愿新妇来京时尽管口头上不愿违逆母愿,但在信中并未完全放弃自己的打算:"吾母既不愿冬秀与他哥哥同来,只好罢了,将来再说罢。"③细度其口吻,不难见一丝失望和郁闷之感。而为了求得胡母的谅解令其应允江耘圃带江冬秀北上,胡适继而在三日后又写了一封长信给胡母,细陈了其欲江冬秀随其兄早来北京之打算的四点因由:其一是有顺便之利;其二是希望江冬秀早日出来多受点教育,言明自己亦需要女主人陪同应酬;其三是暑期有著书打算,作为英文部主任还要负责夏间招考事宜无暇回家接家眷;其四是如此次不顺道同来,又须再等半年多才能接家眷出来,浪费顺便之机实在可惜④。这才致使胡母终于不忍令儿子为难而同意江冬秀北上。而在得到母亲应允后胡适的反应是:"极喜。吾

　　① 颜振吾:《胡适研究丛录》,第 211 页。此为胡适 1918 年 5 月 2 日致胡近仁信中语。

　　② 颜振吾:《胡适研究丛录》,第 210 页。此为胡适 1918 年 5 月 2 日致胡近仁信中语。

　　③ 杜春和编:《胡适家书》,第 167 页,此为 1918 年 4 月 3 日胡适致胡母信中语。

　　④ 参见杜春和编:《胡适家书》,第 168—169 页。

母肯令冬秀与耘圃同来极好。"①想办法说服其母,盼望妻子早日能来与自己团聚,都足可见胡适对江冬秀的感情绝非仅仅为了讨胡母欢心而敷衍假装。母亲提出自己有病需要儿媳留侍照料,更是引起了胡适的猜疑,胡适也对胡母"反此以令堂上介意"心知肚明,但依然坚持希望江冬秀能够前来,实际上与其所自陈的以极表闺房之爱博母欢心的动机是大相违背的,似乎博取欢心未成,反而令母亲介怀。而且如若胡适真的只是遵母命完婚对江冬秀毫无情意,何以要几次三番为了让江冬秀来京事引得母亲不悦呢,遵从母命令江冬秀陪侍母亲不使其介入自己的生活,岂不是更合心意的选择吗? 据此不难想见,胡适对胡近仁这番诉苦式的有关自己婚姻勉强为难的说辞的可信度并不高。

梁实秋在《怀念胡适先生》中也曾谈及胡适的婚姻,他认为胡适与江冬秀的结合是他遵母命重孝道和重视女子个人幸福的体现,称其"重视母命,这是伟大的孝道,他重视一个女子的毕生幸福,这是伟大的仁心"②。梁实秋同时指出"幸福的婚姻,条件很多,而且有时候不是外人所能充分理解的。没有人的婚姻是没有瑕疵的,夫妻胖合,相与容忍,这婚姻便可维持于长久"③,其对于胡适与江冬秀在容忍迁就的基础上结合却能收获美满与长久的婚姻大体上也是持认同态度的。

胡适与江冬秀的婚姻一定程度上也确如胡适在"Marriage customs in China"的演说中所向往和认同的那样,是基于"Duty-made"而产生的感情。而且胡适的婚姻还意外地为其博取了新旧阵营的好感,尤其是旧派的道德认同。胡适曾在 1921 年 8 月 30 日的日记中

---

① 杜春和编:《胡适家书》,第 173 页。此为 1918 年 4 月 13 日胡适致胡母信中语。

②③ 梁实秋:《怀念胡适先生》,引自欧阳哲生选编:《怀念胡适》,第 143 页。

记载过高梦旦与其谈论婚姻问题的相关内容：

> 他说许多旧人都恭维我不背旧婚约，是一件最可佩服的事！他说，他的敬重我，这也是一个条件。我问他，这一件事有什么难能可贵之处？他说，这是一件大牺牲。我说，我生平做的事，没有一件比这件事最讨便宜的了，有什么大牺牲？他问我何以最讨便宜……其实我家庭里并没有什么大过不去的地方。这已是占便宜了。最占便宜的，是社会上对于此事的过分赞许；这种精神上的反应，真是意外的便宜。我是不怕人骂的，我也不曾求人赞许，我不过行吾心之所安罢了，而竟得这种意外的过分报酬，岂不是最便宜的事吗？若此事可算牺牲，谁不肯牺牲呢？①

诚可见胡适的坚持旧婚约倒意外地为其捞取了不少"便宜"。所以于胡适而言，是情愿不自由，反倒"自由"了。"也许起初胡适的确只是为母着想而不得已娶江冬秀为妻，如果仅仅如此，那么在他母亲去世后，大可以弃江冬秀而去的。因为在他们婚后第二年，他的母亲就去世了。没有了'博吾母欢心'的理由，胡适却仍然心甘情愿与江冬秀携手人生，除了他性格上的温和与宽容外，江冬秀的善良与独特的个性也是不容忽视的重要原因"②。

江冬秀算得上治家有方，为胡适提供了较为舒适的家庭生活环境，并且一定程度上为胡适营造了和谐的人际关系。胡颂平在《胡适之先生最后的岁月》中曾记载过胡适的这番评论："我的太太喜欢做些茶叶蛋、雪里蕻或者别的菜分送朋友，等于会作文章的人把自己的

---

① 曹伯言整理：《胡适日记全编 3》，第 451 页。

② 李伶伶、王一心：《日记的胡适——他和影响了那个时代的他们》，陕西人民出版社，2007 年，第 170 页。

文章给人家看的心理一样。"①江冬秀还曾于 1928 年回老家为胡适的祖父母及父母造坟,亲自负责选料与监工,尽心尽力,胡适对此亦颇为感喟。而作为一个曾在胡适家有过长住经历的人,罗尔纲也认为江冬秀是一个十分体恤人情的人,并以日常相处的生活细节加以佐证:"我在上海多年都是穿一条卫生裤。随适之师到了北平,这条卫生裤怎能抵得住北方冬寒。她立刻给我缝了一条厚棉裤。我到北平只穿在上海多年穿的外衣,她把适之师穿的皮衣给我穿。"②江冬秀对罗尔纲的看重主要是出于对罗尔纲作为胡祖望、胡思杜家庭教师负有教育引导之责的尊重与感谢。在罗尔纲看来,"胡师母没有进过学校,却是一个非常能干的人。治家有法,教子有方,待人接物,克尽情谊。胡适得有一个舒适宁静的家庭环境做学问,接待亲友,都是她的力量"③。

尽管江冬秀智识程度有限,却可算得上是一位深明大义的女性,她多次劝导丈夫不要做官专心治学。胡适在就任驻美大使之际,也曾在信中向老妻倾诉衷肠:"现在我出来做事,心里常常感觉惭愧,对不住你。你总劝我不要走上政治路上去,这是你的帮助我。若是不明大体的女人,一定巴望男人做大官。你跟我二十年,从来不作这样想,所以我们能一同过苦日子。"④

但是无可讳言的是,胡适与江冬秀之间毕竟在智识与思想上存在巨大差距,共同话题的短少恐怕会在长期共同生活之后愈见分明。新婚时期认定对方"极大方"的好印象、新婚不足一月即依依分别的

---

①　胡颂平:《胡适之先生最后的岁月》,引自罗尔纲:《师门五年记·胡适琐记》(增补本),生活·读书·新知三联书店,1998 年,第 265 页。

②　罗尔纲:《师门五年记·胡适琐记》(增补本),第 184 页。

③　罗尔纲:《关于胡适的点滴》,引自颜振吾:《胡适研究论丛》,第 18 页。

④　杜春和编:《胡适家书》,第 334 页。此为 1938 年 11 月 24 日胡适致江冬秀信中语。

离情一定程度上美化了胡适与江冬秀的婚姻,使得他们婚姻的开首蒙上了一层神秘的面纱,亦形成了一种基于名分意义上的特殊柔情。但是笔者认为性格的差异可能才是胡适与江冬秀婚姻关系中的最大的障碍。

　　为了《胡适留学日记》整理编写工作曾长住胡家的章希吕即在日记中有过记述:"我在此住了将近两年,觉得他们夫妇的性情是绝对不同:适兄从来不肯得罪人,总是让人家满意的去,他自己宁可吃些亏;适嫂是一个说得出做得出的女人,不怕人家难为情的。"[①]"夜,适嫂因亚东版税及借款事和适兄起了一次争吵。适兄脾气真好,一面劝适嫂息怒,一面还为孟翁解释困难。"[②]"今天孟翁有信直寄适兄嫂,所言欠款改到今年还,力难做到,因此适嫂和适兄又吵嘴,吵得比前一次厉害……适兄的脾气诚好,适嫂似不能体谅他。"[③]章希吕以亲住亲闻之经历为我们呈现了胡适与江冬秀的相处日常,胡适脾气温和、为人宽容不愿得罪人,江冬秀性格泼辣、脾气急躁、不太给人台阶下,夫妇之间脾气性格相差悬殊,而绝不仅仅是"西服"与"小脚"婚姻结合之特有矛盾。笔者认为既有研究过分从"新与旧"、"现代"与"传统"等方面的对立参差上入手去阐释胡适与江冬秀之关系与胡适之婚恋观,而对性格脾性的差异引发的夫妻矛盾、婚姻危机的关注则显得尤其不够。

---

　　① 颜振吾编:《胡适研究丛录》,第266—267页,此为章希吕1936年1月15日日记中言。

　　② 颜振吾编:《胡适研究丛录》,第267页,此为章希吕1936年2月18日日记中言。

　　③ 颜振吾编:《胡适研究丛录》,第268页,此为章希吕1936年3月24日日记中言。

参考文献

原始文献

1. 胡适：《胡适留学日记手稿本》,上海人民出版社,2015 年。

2. 胡适：《尝试集》,亚东图书馆,1919 年。

3. 胡适：《五十年来之中国文学》,申报馆,1923 年。

4. 胡适：《四十自述》,亚东图书馆,1933 年。

5. 胡适：《胡适留学日记》,商务印书馆,1947 年。

6. 胡适：《胡适遗稿及秘藏书信 21》,黄山书社,1994 年。

7. 吴学昭整理：《吴宓自编年谱》,生活·读书·新知三联书店,1995 年。

8. 杜春和编：《胡适家书》,河北人民出版社,1996 年。

9. 耿云志、欧阳哲生编：《胡适书信集 1907—1933》(上),北京大学出版社,1996 年。

10. 杜春和、韩荣芳、耿来金编：《胡适论学往来书信选》(上、下册),河北人民出版社,1998 年。

11. 耿云志、李国彤：《胡适传记作品全编》第一卷(上)、第三卷,东方出版中心,1999 年。

12. 顾颉刚：《古史辨自序》(上),河北教育出版社,2000 年。

13. 胡适著,曹伯言整理：《胡适日记全编》(1)(3),安徽教育出版社,2001 年。

14. 罗岗、陈春艳编：《梅光迪文录》,辽宁教育出版社,2001 年。

15. 胡适：《胡适留学日记》(上)(下),安徽教育出版社,

2006 年。

16. 梁勤峰、杨永平、梁正坤整理：《胡适许怡荪通信集》，上海人民出版社，2017 年。

17. 张立茂编注：《胡适澄衷学堂日记》，文汇出版社，2017 年。

原始报刊

1. 梁启超：《论中国学术思想变迁之大势》（续第五十五号），《新民丛报》1904 年第 3 卷第 10 期。

2. 朱庭祺：《美国留学界》，《留美学生年报》1911 年。

3. 胡适：《非留学篇》，《留美学生年报》1914 年。

4. 胡适：《美国大学调查表》，《留美学生年报》1914 年。

5. Hu Shih：Marriage customs in China. The Cornell Era. June，1914. pp. 610 – 611. Cornell Papers.

6. 胡适：《致甲寅杂志记者》，《甲寅》1915 年第 1 卷第 10 期。

7. 易鼎新：《留学生之过去与将来》，《留美学生季报》1915 年第 2 卷第 2 期。

8. 《新青年》1916 年第 2 卷第 4 期、1917 年第 2 卷第 5/6 期、1917 年第 3 卷第 1/2/4/5/6 期、1918 年第 4 卷第 1/2/4 期、1918 年第 5 卷第 1/3 期、1919 年第 6 卷第 3/6 期、1919 年第 7 卷第 1 期、1920 年第 8 卷第 1 期。

9. 胡适：《李超传》，《新潮》1919 年第 2 卷第 1 期。

10. 梅光迪：《评提倡新文化者》，《学衡》1922 年第 1 期。

11. 胡适：《我的歧路》，《努力周报》1922 年第 7 期。

12. 章士钊：《评新文化运动》，《新闻报》1923 年 8 月 21、22 日。

13. 鲁迅：《娜拉走后怎样》，《妇女杂志》（上海）1924 年第 10 卷第 8 期。

14. 鲁迅：《怎么写》，《莽原》1927 年第 18、19 合刊。

15. 路易斯·甘尼特：《胡适：青年中国的青年预言家》（"Hu

Shih：Young Prophet of Young China"),《纽约时代杂志》(The New York Times Magazine)1927 年 3 月 27 日。

16. 胡适:《逼上梁山——文学革命的开始》,《东方杂志》1934 年第 31 卷第 1 期。

17. 守一:《书评:藏晖室劄记》,《中流》(上海)1939 年第 1 卷第 2 期。

18. 毛子水:《藏晖室劄记四册》,《治史杂志》1939 年第 2 期。

19. 谦:《记胡适藏晖室劄记原稿及其他》,《金声》(上海)1939 年第 5、6 期。

20. 愚:《图书介绍:藏晖室札记(十七卷)》,《图书季刊》1939 年第 1 卷第 2 期。

21. 曹聚仁:《一个学者的生活实录 胡适著:藏晖室劄记》,《前线日报 1938.10—1945.9》1941 年 5 月 18 日。

22. 石榴:《胡适留学日记》,《南京中央日报周刊》1948 年第 3 卷第 7 期。

23. 姚子介:《我爱读的一部书——胡适留学日记读后感》,《工商知识月刊》1948 年第 4 卷第 4、5 期。

24. 编者:《胡适留学日记》,《新书月刊》1948 年创刊号。

专著类

1. 萧超然:《北京大学校史 1898—1949》,上海教育出版社,1981 年。

2. 颜振吾编:《胡适研究丛录》,生活·读书·新知三联书店,1989 年。

3. 耿云志:《胡适年谱》,四川人民出版社,1989 年。

4. 李又宁主编:《胡适与他的朋友》(第一集),纽约天外出版社,1990 年。

5. 〔美〕唐德刚译注:《胡适口述自传》,华东师范大学出版社,

1993 年。

6. 黄书光：《胡适教育思想研究》，辽宁教育出版社，1994 年。

7. 罗志田：《再造文明之梦——胡适传》，四川人民出版社，1995 年。

8. 罗尔纲：《师门五年记·胡适琐记》（增补本），生活·读书·新知三联书店，1998 年。

9. 周质平：《胡适与韦莲司：深情五十年》，北京大学出版社，1998 年。

10. 欧阳哲生选编：《怀念胡适》，中国社会科学出版社，2000 年。

11. 欧阳哲生：《解析胡适》，社会科学文献出版社，2000 年。

12. 胡适著，周质平编译：《不思量自难忘——胡适给韦莲司的信》，安徽教育出版社，2001 年。

13. 罗志田：《近代中国史学十论》，复旦大学出版社，2003 年。

14. 卞利：《徽州民俗》，安徽人民出版社，2005 年。

15. 李喜所：《中国留学史论稿》，中华书局，2007 年。

16. 李伶伶、王一心：《日记的胡适——他和影响了那个时代的他们》，陕西人民出版社，2007 年。

17. 周质平：《胡适的情缘与晚境》，黄山书社，2008 年。

18. 杨正润主编：《众生自画像——中国现代自传与国民性研究（1840—2000）》，上海人民出版社，2009 年。

19. 刘运峰编：《1917——1927 中国新文学大系导言集》，天津人民出版社，2009 年。

20. 耿云志：《胡适新论》，中国人民大学出版社，2010 年。

21. ［美］格里德著，鲁奇译：《胡适与中国的文艺复兴——中国革命中的自由主义（1917—1937）》，江苏人民出版社，2010 年。

22. 余英时：《重寻胡适历程　胡适生平与思想再认识》，生活·读书·新知三联书店，2012 年。

23. [美]江勇振:《星星、月亮、太阳:胡适的情感世界》(增订本),新星出版社,2012年。

24. 许康、许净编:《湖南历代科学家传略》,湖南大学出版社,2012年。

25. 周质平:《光焰不熄——胡适思想与现代中国》,九州出版社,2012年。

26. 周质平:《爱慕与矜持之间:胡适与韦莲司》,华文出版社,2013年。

27. 江勇振:《舍我其谁:胡适(第二部 日正当中,1917—1927)》,浙江人民出版社,2013年。

28. 胡颂平编:《胡适之先生年谱长编初稿(增补版)》(一),联经出版事业公司,2015年。

29. 唐德刚:《胡适杂忆》,广西师范大学出版社,2015年。

30. 沈卫威:《无地自由·胡适传》,河北人民出版社,2015年。

31. 沈寂、张朝胜:《胡适的求学之路》,安徽大学出版社,2015年。

32. 韩彬:《现代中国作家自传研究》,中国社会科学出版社,2015年。

33. 易叡:《中国各朝代婚礼文化》,吉林大学出版社,2017年。

34. 李泽厚:《中国现代思想史论》,生活·读书·新知三联书店,2008年。

35. 陈平原:《作为一种思想操练的五四》,北京大学出版社,2018年。

36. 潘光哲主编:《胡适中文书信集》,"中央研究院"·近代史研究所·胡适纪念馆,2018年。

37. 耿云志:《胡适研究十论》,复旦大学出版社,2019年。

38. 刘克敌:《民国学风》,九州出版社,2019年。

39. 赵妍杰:《家庭革命:清末民初读书人的憧憬》,社会科学文献出版社,2020年。

40. 陈平原:《现代中国的述学文体》,北京大学出版社,2020 年。

报刊类

1. 江勇振:《男性与自我的扮相:胡适的爱情、躯体与隐私观》,引自熊秉真主编《欲掩弥彰:中国历史文化中的"私"与"情"——公义篇》,台北汉学研究中心,2003 年。

2. 周质平:《遗文新刊——胡适的〈非留学篇〉》,《胡适丛论》,三民书局股份有限公司,1992 年。

3. 欧阳哲生:《胡适与北京大学》,《北京大学学报》(哲学社会科学版)1997 年第 3 期。

4. 王风:《文学革命的胡适叙事与周氏兄弟路线——兼及"新文学"、"现代文学"的概念问题》,《中国现代文学研究丛刊》2006 年第 1 期。

5. 席云舒:《康奈尔大学胡适的成绩单与课业论文手稿》,《关东学刊》2017 年第 1 期。

6. 韩进:《胡适〈藏晖室劄记〉誊清稿本述略》,《文献》2018 年第 6 期。

7. 唐姆嘉:《胡适形象的自我建构与他者叙述——以〈中国新文学大系导言集〉为中心》,《滨州学院学报》2019 年第 1 期。

8. 唐姆嘉:《众声喧哗背后:五四女作家的娜拉书写》,《中华女子学院学报》2019 年第 2 期。

9. 袁一丹:《新大陆的旧文苑——重构文学革命的前史》,《文学评论》2019 年第 6 期。

10. 雷强:《胡适致赵元任书札三十三通》,《鲁迅研究月刊》2020 年第 2 期。

11. 季剑青:《文学革命的另一条来路——从胡适 1915 年末的波士顿之行说起》,《文汇报》2020 年 8 月 21 日。

后　记

　　当我终于敲下本书的最后一字，坐在宿舍窗下，看屋外黄叶漫漫，我有一瞬的恍神，仿佛胡适在《水龙吟·送秋》中描摹的画面铺展在我眼前，恰是"风卷平芜，嫩黄新紫，一时飞舞"。胡适写作此词时，已经看过三回美国的秋了。而我也终于想起，来北地求学，如今已是第十个年头了。渐次恢复起的时间感也提醒着我想起，想起写作本书的那段时光，那段似乎完全去时间化了的日子。也让我不能忘记，这本小书写作于新冠疫情期间。

　　我与这本小书的缘分开始于2019年春夏的"宋元明清日记研究"课堂，张剑老师妙趣横生的讲述、缜密又熨帖的阐释给了我们每周二最有温度又最具活力的课堂。学期末提交的课程论文《阅读史视域下胡适的观念视野与文学革命"前史"——作为"思想草稿"的〈胡适留学日记〉》得到了张老师的很多鼓励，正是得益于老师的帮助，我才能够有机会研读这整整十八册的《胡适留学日记》手稿。也是在张老师的带领下，我意外地推开了日记研究的这扇门，它带我去到一个从未期冀、体验过的新的世界。

　　我对《胡适留学日记》的研究，似乎缘起于意外，但是细想想，却不能不说，它始终纠缠着我内心深处的疑问与审思。在写作本书的几个月里，我一直不断追问自己，我究竟为何要研究这个题目，是什么牵引着我一直走下去。直到现在我似乎也很难给出令人满意的回答。但我想，这首先源于我对日记史料中所蕴藏的小宇宙的好奇、感知与共鸣，正如张老师在接受《北京青年报》的访谈时所说的那样："私人日记是最能锻炼历史感、人生感的文献，一页一页、一年一年翻过去,时间的流逝感使宏大历史背景下的日常变得具体和琐细,时光的流年碎影便汇成了一道长河。"我想,日记研究于我正是这样的意义:它让我静下来、沉下来,让我在时光的静静流淌中,于最细微处照见可爱的灵魂,倾听真诚的心声,对于我来说,是帮助我给时间赋形之物。

写作的过程无疑是艰辛的,但同时也给了我难以言喻的疗愈感与满足感,独自在室内"硬写"的几个月,我时而踟蹰彷徨,时而反复沉吟,时而也陶陶然于其间。而被我摩挲过无数次的《藏晖室札记》,仿佛时间碎片拼搭起的积木,磨砺了我的耐心,也刺激着我的感觉。随手翻开一册,只见静坐于室中读书的青年胡适正饶有意味地谛视着我的稚拙,唇边挂着似有若无的浅笑。好多个灯下的深夜,我被他的锐意打动,因他的不被理解痛苦,有时也为识破了他的精明与世故暗笑,仿佛置身其中,忘了今夕何夕。那些个因情感共振或幽微灵动而别有会心的时辰,成了我最珍视的独家记忆。而对于胡适的研究兴趣,正是这本小书所以能够产生的肯綮。我想要研究一个新文化运动领袖、现代学术规范建立者的生成"前史",我想要以更为平视的眼光同他对话,我想要了解在和我差不多年岁的时光里,胡适,他的日子究竟是怎么过的?我想要尽我所能摸索勾勒出他的"思想草稿",想要看看他在一生事业最为重要的准备期所做出的努力与尝试。我想要知道胡适之为胡适,究竟是如何长成的?欲为国人之导师的胡适,他在读书期间的理想蓝图究竟实现了多少,他的精神信仰、政治理念、教育理想、文学革命草图是如何一步步展开和建立的?面对友情、爱情、亲情的喜悦与矛盾,面对名与利的诱惑与煎熬,他又是如何选择,如何应对的?在写作过程中,在处理日记史料和研究对象的同时,我惊喜地发现,不知不觉间我也开始重新思考自身读书治学的目的与意义,也开始渐渐懂得王风老师所说的"这关乎世道人心"的真正含义。

我也想要郑重地感谢我的导师孔庆东先生,您的温厚宽容一直包容着我学业上的执拗疏闲,您总是尊重我的每一个选择和决定,像是我生命中的灯塔。我知道,在黑色的夜晚,在黑夜的海上,灯塔永远以温暖的目光寻找船只。谢谢您让我一直有勇气有信心诚实地面对世界,面对我自己。

我还要特别感谢北京大学中文系现代文学教研室诸位可敬可爱的老师们,感谢陈平原老师、高远东老师、吴晓东老师、王风老师、姜涛老师、张丽华老师、李国华老师在课程学习、论文写作、硕论开题、硕论答辩、博士资格考、博士开题等诸多培养环节为我指点迷津、答疑解惑。感谢吴晓东师、王风师,作为我的博士申请推荐专家和硕论学术评议专家,二位老师,无论在学术还是课业上,都给予了我悉心的指导和关切,感谢吴晓东老师春风化雨般的教诲,感谢王风老师对我论文中存在的问题一针见血的批评。小文《阅读史视域下胡适的观念视野与文学革命"前史"——作为"思想草稿"的〈胡适留学日记〉》(现已刊于《现代中国文化与文学》第32辑)在发表之前,曾当作会议论文在2019年12月北京大学中文系组织的博雅青年论坛上提交,王老师对拙文的批评点拨也给了我修改此文的很大动力。更重要的是,我在写作这篇小文时还未曾有机缘阅读到日记手稿,王老师叮嘱我一定要认真研读手稿的建议,现在想来,似乎像是为这本小书埋下的"序曲"一般有趣。

尤其想要感谢陈平原老师对我的肯定与提点,感谢陈老师给予我的最初的认可,在我研一时就将我那还很稚拙的课程论文推荐给《云梦学刊》发表,这对于初迈上学术道路的我来说,真是莫大的鼓舞。而我对胡适研究最初的兴趣与陈老师在课堂上的讲授与点拨也密切相关,陈老师的《中国现代学术之建立——以章太炎、胡适之为中心》《作为一种思想操练的五四》《现代中国的述学文体》等专著都成为我踏上胡适研究的重要学术参考。而陈老师温文尔雅、博通古今的学者风范更是带给人如沐春风般的感动,硕博士期间修习了陈老师的六门课程,都令我获益匪浅。

我还想感谢我的爸爸妈妈,感谢你们对我无条件的爱与付出。我想让你们知道,这些都还稚嫩却满怀热情,终会磨灭却依然不改初心写下的文字,都是为了你们。是你们教会我——永远不苟且亦不放弃。

最后我想感谢我的未婚夫黄承炳博士,感谢你多年以来陪在我身边,始终如一地珍爱与呵护我。你永远是我文章的第一个读者,见证了我所有的天真稚拙与痛苦辛酸。是你的存在,让我看到了爱情最美好的模样。在未来的漫长时光里,因为有你,一切无聊的有聊的时光都将变得更加值得期待,这正如同你为我的生命所带来的,温暖且有力量。

我想我也终于可以卸下记忆的包袱止笔于此了。这本小书对我来说是最好的纪念,它不仅是我人生中的第一本专著,更重要的是,它写于疫情期间封闭在校的日子里,纪念了我这段与世隔绝无聊也无常的时光,而它就是我记住时间的方式。

2020 年秋于燕园